酒店管理专业系列创新教材
JiuDian GuanLi ZhuanYe XiLie ChuangXin JiaoCai

总主编 罗旭华

酒店实用美学

Jiudian Shiyong Meixue

主编 罗旭华

经济科学出版社
Economic Science Press

图书在版编目（CIP）数据

酒店实用美学/罗旭华主编. —北京：经济科学出版社，2018.3（2024.2 重印）
酒店管理专业系列创新教材
ISBN 978 - 7 - 5141 - 9030 - 4

Ⅰ.①酒… Ⅱ.①罗… Ⅲ.①美学—应用—饭店—商业企业管理—教材 Ⅳ.①F719.2

中国版本图书馆 CIP 数据核字（2018）第 025736 号

责任编辑：李　军　刘　莎
责任校对：徐领柱　杨　海
责任印制：邱　天

酒店实用美学

罗旭华　主编

经济科学出版社出版、发行　新华书店经销
社址：北京市海淀区阜成路甲 28 号　邮编：100142
总编部电话：010 - 88191217　发行部电话：010 - 88191522
网址：www.esp.com.cn
电子邮箱：esp@esp.com.cn
天猫网店：经济科学出版社旗舰店
网址：http://jjkxcbs.tmall.com
北京季蜂印刷有限公司印装
710 × 1000　16 开　15.5 印张　300000 字
2018 年 10 月第 1 版　2024 年 2 月第 4 次印刷
ISBN 978 - 7 - 5141 - 9030 - 4　定价：48.00 元
（图书出现印装问题，本社负责调换。电话：010 - 88191545）
（版权所有　侵权必究　举报电话：010 - 88191586
电子邮箱：dbts@esp.com.cn）

酒店管理专业系列创新教材编写委员会

专业顾问 余昌国　赵　鹏

主任委员 李华东　罗旭华

副主任委员 王文慧　郑治伟　杨静怡
　　　　　　　甄少波

委　　员 吕　莉　徐　速　翟向坤
　　　　　　周敏慧　张淑平　陈　卓

前　言

《酒店实用美学》一书由五大章、十三个小节构成，从认知美学入手，对酒店的设计之美、内在之美、饮食之美、服务之美进行了综合分析和展示，力图通过本书的学习不断拓宽读者对酒店美学和艺术的认知与体验，从而达到应用和鉴赏的目的。本教材在构思上强调应用性和针对性，每章都配有体验式训练项目及思考题，在结构设置上突出教学重点，强调实用、简明、充实、活泼。全书理论清晰，内容、方法与技术具体，条理性、逻辑性强，案例丰富，因而适用性和可操作性较强。本书既适用于相关院校作为教材使用，也可作为相关学科研究和从业人员实践的参考用书。

本教材由中国劳动关系学院罗旭华教授担任主编，由中国劳动关系学院张好老师、高曼曼博士、胡霄怡主任、陈卓博士共同编撰。具体分工如下：罗旭华承担了教材总体思路与框架的拟定工作，以及第一章、第三章的第一节、第五章的第一节的编写工作和全书的统稿、定稿工作；张好承担了第一章、第二章的编写工作；高曼曼承担了第三章的编写工作；胡霄怡承担了第四章的编写工作，陈卓承担了第五章的第二节的编写工作。

酒店实用美学是一门涉及内容多、范围广、观念新、技术专、层次高、更新快的学科，也是一门博大精深的学问。在教材的编撰、修订过程中，我们参考、借鉴、引用了大量相关的著作和文献资料，丰富了教材的内容，为学生及行业从业人员提供了学习的便利。因此，对我们参考过的文献、资料的作者、研究酒店美学的各位同仁，在此一并深表谢忱。经济科学出版社为该书的出版提供了大力帮助，我们对此也深表谢意！

尽管编者在编撰过程中力求精益求精，但因水平和时间有限，书中难免有缺陷和不足之处，敬请广大读者批评指正，以便在教材再修订时进行完善。

罗旭华
2018 年 9 月

目 录

第一章　认知美学 ··· 1
第一节　美从何处寻 ··· 1
一、"美"与"美学" ·· 2
二、"艺术"与"科学"美 ······································ 8
第二节　以美启真 ·· 12
一、酒店与美学 ·· 13
二、美：看不见的竞争力 ······································ 19

第二章　酒店设计之美 ··· 35
第一节　酒店建筑之美 ·· 37
一、造型之美 ·· 38
二、空间之美 ·· 45
三、互动之美 ·· 53
第二节　酒店室内设计之美 ···································· 60
一、结构之美 ·· 61
二、色彩之美 ·· 65
三、装饰之美 ·· 67

第三章　酒店内在之美 ··· 80
第一节　理念之美 ·· 81
一、"理念"与"酒店经营" ··································· 81
二、异彩纷呈的理念之花 ······································ 85
第二节　酒店气味之美 ·· 98
一、气味与美 ·· 99
二、闻香识"人" ·· 104
三、选"香"之规 ·· 108
第三节　酒店音乐之美 ··· 112

一、音乐与美 ……………………………………………… 113
　　二、从"小夜曲"到"梦江南" ………………………… 115

第四章　酒店饮食之美 ……………………………………… **128**

第一节　美食之美 …………………………………………… 131
　　一、中餐美食之美 ………………………………………… 131
　　二、西餐美食之美 ………………………………………… 137

第二节　饮品之美 …………………………………………… 141
　　一、打破味觉极限 ………………………………………… 141
　　二、色彩绚烂惊艳 ………………………………………… 143

第三节　盛器之美 …………………………………………… 146
　　一、盛器与文化 …………………………………………… 147
　　二、人靠衣装马靠鞍 ……………………………………… 149

第四节　氛围之美 …………………………………………… 151
　　一、环境之美 ……………………………………………… 157
　　二、感觉之美 ……………………………………………… 161

第五章　酒店服务之美 ……………………………………… **166**

第一节　礼仪之美 …………………………………………… 167
　　一、素质之美 ……………………………………………… 168
　　二、气质之美 ……………………………………………… 178
　　三、贤质之美 ……………………………………………… 186
　　四、服务礼仪之美 ………………………………………… 193

第二节　服饰之美 …………………………………………… 202
　　一、文化之美 ……………………………………………… 203
　　二、设计之美 ……………………………………………… 213
　　三、服饰礼仪 ……………………………………………… 232

参考文献 ……………………………………………………… **239**

第一章 认知美学

美感的本质：心灵深处自由的愉悦。

——刘纲纪：《美学对话》

【主要内容】

本章从美的起源出发，主要介绍了美与美学的基本概念、分类、酒店与美学、美学的作用等内容，方便大家走进酒店美学的大门。

【学习目标】

1. 了解美的起源
2. 理解美与美学的相关概念
3. 掌握艺术美与科学美的异同
4. 了解酒店业的大概发展历史
5. 理解酒店业强烈的感性特征
6. 思考美学在酒店业的应用

第一节 美从何处寻

【能力培养】

1. 能够正确理解美与美学的相关概念
2. 较好地掌握艺术美与科学美的异同

我们生活在一个美的世界。观自然风物，山川之壮美，花草之秀美，令人心旷神怡。赏艺术天地，《二泉映月》之凄美、《蒙娜丽莎》之恬美，令人沉醉流连。看社会万象，崇高人格之美、丰沛心灵之美，令人油然起敬。览科技领域，技术工艺之美、理性精神之美，令人赞叹不已。美是任何人都能充分体验、尽情享受的，它使我们欢欣鼓舞，使生活更有意义。因此，著名美学家车尔尼雪夫斯基这样说道："美的事物在人心中所唤起的感觉，是类似我们当着亲爱的人面前时洋溢于我们心中的那种愉悦。我无私地爱着美，我们喜欢它，如同喜欢亲爱的人一样。"正是因为美对于人类如此重要，我们不仅感受美、追求美，而且创造美、思索美。那么，什么是美呢？

一、"美"与"美学"

美感的本质：心灵深处自由的愉悦。

——刘纲纪：《美学对话》

（一）美的起源

美究竟是怎样产生的呢？有些人认为，日出云霞、月涌江流、林海松涛、奇山怪石，这些常见的美学现象在人类社会以前就存在了，因而是大自然生生不息的运动创造了美。有人认为，动物有着与人相类似的美感，如孔雀开屏、锦雉展翅、杜鹃鸣啭、燕舞莺歌，不都是美吗？因而是动物创造了美。

也有些人认为，美既不是自然也不是动物的创造，而是人的本能的产物。至于解释人的本能时，众说纷纭。有的人说，音乐、舞蹈、戏剧、绘画、诗歌，都是对现实的模仿，美产生于人的模仿本能，代表者为亚里士多德。有的人说，美和艺术都与游戏有相通之处，人有过剩的精力，总是想发泄，游戏正是这种发泄的手段，是游戏产生了美，其代表者为席勒、斯宾塞。有的人说，美具有性欲的属性，美是人的性欲受到压抑后而升华所产生的，代表者为弗洛伊德。也有些人把美归源于上帝。他们认为，世间一切事物都是上帝创造的，美也不例外，上帝是最高的美，是一切感性事物的美的最后根源。持这种看法的典型代表是中世纪的奥古斯丁和托马斯·阿奎那。

这种种说法尽管彼此之间存在很大差别，但它们都有共同之处，即离开人类社会生活和人的实践活动去谈论美。事实上，美作为一种社会现象，总是对人而言。离开了人类社会生活，就很难说清楚对象是美还是不美的问题。就拿鲜花来说吧，人们看到锦簇花团，闻到扑鼻异香，从心里感到它很美。但是，原始部落一些民族尽管居住的地方鲜花遍地，却根本不用鲜花装饰自己。他们理想的装饰品是动物的角、爪、鳞、皮等，因为他们正处于狩猎时期，并不以植物为美。

1. 劳动与美

美的起源本质上是与人类的生产劳动联系在一起的。人类刚诞生的时候，自

第一章　认知美学

然界对于人类无所谓美，人类祖先居住在莽莽森林之中，狂风暴雨、雷电交加、山洪暴发、地震海啸，大自然对于人类来说，完全是一种具有无限威慑力量的恐怖对象。人们尊敬它、畏惧它，并把它作为神来崇拜。我国古书上所说的"冬穴夏巢之时，茹毛饮血之日，斯文不作"，反映的就是早期原始社会的状况，这个时期根本谈不上美。

但是，人类祖先并没有停滞于此。在漫长的岁月中，他们同自然进行了顽强的斗争，逐渐增强了征服自然的能力。在人与自然的关系上，随着人类制造生产工具能力的提高，人们从自然界取得的生活资料日渐丰富，江河可以捕鱼行舟，山火可以取暖煮食，土地可以耕耘收获，林木可以搭屋造桥。大自然虽然对人类还存在许多可怕的威胁，但人们越来越感到自己的生活离不开它，它的威力越大，越能显示出它的征服者——人自己的力量。这样，曾经与人类完全对立的自然，渐渐成了人类社会生活不可缺少的组成部分，它再不是与人类作对的异己力量，反而成为确证人本质力量的一种对象，用马克思的话说，就是"自然人化"了。

由于人的劳动既是满足生存需要的活动，同时又是人类支配自然、从自然取得自由的活动。因此，人的劳动及其产品对人就产生了双重意义。一方面，它满足了人的某种生存需要；另一方面，作为人创造性地改造和支配自然的活动来看，即作为人的自由的活动来看，它又会在满足人的生存需要之外，引起一种和生存需要的满足不同的精神上的愉快。因为人要在劳动中达到自己的目的，使自然为人的目的服务，从自然取得自由，这并不是件轻而易举的事。它要求人必须发挥自己的智慧、才能和力量去克服种种困难。特别是在人类发展的早期阶段，情况更是如此。正因为这样，当人在劳动中达到了自己的目的，他就不仅满足了自己的某种物质需要，而且会因为看到自己终于战胜了自然而产生出一种欢乐感，一种和物质需要的满足所带来的生理愉快不同的精神愉快。最初，这两种愉快自然是混而为一的，但它们之间已有质的区别。这种精神愉快就是从劳动中产生的最初的美感。而体现了人支配自然的智慧、才能和力量，也就是体现了人的自由的劳动过程及其产品，就是人在他的语言中称之为"美"的东西。这一点，在我们今天的劳动产品中，也仍可以很清楚地看到。例如，长江大桥作为人的劳动产品，一方面满足了人民的物质生活需要，方便了交通；另一方面又体现了人们改造自然，使天堑变通途的伟大智慧和力量，因此它那飞架南北的雄姿就对我们具有了美的意义。

人类劳动是一种能够支配自然的自由活动，人类改造自然的能力是无限的，所以人类对自由的追求决不会停留在物质生存需要满足的范围之内，它必然要超出这个范围，走上一条无尽漫长的以人类自身才能多方面发展为目的的道路。这首先是由于生产力的提高，使人类在满足物质生存需要之外有了剩余的产品，从而使人类在从事满足物质生存需要的必要劳动时间之外，有了从事其他活动的自由时间，也就是有了使人的才能在社会生活的各个方面获得发展的时间。尽管在人类最初，这种自由时间经常被不劳动的剥削阶级所占有，这是人类历史的一个巨大进步。可见人类自由的发展，最初是在满足肉体生存需要的范围内，以后又以此为基础，而超出了物质生存需要的满足，扩大到和物质生产劳动并无直接关系的社会生活的各个方面，于是便产生了美的各种形态。

2. 从实用到审美

美的产生的历史进程告诉我们，劳动产品虽然具有美的形式，但在很长一段时间内这种审美价值还处在次要地位。人们必须首先满足物质的需要，然后才去追求精神的需要。"食必常饱然后求美，衣必常暖然后求丽"，说的就是这个道理。

以原始人的石制工具为例，从四五十万年以前的北京周口店中国猿人（属旧石器早期），到六七千年以前的西安半坡村遗址（属新石器时期），石器工具的制作就发生了很大的变化，从不定型、不规则的尖状器、砍斫器，逐渐发展到定型、有规则的刀、斧、镞（箭头）、杵、犁，从造型粗糙到细致匀称，从外表凹凸不平到光滑平整，从原始到比较成熟。这一切变化都是出于实用的考虑，是为了使工具坚固锋利，便于使用，提高效率。在演进过程中，人们也开始在好与坏的各种物品中进行选择，喜爱那些能更好地满足需要的物品。这种从需要的观点出发对物品进行的好坏评价，已经包含了美与不美的评价。因为在人类社会初期，能最好地满足需要的物品，也就是那些很不容易生产的，并最能体现人的创造智慧和才能的物品。这种情况下，"好"和"美"是一回事。对"好"的物品的赞美，其实也就是对创造这物品的人的智慧和才能的赞美。由此更进一步，随着人征服自然的能力的提高和剩余产品的更加增多，以及由此而来的自由时间的增多，人类最后就把从需要的观点去看产品同从人的创造的智慧和才能的观点去看产品区分开来了，也就是把"好"和"美"区分开了。人类不仅要求产品要尽可能好地满足人的需要，而且要尽可能"美"一些，考究一些。也就是要在需要的满足之外，尽可能显示出人的创造的智慧和才能，给人以精神的愉快，不要只求合乎需要而已。这种从需要观点的越出，发展到一定程度，就出现了单纯用于享乐、装饰的奢侈品的生产，即只有审美价值，而无满足物质需要的使用价值的产品的生产。尽管在开始的时候，这仅仅只是为少数人生产的，但随着人类物质生产力的发展，奢侈品又会逐渐转化为多数人都希望得到，而且可以得到的必需品。

另外，同剩余产品与自由时间的出现相适应，最初要通过极为艰苦的劳动才能满足的需要，现在可以通过更容易、更充分保证需要的满足的劳动去取得。于是，原先那种为谋生所必需的艰苦劳动就会转变为一种游戏性质的活动，即一种单纯显示人的创造的智慧和才能而从中获得快乐和享受的活动，例如，在人类学会了大量饲养繁殖畜群，较之于单靠打猎为生的时期，能够很容易地就取得充裕的乳肉食物之后，这时打猎就变成一种消遣和游戏了。如果这种从谋生所必需的劳动演变而来的游戏，不只是单纯的消遣，而且具有了重要的社会意义，那它就会发展为艺术，如那种表现放牧和打猎的舞蹈，就是由此发展而来的。

3. 从巫术礼仪到审美

在原始部落的社会中，巫术礼仪占有很大的比重，它渗透到狩猎、战争、节日等各个方面，这种巫术礼仪、图腾崇拜和美与原始艺术的产生有很密切的关系。

我国新石器时期的陶器是举世瞩目的，而彩陶上的装饰花纹更引起人们的强烈兴趣。它们有的如漩涡水波，有的如云雷变幻，有的如蛇盘蛙行。考古学家认为这些花纹形成的原因相当复杂，但有一点是可以肯定的，即其中有一部分是从原始部落的图腾演化而来的，仍保留着原始图腾崇拜的痕迹。西安半坡村出土的陶盆上，就绘有清晰的人面鱼纹。人面是部落成员从事宗教活动时化了妆的形象，面颊及口角边的鱼纹，则是图腾文身的反映，至于口里衔的鱼，还包含着祈求丰收的意思，因为鱼在他们那里带有吉利的含义。又如我国江南一带古越族有"断发文身"的习惯，也根源于图腾崇拜。后来，随着人类生产能力的提高，原来"图腾文身"之类的宗教意味才逐渐减弱，成为具有审美意义的装饰图案了。

马克思曾说："在野蛮期的低级阶段，人类的高级属性开始发展起来。……想象，这一作用于人类发展如此之大的功能，开始于此时产生神话、传奇和传说等未记载的文学，而且已给予人类以强有力的影响。"北京山顶洞人"穿戴都用赤铁矿染过"、尸体旁撒红粉，"红"色对于他们就已不只是生理感受的刺激作用（这是动物也可以有的），而是包含着或提供着某种观念含义（这是动物所不能有的）。原始人群之所以染红穿戴、撒抹红粉，已不是对鲜明夺目的红颜色的动物性的生理反应，而开始有其社会性的巫术礼仪的符号意义。也就是说，红色本身在想象中被赋予了人类（社会）所独有的符号象征的观念含义；从而，它（红色）诉诸当时原始人群的不只是感官愉快，而且参与了、储存了特定的观念意义了。在对象一方，自然形式（红的色彩）里已经积淀了社会内容；在主体一方，官能感受（对红色的感觉愉快）中已经积淀了观念性的想象、理解。这样，区别于工具制造和劳动过程，原始人类意识形态活动，亦即包含着宗教、艺术、审美等在内的原始巫术礼仪的表现形态，不可能离开它们独立存在一样，山顶洞人的所谓"装饰"和运用红色，也并非为审美而制作。审美和艺术在当时并未独立或分化，它们只是潜藏在这种种原始巫术礼仪等图腾活动之中。

巫术活动归根到底是原始人要的曲折反映，不但它的目的是为着祈祝生产活动获得好的成果，而且一些巫术礼仪也是同生产活动紧密联系着的。他们头戴的面具和装饰，就与狩猎的对象有关，他们跳的巫术舞蹈，有些正是对狩猎动作的模仿。我们肯定巫术礼仪同美的起源的联系，与强调劳动创造美是一致的。

（二）美与美学

1. 美

（1）美的概念

美，是指能引起人们美感的客观事物的一种共同的本质属性。美包括生活美和艺术美两个最主要的形态。生活美又分为自然美和社会美。艺术美包含优美、崇高、悲剧、喜剧等几个基本范畴。喜剧有讽刺、揶揄、滑稽、机智、幽默、怪诞、荒诞等子范畴。

①社会美。经常表现为各种积极肯定的生活形象。它包括人物、事件、场景、某些劳动过程和劳动产品等的审美形态，是社会实践的直接体现。

②自然美。社会性与自然性的统一。它的社会性是指自然美的根源在于实践。自然性指自然的某些属性、特征，即人的感官所能辨认的或实践中肢体所能运用的那些自然原有的感性形式，它们是形成自然美的必要条件。自然美的主要特点侧重于形式，以自然的感性形式直接唤起人的美感，它和社会功利的联系较为曲折。

③艺术美。艺术美是生活和自然中的审美特征的能动反映，是审美意识的集中物态化形态。艺术美作为美的高级形态来源于客观现实，但并不等于现实，它是艺术家创造性劳动的产物。它包括两方面：艺术形象对现实的再现；艺术家对现实的情感、评价和理想的表现，是客观与主观、再现与表现的有机统一。它的特征在于具有审美功能，能给人以在现实生活中难以获得的最为纯粹的美的愉悦和享受。

虽然人们都能感受到美，并且能够识别美，但是在回答"究竟什么是美"的问题时，定义众说纷纭，但概括归纳起来不外五个方面：

①美在客观说。这种理论最初注重美的自然属性的研究，发现了有关和谐、比例、对称、多样统一等美的外观形式法则。后来侧重于社会美的研究，对美与生活的关系等问题有精辟的论述。代表人物有狄德罗和车尔尼雪夫斯基等。

②美在主观说。认为美是人的意识、情感活动的产物或外射表现，这种理论在审美意识、审美心理、审美感情方面做了较为深入的探讨。代表人物有休谟、康德、柯罗齐等。

③主客观关系说。认为美既不在客观,也不在主观,而在二者的结合中。但在论说中有倾向于客观的,也有倾向于主观的。

④超自然说。认为美是上帝、神或某种超越主、客观的"第三力量"创造的。

⑤社会实践说。认为美的本质是人的本质的对象化,自然的人化,是合目的性和合规律性的统一,真与善的统一,是自由的形式。

(2) 美的分类

如果以人感知客观世界的方式(嗅、触、尝、听、看、想)为标准,美可分为实用美、形式美、音乐美、精神美和创造美。

以人的需要层次为标准,美可分为生理美、先验美和精神美。

按人活动的场所分,可把美分为自然美和社会美。

按美产生时实物刺激的有无,美又可分为直接美和间接美。

按引起美的刺激是第一信号系统还是第二信号系统,美可以分为实际美和信号美

2. 美学

(1) 美学概念

人类关于美的本质、美的定义、美的感觉、美的形态、审美活动等问题的认识、判断、应用的学问,是为美学。美学作为一门社会科学,是在社会的物质生活与精神生活的基础上产生和发展起来的,是研究美、美感、美的创造及美育规律的一门科学。

(2) 美学的产生和发展

人类对美的探讨源远流长。自从人类通过劳动摆脱了动物的状态,开始有意识地进行原始审美活动的时候,人类的审美观念和最初的美学思想就已经产生了。因此,它几乎与人类的起源一样古老。至于美学这门学科的渊源,至少可以追溯到两千多年以前的奴隶社会。在我国先秦时期,诸子百家及史书中就已经出现了对美的谈论。一般认为,《国语》中楚国臣子伍举论美,是我国历史上关于美的最早论述。伍举说:"夫美也者,上下、内外、大小、远近皆无害焉,故曰美"。他强调了美和善的关系。孔子"尽善尽美"的审美标准、孟子"充实之谓美"的论断以及老庄对美丑辩证关系和审美态度的表述,都对我国历代的美学思想有着深刻的启示。《乐论》则更可以称得上是美学的专门著作,其中关于人类审美心理活动和客观事物的审美特性的论述,极为精辟。此后,尤其是魏晋南北朝以后,出现了大批的诗论、画论和书论等文艺理论著作,无不蕴藏着丰富的美学思想。不过,在讲求整合会通的中国古代文化传统中,美学并没有建立起独立规范的学科。如何发掘和整理古代美学思想,一直是当代美学界共同为之努力的

理论课题。

在西方，公元前6世纪的古希腊时期，毕达哥拉斯（Pythagoias）学派在探求宇宙本原时最早谈到美的问题，提出了"美是和谐与比例"。苏格拉底（Socrates）论述美和善的关系，为了解美的本质提供了许多有益的启示。其后的柏拉图（Plato）和亚里士多德（Aristotle）是西方美学思想的奠基人。柏拉图明确区分"美的事物"和"美本体"，开创了西方对美和艺术进行哲学思辨的传统。其弟子亚里士多德的《诗学》则首先从文艺实践的角度提出了一整套的美学理论。他们提出了以后美学思想中的一些基本问题，如美的本质、艺术的本质和审美教育等。可以说，柏拉图的"美的理念"和亚里士多德以"艺术摹仿说"为核心的美学思想，影响了整个西方美学的发展。

(3) 美学的研究对象

如上面所述，美学是一门关于审美现象的综合性的人文学科，是基于审美意识和美学思想，以审美现象为专门课题，从整体上独立地、系统地思考审美现象所获得的理论体系。那么美学的研究对象是什么？

首先，美学体现着人与世界的审美关系的一切审美现象或审美活动。也就是说，不是美，而是审美活动，才是美学研究的真正对象；

其次，审美现象是审美关系的现实展开。包括四个方面：①艺术美（如唐诗宋词的美）；②自然美（如高山大川的美）；③科技美（如细胞结构的美）；④日常生活中的美（如服饰的美）。

(4) 美学的性质

美学是一门关于审美现象的综合性的人文学科。包括三个层面：①美学的研究对象是审美现象也是审美活动；②美学是一门人文学科；③美学是一门综合性的人文学科。

二、"艺术"与"科学"美

正如美国国家科学院院士、美国艺术与科学院院士、中国科学院外籍院士、斯坦福大学物理系、电子工程系和应用物理系终身教授张首晟所言：大自然的现象宏伟且复杂，但我们却能用最简单的方式去描绘，比如爱因斯坦的公式：$E = mc^2$。这个简洁的公式能够描绘小到原子，大到宇宙的物理现象，美就在其中。

艺术总是意味着美，这个问题人所共知。艺术美即艺术中的审美现象，艺术本质上是一种审美活动，是审美活动最高级最典型的形式。艺术美就是人创造、提炼的结果，是高于自然的，是人的精神、人的本质力量的感性显现和确证。而

第一章　认知美学

科学中有没有美？这个问题至今尚无一致的回答。有些人认为，科学只与概念、定律、推理、判断这些枯燥的词语相联系，只与"真"相联系，无所谓美与不美。而伦理学与"善"相联系，艺术才与美相联系。其实，科学领域中不仅存在着美，甚至蕴藏着多姿多彩的美，科学和艺术拥有种类众多的共同美。科学美和艺术美是交融的。

从人类文明之初，到欧洲文艺复兴运动，艺术和科学总体说来是浑然一体的。到了17世纪，二者发生断裂。其后，艺术家基本不再涉足科学，而科学家则大多成了局限于某一领域的专家。这种情况致使科学美和艺术美分割了，而不再是一个整体。时至今日，艺术和科学似乎依然远远地隔离着。一些人依然认为二者是人类的两种没有太多关联的文明成果。以至于当我们谈及艺术的某些门类和科学的某些学科的时候。例如，当我们谈及音乐和数学、原子物理学和诗歌的时候，很多人就会想当然地认为那是风马牛不相及的事情。这种认识当然是错误的。艺术美和科学美固然各有其个性，有着明显的分别；但是二者也有其共性，有着密切的联系。二者始而合，继而分，如今又处于合流并进的进程之中。

艺术和科学，无论就其内容和形态、目的和手段来说，都有着明显的分别。不同民族、不同国度的艺术是千变万化的，不同艺术家的作品也千差万别。每个艺术家都有着自己的一颗不同于他人的艺术心灵，都不可避免地在其创作中显示出别具一格的艺术特色，也就绝不会创作出整齐划一的作品。可以说，每个艺术家都有自己的真理，自己的与众不同的真理。艺术作品通篇充满着民族精神、故土风情、地域特色和时代面貌，缺乏这些因素的艺术是苍白无力和乏善可陈的。任何艺术作品，不论其大小，也无论优劣，都是一个完整的体系。一般说来，它不允许后人的修补和简化。例如：有多少人补写《红楼梦》，有多少人为断臂维纳斯"接肢"，却始终未能获得人们的普遍认同。任何一件艺术品，即便是一件残品，它也是一件成品。任何艺术对象，都不能摆脱艺术家的感情观照。无论是死气沉沉的自然界，还是生机勃勃的生物界，还是喧嚷纷纷的人类社会，艺术家都报以深切的感情。科学家对待自己研究对象的那种漠然无情的态度和逻辑判断的方法在这里完全没有用场。英雄和懦夫，警察和小偷，美人和丑八怪，在解剖学家和分子生物学家看来，都有着相同的构造；而在文学家看来，却属于截然不同的群类——伦理意义的不同，社会意义的不同，美学意义的不同。"物以类聚，人以群分"——这是伦理学家的语言，社会学家的语言，美学家的语言，文学家的语言。即便同是美人儿，那美也个个不同：有林黛玉柔弱的病态美，有薛宝钗清丽的端庄美，有杨玉环飘逸的歌舞美，而艾斯米尔拉达则有一种浪漫的吉卜赛式的美。艺术领域充满了个人的因素，艺术美不是简单地反映世界，而是反映艺术家眼里和心里的世界。而科学美则不同。科学对世界的认识，绝不取决于科学家的民族、国籍，以及他的爱好、心境和个人特点。科学真理具有普适性，它是一种超越民族和地域的精神产品，而且它只能是一种相对真理，它总不是完备的、完美的，总是有待于后人去补充、完善，甚至修正、推翻。对于常人来说，从人体美术中可以领略到万物之灵无与伦比的美，而任何美女的粉面桃腮在显微镜下看来却足以让人大跌眼镜。而科学家总是那么冷静和从容，总是克制着自己的情绪，有条不紊地用具有确切意义的尺度去衡量自然界、生物界和人类自身。感情只能有助于科学家对科学真理的锤炼，而真理本身却不能掺杂任何感情因素。科学家在其科学活动的始终都在表明其个人的存在，他们的人品、气质、素养、情感都会在其工作中这样那样地表现出来，而这些个人因素只有一处不能表现，那就是科学的最终成果。科学真理应该排除任何个人特点。然而，所有这些并不能阻止科学真理的内容和形式给人们带来迷人的美感。

艺术和科学是如此的不同，从某种意义上可作这样的归结：艺术是民族的，科学是世界的；艺术是专有的，科学是通用的；艺术是完整的，科学是缺损的；艺术是冲动的，科学是冷静的。

尽管艺术和科学有着显著的区别，却也不能抹杀它们悠久而密切的关联。艺术创造和科学创造具有不少共性：

共性一，这两种活动都要对大量材料进行精细的选择。

科学一般不愁没有足够的猜想和假说，问题是怎样才能从那浩若洪流的猜想和假说中筛选出思想的真金。可以说，科学创造的难点就在于对大量可能性的筛选。所谓科学天才，其实也就是善于选择的人。而艺术何尝不是如此呢？一位诗人说："选择——这是诗的灵魂。"一个中等诗人也能写出好的诗句，困难的是消灭诗中败笔。也就是要善于舍弃。一位艺术家说："雕塑的杰作也就是一块去掉了多余部分的石头。"困难的是哪些是多余部分的石头，也就是要善于剔除。其实，舍弃和剔除只不过是选择的另一面。舍弃了败笔就意味着选择了妙笔，剔除了多余部分就意味着选择了精美部分。艺术家和科学家都是通过浩瀚的方案之海驶向唯一答案的。

共性二，就是这两种活动都具有明显的"反熵"特性。

所谓"熵"，可以定义为混乱程度的量度。在物质系统的各种变化中，有着向最大熵值变化的趋势，也就是说，物质变化的最大可纵观人类文明史，艺术和科学的相互关系经历了"合—分—合"的历史进程。撇开二者浑然一体的时期不谈，艺术和科学相互疏远、分道扬镳的数百年间则值得关注。1543年，波兰伟大的天文学家哥白尼《天体运动说》的发表，引起了自然科学和神学的分化，或者说，自然科学从神学之中获得了解放。这种分化和解放具有重大的历史意义。1750年提出"美学"这一概念的德国哲学家鲍姆嘉通把感性认识和理性认

第一章 认知美学

识对立起来，造成了艺术和科学的分化和"断裂"，而德国美学权威黑格尔认为二者很少有共同之处，甚至把科学排除于美的视野之外，甚至对自然美也颇为轻视。这样，艺术和科学之间的鸿沟也就越来越深，艺术家和科学家之间的交流也就越来越少，以至于到了牛顿力学鼎盛时期，艺术家基本不再涉足自然科学，而科学家基本不再留意艺术领域。这时，能够在自然科学不同学科纵横驰骋的科学巨匠已经堪称凤毛麟角，而学兼艺术和科学并在这两大领域做出成就，已经基本不再可能，被恩格斯由衷赞叹的文艺复兴时期那种"巨人"式的人物也就无由产生。这种状况直至20世纪末期也未发生根本变化。但是，艺术和科学的分化和隔绝并不能简单地用社会分工日益精细化这一原因来解释。其实，艺术和科学是互相需要、互为补充，能够超越各自的领域，携手走向共同的繁荣。或许可以说，艺术和科学在文艺复兴运动到20世纪初期这一历史阶段的分化和断裂，在某种意义上说，促进了它们各自的发展。这400年，无论是艺术还是科学，都堪称人类文化史上的黄金时代。不过，与人类早期艺术和科学浑然一体的情形不同，今天所呼唤的二者在更高层次和当代水平的复归与合流，必将使人类文明迈出空前巨大的步伐，实现本质意义上的飞跃。实际上，艺术和科学在历史上的分化和断裂，无论从实质上还是从现象上来看，从来也不是绝对的。二者看似遥远，却始终保持着千丝万缕的联系。19世纪以后，尽管艺术家能在科学领域有所成就的情况极为罕见，可是保持着某种艺术爱好的科学家却并不绝无仅有。

原本浑然一体，后来分道扬镳的艺术和科学，近百年来，其复归合流的趋势越来越明显。历史的车轮已经驶入了艺术和科学相互促进、共同发展的新时代。自20世纪初叶以来，不仅一系列交叉学科和综合艺术应运而生，而且艺术和科学相互沟通和重新综合的趋势也日益明显。在当今时代，离开科学思想和科学家的形象，就无法想象会有一部新的《人间喜剧》问世。一位文学家说：今天"如果诗人听不到血液循环系统中海拉克里特宇宙和示踪原子运动的音乐和节奏，他就不是当代诗人。"无论是艺术家，还是科学家都须要向对方吸取营养。当代尖端的科学技术正在促进艺术创作、艺术欣赏发生革命性变化。电脑也能应于弈棋、绘画、雕塑以至于文学创作和艺术作品分析等。科学正以空前巨大的步伐进入艺术领域。当代艺术也正积极地向科学领域渗透。住宅建筑、园林建设、各种工业品以至于航天飞机的设计，无不体现着当代人类的审美情趣。其历史并不长久的科学美学已经分化出理论美学、实用美学、鉴赏美学等不同的门类，从科学和艺术的综合实践中逐渐形成的工程美学、建筑美学、装饰美学等，正在建构科学技术美学的完整学科体系。现代科学技术理论不仅已经应用于艺术创作和研究，同时也把艺术作为素材用以自身的丰富和发展。

艺术和科学之所以能够沟通和融合，其本质因素在于：无论艺术，还是科学，都是通过某种媒介的形式或结构来表现精神意蕴的一种方式。艺术和科学，是人类创造能力的最显著的体现，是人类文明程度的最有力的见证。人类之所以称为万物之灵，就在于它具有发现真理和创造美的能力，其他生物从真正意义上来说都不具备这种能力。蝴蝶亮翅，孔雀开屏，不过是为了吸引异性，而它们本身所具有的美，也不过是长期自然选择的结果。它们能够利用美，很难说能够创造美。发现真理和创造美的能力，也就如同思维和语言能力一样，成为人类和其他动物的分水岭，成为人类的伟大之处。没有真理和美的地方，也就没有任何伟大的东西。而真理的发现要依靠科学，艺术则能带来美。如果综合发挥艺术和科学的优势，必将会促进人类文化的巨大进步。

当人们的视野不断扩展，观念不断更新的时候，所有传统的思想观念都必将经受考验。那种目不旁视、耳不旁闻的所谓"专家"，绝难适应未来人类文明的发展趋势和历史进程。当前所看到的艺术和科学的相互引进和促进还只能算是开端，艺术和科学未来的发展进程是不可限量的。21世纪人才的基本素质必然要求同时具备对科学符号和艺术形象的综合感知能力和理解运用能力。弥补传统美育的缺陷，对青年学生进行艺术美和科学美的综合熏陶，每个国家和民族，当它们提起自己的优秀儿女的时候，总不会忘记艺术家和科学家的名字。美国人不会忘记卓别林和爱因斯坦；丹麦人不会忘记安徒生和玻尔；波兰人不会忘记肖邦和居里夫人；英国人不会忘记莎士比亚和牛顿，拜伦和达尔文；德国人不会忘记歌德和高斯，康德和莱布尼兹；法国人不会忘记巴尔扎克和拉普拉斯，雨果和伏尔泰；俄国人不会忘记普希金和罗蒙诺索夫，托尔斯泰和门捷列夫。当然，中国人不会忘记屈原和张衡，李白和张仲景，曹雪芹和祖冲之，不会忘记鲁迅、聂耳、齐白石、李四光、钱学森、陈景润，也不会忘记杨振宁、李政道、丁肇中……当然，我们更不会忘记并热烈呼唤能在艺术和科学两大领域纵横驰骋的大家和"巨人"！

第二节 以美启真

【能力培养】
1. 掌握酒店业的发展历史
2. 客观理解酒店业的特征
3. 初步掌握美学在酒店业的应用

第一章 认知美学

一、酒店与美学

【案例导入】

故事发生在泰国的一家五星级酒店。

清晨，史密斯先生走出房门，一位美丽的泰国服务小姐微笑着打招呼："史密斯先生，早！""你怎么知道我的名字？"史密斯非常奇怪，因为这是他第一次入住这家酒店。小姐笑笑，像个邻家女孩般和他轻声聊天"先生，我们每一楼层服务员都要熟记客人的房间和名字"。

史密斯先生心情愉快，乘电梯下到餐厅所在的楼层。刚刚走出电梯门，看到另一名泰国小姐朝霞般的笑脸，说："史密斯先生，里面请。""啊，你也知道我的名字？"他再次疑惑，因为还没拿出房卡呢。"上面的电话刚刚告诉我，说您已经下楼了。"原来，她们每个人都带着对讲机。

走进餐厅，一名服务生微笑着问："史密斯先生，您需要什么样的位置？是靠窗的吗？"看到史密斯先生惊讶的目光，服务生主动解释说："我刚刚查过电脑记录，您昨天入住后在楼下咖啡厅喝过2小时咖啡，坐在内侧第二个窗口的位子上"。原来，他们有客户档案记录。

上餐时餐厅赠送了史密斯先生一盘小而精致的泰国水果拼盘，五颜六色，但很多不为熟知。史密斯先生问："这是什么？"。服务小姐看一眼，后退半步，说："这是泰国特有的热带水果××"。每次回答问题她都会上前看一眼，再退半步开口回答。原来，她是怕自己说话是口水不小心溅在食物上……

3年过去了，史密斯先生没有去过泰国。一天，他收到了一份贺卡，来自这家酒店："亲爱的史密斯先生，自从3年前5月16日您离开我们的酒店，我们再没见过您。大家非常想念您，真希望再见到您。今天是您的生日，我们祝您生日愉快！"原来，这天是史密斯先生的生日。

这家酒店，就是泰国的东方酒店，110年的历史，世界十大酒店之一。它永远客满，需要入住至少提前3个月预约。

（资料来源：http://blog.sina.com.cn/s/blog_7d8e5316010113t8.html）

思考：
1. 东方酒店是如何打动史密斯先生的？
2. 打动史密斯先生的关键在哪里？

商旅人士将审美列入选择酒店原因中，作为自身品位的标签。酒店与艺术美学密不可分。当我们不再满足于五星级酒店提供的各种 brunch、hightea、king bed 时，对功能性的需求不是降低反而上升了。成熟商旅人士将"审美"列入选择酒店的原因中并以此作为自身品位的标签。自此，酒店生意与艺术、美学更密不可分了。

（一）酒店简史

1. 中国人的旅游简史

说起酒店，就得先说旅游。有学者认为，"旅游"一词首次出现，是在魏晋南北朝时期沈约的诗《悲哉行》里："旅游媚年春，年春媚游人。"有旅游，就得有在旅游中可以休息、过夜的地方，就得有旅馆，而"旅馆"一词最早见于谢灵运诗，至此取代其之前的名字"逆旅"。

但事实上，现代人所谓的旅游或旅行，是人类自诞生以来就有的一种行为，如果不算人类祖先为了生存不断从非洲大陆迁徙到其他地方的话，炎黄子孙的祖先黄帝、炎帝率领的部落也是经历过很大地理跨度的，传说中的"神农尝百草"也是有旅游的内涵在里边。旅游之于人类，是个天长地久的事情。而酒店与旅游的关系，早在《周礼·遗人》中即有记载："凡国野之道，十里有庐，庐有饮食。"

（1）王公贵族的旅游

从真实的文字记载看，周天子、秦始皇、汉武帝这些上古帝王是最早懂得旅游的妙趣，又有实力大张旗鼓进行旅游活动的人。如秦王嬴政，一统六国后，五次巡游，分别至甘肃、山东、山西、河南、河北、浙江诸地；再如汉武帝刘彻，据唐朝杜佑《通典·九门》记载，"汉武帝于此望海中蓬莱山，因筑城以为名"，为享乐求仙也走了不少地方。

之后到历代帝王，直至到处题字的乾隆皇帝，再到众所周知的颐和园、承德避暑山庄以及已经被焚毁的圆明园。落后的科学技术和信息障碍并未阻挡帝王们的旅游热情和实施能力。他们可以去很远的地方旅行，也可以找一块舒服的地方圈起来做成自己的公园，乐此不疲。

（2）文人骚客的旅游

没有文字，就没有历史，在历朝历代的文字遗产中，我们找到了各式各样文人骚客的旅游记录，战争、贬谪、雅集、赶考、写生等，皆是广义上旅游作品诞生的机缘。《白马篇》《凉州词》《登鹳雀楼》《游褒禅山记》《岳阳楼记》《赤壁赋》《随园记》……

今天的旅游营销似乎不太可能缺少古代文人的提前推荐，这也是中国旅游的一大特色吧！

（3）其他形式的旅游

还有因为不同机缘而产生的旅游。被迫在塞外放牧的苏武，为"丝绸之路"

第一章 认知美学

写下重要笔墨的张骞，是出于政治、外交目的的旅游；七下西洋的郑和，是因统治者意志而完成的旅游；历经17年往返中印弘扬佛法的玄奘，抛去表明经历的艰难曲折不言，又何尝不是一种磨炼、洗礼心灵的高级旅游；探索地理的徐霞客、以及同时代四处采药的李时珍，是出于个人追求的旅游⋯⋯

（4）新中国人的旅游

改革开放后，中国人民逐渐开始有钱也有闲——满足了同时具有经济实力和空闲时间的条件——也就开始有了越来越多的旅游。如果我们保持关注中国旅游研究院公布的《中国出境旅游发展年度报告》，就会被持续震撼。拿"出国行"为例，中国已与146个国家地区签署了ADS（被批准的旅游目的地国家）协议。而事实上，中国游客的脚步早已踏上了包括南极和北极在内的世界各个角落。出境旅游，以前是一种少数人享受的权利，而在今天的中国，正在逐步走向普及化的平民消费。

【小资料】

列子与壶丘子关于"旅游"的对话

早在春秋战国时的典籍《列子·仲尼》中，书中的列子和壶丘子就有这样一段对话："初子列子好游"。壶丘子曰："御寇好游，游何所好？"列子曰："游之乐所玩无故。人之游也，观其所见；我之游也，观其所变。游乎游乎！未有能辨其游者。"壶丘子曰："御寇之游固与人同欤，而曰固与人异欤？凡所见，亦恒见其变。玩彼物之无故，不知我亦无故。务外游，不知务内观。外游者，求备于物；内观者，取足于身。取足于身，游之至也；求备于物，游之不至也。"于是列子终身不出，自以为不知游。壶丘子曰："游其至乎！至游者，不知所适；至观者，不知所视，物物皆游矣，物物皆观矣，是我之所谓游，是我之所谓观也。故曰：游其至矣乎！游其至矣！"

2. 现代酒店的形成

尽管我国有漫长且丰富的旅游历史，同时也意味着有同样精彩的酒店历史，如庐、逆旅、旅馆、客栈、皇家公园等，旅游酒店资源不可谓不丰厚，但今天所谓的现代酒店的形成，毋庸置疑还是以西方为滥觞。

（1）大酒店时代

18世纪后期，随着工业化的进程加快、交通条件的改善和民众消费水平的提高，为方便贵族度假者、上层人物、公务旅行者，酒店业有了较大的发展。1794年在纽约建成的首都酒店，内有73套客房，在当时无疑是颇具规模的。而堪称第一座现代化酒店的特里蒙特酒店于1829年在波士顿落成，为整个新兴的酒店行业确立了标准。

19世纪末20世纪初，美国出现了一些豪华酒店。这些酒店崇尚豪华和气派，布置高档的家具摆设，供应精美的食物。大酒店时期的酒店，具有规模大，设施豪华，服务正规，具有一定的接待仪式，讲究一定规格的礼貌礼仪等特点。与1932年上映的好莱坞影片《Grand Hotel》，是第五届奥斯卡最佳影片，描述的就是20世纪初的大酒店。

（2）商业酒店时代

20世纪20年代，酒店业得到了迅速发展，美国的大、中、小城市，纷纷通过各种途径集资兴建现代酒店，汽车旅馆也在美国各地涌现。到20世纪30年代，由于经济大萧条，旅游业面临危机，酒店业亦不可避免地受到极大挫折。

这个时期，汽车、火车、飞机等给交通带来很大便利，许多酒店设在城市中心，汽车酒店就设在公路边。这一时期的酒店，设施方便、舒适、清洁、安全。服务虽仍较为简单，但已日渐健全，经营方向开始以客人为中心，价格也趋向合理。

（3）现代酒店时代

第二次世界大战结束后，工业化进一步发展，人口大量增长，世界经济进入新的繁荣期，对酒店的需求剧增，酒店业又开始复苏。50年代末60年代初，旅游业和商务的发展趋势对传统酒店越来越不利，许多新型酒店大批出现。现代新型酒店时期，酒店面向大众旅游市场，更多酒店设在城市中心和旅游胜地。酒店的规模不断扩大，类型多样化，开发了各种类型的住宿设施，服务向综合性发展，酒店不但提供食、住，而且提供旅游、通信、商务、康乐、购物等多种服务，力求尽善尽美。酒店集团开始占据越来越大的市场。

并且，20世纪80年代以后，也就是所谓"里根—撒切尔"联袂推动的全球资本主义秩序开始大行其道之后，现代酒店业逐渐形成了以下趋势：

①集团化。全球资本主义的时代要求企业在全世界范围内组织、配置资源，只有具有相当的资本规模和经营规模，才可以称得上有实力，酒店企业概莫能外。在近百年的苦心经营和激烈竞争之后，很多如今我们耳熟能详的跨国酒店集团脱颖而出，如希尔顿、丽兹·卡尔顿、雅高、喜来登……它们几乎在全球都有分公司，或者采取投资经营的方式，或者只是提供酒店管理服务。集团形成品牌，品牌经营是集团经营的核心，今天的高端酒店市场，可以说是以大集团马首是瞻的酒店业。

②精品化。酒店巨鳄的集团化经营多少容易减低独特性，对个性需求的满足催生了大量精品化路线的酒店。如Amanresorts集团的宗旨："If you measure success in room numbers, Amanresorts hasn't achieved all that much. We have never fo-

第一章 认知美学

cused on being the biggest. We prefer to think small. Intimate. Involving. It's not that we are better than big hotels because we are small. We are different, that's all. Amanresorts responds to a contemporary lifestyle. That's what we offer - a lifestyle experience, without limitations."精品化酒店它们并不追求巨无霸的力量,它们追求小而动人的思路。

③分化。工种细分和市场细分是不可逆转的趋势,按照功能分类,酒店可以分为:商务型、度假型、长住型、会议型、观光型、经济型;按照旅游需求可以分为:风光、猎奇、学习、感受、体验、求道、放松、重生等;按照商务需求亦可以分为:出差住宿、会议、谈判、商务服务等。

④准化。成熟的行业就会有成熟的行业协会组织,并有组织地制定大家都遵守的行业标准。例如:

A:The Leading Hotels of the World

世界一流酒店组织,1928年在瑞士成立,主要是欧洲国家投股,委托美国管理集团进行管理,其总部设在美国纽约,目前的中国成员为:北京贵宾楼酒店、东莞长安国际酒店、广州星河湾酒店、广州白天鹅宾馆(首家加入的中国酒店)、上海花园酒店、上海璞丽酒店、上海证大·大隐酒店。

B:Union Internationale des Concierges d'Hotels(UICH)

国际金钥匙组织,起源于法国巴黎,自1929年至今,是全球唯一拥有80年历史的网络化、个性化、专业化、国际化的品牌服务组织。自1995年被正式引入中国以来,在中国已发展15年,并覆盖到190个城市,1 200多家高星级酒店和高档物业,2 000多名金钥匙会员,金钥匙服务已被国家旅游局列入国家星级酒店标准。

C:Five Star Diamond Awards

五星钻石奖是美国优质服务学会颁发的国际服务业最高荣誉桂冠,是国际公认的最具权威的优质服务奖。该奖项用于奖励在服务领域上做出突出贡献的企业。美国优质服务科学协会成立于1989年,委员皆为国际酒店及餐饮管理业的杰出知名人士。

【小资料】

Gerard Barriaux 的小故事

Gerard Barriaux 做了30多年的酒店金钥匙,曾在巴黎著名的丽兹酒店等多家酒店工作过。有一次,他在巴黎某酒店任金钥匙,一位客人入住酒店后想看一本书,希望代为购买。客人提出希望时是晚上7点,次日早上10点就要离店。而这本书仅仅在纽约才买得到。于是这位巴黎的金钥匙马上打电话给纽约的同行,设法买到了这本书,而这位同行的太太在航空公司工作,次日8点半,这本书就送进了客人的房间。当然,这位客人之后每到巴黎,必然是住在这把"金钥匙"工作的酒店。

(二)感性的酒店业

在现代社会,酒店是通过提供饮食、休憩、娱乐、住宿等服务来获得盈利的企业,酒店业即是服务的行业,或者更准确地讲,是拼服务的行业。服务是什么呢?服务就是让你开心满足的意思,让你的感官(身体)、思想、情感,甚至灵魂都感到愉悦、满意。

广义上的酒店服务的内容可以分为以下几大内容:

第一,提供美丽、舒适的外观:包括酒店建筑外观、室内设计、环境音乐、配备香型等;

第二,满足客人的饮食、休息需求与其他娱乐需要:包括美食美饮、会展、康乐、住房等;

第三,体现所有服务背后的文化与品牌力量:包括文化竞争力导致的酒店业格局、品牌管理的内涵。

【小资料】

酒店体验师

互联网改变了几乎每个行业,包括酒店业。旅游体验师、酒店体验师就是因为互联网而产生的。几年前已经有些网站开始招聘专职或兼职的酒店体验师,他们的主要工作是:穿梭于全国乃至全球热门旅游地的客栈、旅店、酒店之间,利用自己的专业素质与全面细致的观察能力,为公司的网站撰写一篇又一篇住宿体验报告,为用户提供参考。免费旅游,免费吃住,听起来好像很不错?你的报告够专业够贴近用户吗?你的身体吃得消吗?最重要的,几年后互联网的发展又是一番天地了,在手机超越PC,APP超越网站后,据说,不出几年,手机这个华丽丽的移动终端也要被更智能的终端替掉,比如你的智能外套。酒店体验师并不容易做,万亿网民都开始自由行和积极分享感想,体验内容提供的方式不断被革命着。

第一章　认知美学

二、美：看不见的竞争力

【案例导入】

迪拜帆船酒店

　　阿拉伯塔（BurjAl－Arab）酒店，又称迪拜帆船酒店，位于中东地区阿拉伯联合酋长国的迪拜市，是全世界最豪华的酒店，也是世界上第一家7星级酒店。它的外观如同一张鼓满了风的帆，一共有56层、321米高，是全球最高的饭店，比法国埃菲尔铁塔还高上一截。帆船酒店是经过全世界上百名设计师的奇思妙想，并加上迪拜人巨大的钱袋和5年的时间，才最终缔造出的一个梦幻——将浓烈的伊斯兰风格和极尽奢华的装饰与高科技的工艺、建材完美结合。

　　酒店备有8辆宝马和2辆劳斯莱斯专供接送客人，酒店顶部的圆台是直升机停机坪。酒店内部更是奢华，装潢设计可以说是装满黄金，专门的管家会告诉你如何使用屋里的高科技设施；房间全是对着阿拉伯海的落地玻璃窗。从酒店大堂去Al-Mahara海鲜餐厅，需要坐3分钟的潜水艇，一路领略神奇的海底世界。

　　还有种种奢华，不一样的内容，同样的"高调"。小小领略下迪拜帆船酒店的气势：

图1－1　帆船酒店外观

图1-2 帆船酒店套房内部

图1-3 帆船酒店套房内部

图1-4 帆船酒店餐厅

资料来源：http：//www.rpgwebgame.com/kaifubiao/pic.asp？gn＝阿联酋迪拜帆船酒店。

第一章 认知美学

思考：
1. 想象下迪拜帆船酒店提供的奢华体验需要哪些条件？
2. 总结酒店美的地方。

（一）美是一种无目的的快乐

"美"是一种感觉，不一定要有钱才买得到。农夫眼中的良田美景、渔民在渔港看到的夕阳，或是风吹拂过溪水的水声，都可以带来心灵的报偿。正如康德说的："美是一种无目的的快乐"。美还是一个看不见的竞争力，这个竞争力反映在酒店设计及管理上，会创造惊人的产值与财富。近年来，许多酒店都意识到创意的珍贵，而想借由提升员工的人文素养，激荡出更多的创意。

有一个国际知名企业认为：我们正在迈入一个新的时代。一个产品的成败取决于其外观和感觉的时代。感官，甚至是潜意识的感官，将成为至关重要的竞争工具。在竞争激烈的市场上，美感是令产品脱颖而出的唯一办法。质量和价格可能是绝对的，但是品位在不断变化，而且并非所有的酒店都知道如何才能生产出迎合人们审美需求的产品。

在一个由温饱向小康社会的发展过程中，人们在关注物质生活质量的同时，越来越懂得追求美、追求精神文化生活上的享受。对于酒店建筑本身及所提供的产品，人们不仅要求其功能的先进与多样化，而且也要求其要有文化，且能够满足人们的审美需求，做到"真、善、美"，协调、舒适且有内涵。唯有如此，酒店生产的产品才有生命力和竞争力。

（二）美学在酒店业的应用

不论对于客人还是从业者，酒店行业都特别注重感性体验。酒店实用美学融合了不同学科的角度来研究酒店业，是管理学、美学在酒店业的跨学科应用，通过对酒店设计、酒店氛围、酒店饮食、酒店服务、酒店文化等方面的美学探究，了解酒店从硬件外观到软件服务这道服务光谱上方方面面的"感性经营"，使得我们可以从感性的层面认知酒店业从宏观设计到微观运作背后的思想，同时感受到酒店业蕴藏的哲学、艺术、商业等诸多维度的精彩内涵。

美学随着社会的发展越来越受到重视，而且不断地对社会的各个层面产生这样或那样的影响。现代酒店的发展也和美学有着紧密地联系。酒店作为一个接待服务设施，其对于美的应用主要体现在两个方面：酒店建筑设计与装饰美和酒店工作服务人员的服务美。

1. 酒店建筑设计与装饰美

酒店的主要功能就是提供住宿，所以其住宿环境的优劣直接关系到顾客的自身感受，因此在酒店的硬件服务设施上充分运用美学，无疑是非常必要的。那酒店中对于美学的应用究竟具体体现在哪里呢？

首先，应该是建筑材料的材质，有人说材质是建筑的表情，如果没有健康的、好的材质，那酒店的整体感觉也就没有了。现代人追求的生活越来越高质量化了，很多人对事物的认识都是从第一感觉开始的，为了让酒店给顾客的这个第一感觉良好，材质很重要。酒店的建筑材料除了要质好之外，还要迎合酒店的整体风格，这样才能使酒店的外形给人的第一视觉感受是和谐的、舒服的。

其次，就是酒店空间结构，错落有致的空间和平面空间给人的感受是完全不同的。空间感是建筑体面的虚实结合给人的心理感受。要做到酒店设计的建筑规划与室内空间融合为一体，体现酒店整体建筑的美感。整个酒店与其周围环境的协调，酒店建筑与其室外环境的格调上的统一，室内格局的合理配置，都对酒店整体文化氛围的营造非常重要。

最后，就是酒店内的色彩、配饰的设计。色彩、灯光是营造氛围的重要手段。色彩具有先声夺人的视觉艺术效果，能作用于人的感官，激发人的情感，是人最直接、最敏锐的感受。在美学里，色彩本省包含着各种情感，是创造视觉的重要因素。现在，色彩的运用在酒店设计中越来越被重视，它有着极强的视觉冲击力，易形成鲜明的印象。会议厅的色彩要给人一种严肃的感觉，冷色调的比较适合。而客房内的设计，色彩要温馨，灯光要柔和，给人舒适的感觉。酒店内装潢用的各种配饰的搭配也很重要，像雕塑、植物、陶瓷等都是酒店内惯用的配饰。在酒店设计中，配饰是一种软性设计，许多配饰都意在体现酒店的文化或者风格。配饰的合理搭配不仅能增加酒店的一种和谐美感，更能体现酒店的特色。餐饮服务业是殷勤好客的行业。殷勤是通过从事本行业人员所具有的良好礼节、礼貌素质反映出来的。具有良好的礼节礼貌素质不仅会在餐饮服务中取得良好的效果，同时也是自身礼貌修养上的需要。

2. 酒店工作服务人员的服务美

酒店对美的应用不只注重硬件设施的设计，还在服务上撰写酒店的美。酒店是礼貌服务行业，对服务人员进行文明礼貌教育，不仅是培养文明公民的需要，更是职业的基本要求。

酒店服务美是酒店实用美学的一个重要组成部分，是酒店从业人员在酒店服务过程中向顾客展示美的形态，创造美的感受的一种社会现象。酒店的服务美主要体现在以下几个方面：

语言美：语言美是指人们在谈话时在措辞和态度等方面显示出来的美。餐饮服务员要谈吐文雅、语言轻柔、语调亲切甜润，音量适度，讲究语言艺术，回答客人的问题要准确、简明；要根据不同的顾客及服务对象，用好服务敬语、问候

第一章 认知美学

语，准确的使用称呼。餐饮服务员应在各种不同的场合和地点能够运用国防的服务性语言与客人进行礼节性、工作性交谈。我们常说："一句话能把人说得笑起来，一句话也能把人说得闹起来"强调的就是这个道理。在服务时，要注意礼貌用语，对客人合适的称呼，友好的回答客人的问题，准确地介绍产品都体现的是一种服务美。

仪表美：人的仪表美是形体美、服饰美合发型美的有机综合美。酒店工作人员的仪容、仪表也直接的代表着酒店的形象。淡雅的工作妆容，干净正规的工作服，合适的发型，都是对顾客的一种尊重。

态度美：礼貌服务表现在餐饮服务人员的态度上，既要做到诚恳、热情、和蔼、耐心。另外表现态度好的一个重要内容就是向客人提供微笑服务，因为微笑服务是服务态度外在的最基本标准，它在礼貌服务中占有很特殊的位置。微笑服务是服务人员自身良好情绪的表现，是热爱本职工作的表现。微笑服务在餐饮服务中是一种无声的礼貌语言，主动提供微笑，可以对宾客的心情和情绪产生一种向愉快方向引导的作用。

行为举止美：作为酒店的员工不仅要有职业素养，其举手投足间也要符合酒店服务的规范。每一个酒店员工都代表着整个酒店的形象，服务过程中对顾客自然甜美的微笑，都会让顾客对整个酒店的满意度上升。餐饮服务工作中要不卑不亢，落落大方，体现出服务人员应有的素质，符合要求。服务时须依据服务规格，按照规定的程序及礼节、礼仪进行。餐饮服务人员在为客人服务时，不允许出现下列不文雅的举止：吸烟，修指甲、剔牙、抠鼻、抓痒、挠头皮、打呵欠、伸懒腰和工作时吃东西等。这些举止时与服务人员优美的举止格格不入的，会给宾客留下非常不好的印象。

专业素质美：一个服务员，只有真正做到了爱岗敬业、以顾客为主体、以顾客的满意为目标、以真诚到位的服务为乐趣，他才能真正地得到好评。而酒店服务管理只有真正地做到了每一个服务人员和管理者都以专业素质自己的标准，才能最终提升整个饭店的服务质量、管理水平和文化品位。酒店员工对旅游业的有关知识、对业务知识和服务技能的学习，对从事酒店业的自豪感、责任感和职业道德的培养，都是形成和体现专业素质美的过程。

在酒店中，不管是硬件服务设施的美的设计，还是员工服务的美的应用，对于整个酒店来说都是缺一不可的。就像"木桶原理"所揭示的道理一样，木桶的容量大小并不取决于最长的那只木条，也不取决于平均长度，而是取决于最短的那根木条。体现酒店美的所有服务及其设施就像一只木桶，顾客往往不会因为高质量的设施而忽略那些不好的服务和地方。相反，一点服务上的瑕疵会使顾客对整个酒店的满意度下降，从而使整个服务顾客的系统都毁于这一点瑕疵上。因此，为了给顾客良好的感受和满意的服务，必须整体提升酒店的美的高度，让顾客对酒店的服务无可挑剔，是酒店的形象美真正体现出来，这才是美学在酒店中运用的真谛。

【小资料】

全球10家最具建筑创意的奢华酒店
——VOGUE精心甄选

1. 秘鲁帕拉西奥娜扎伦纳酒店（Palacio Nazarenas Hotel）

创意亮点：历史古迹与当代设计完美融合。

图1-5 秘鲁帕拉西奥娜扎伦纳酒店（Palacio Nazarenaz Hotel）

这家诞生于2012年初夏的酒店，是Orient-Express集团有史以来最为耀眼的项目之一，由一座16世纪的修道院修复、改造4年而完成。建筑本身并不追求炫目效果，最独特的便是实现历史古迹与当代设计的完美融合。为使历史遗迹得到适当的保护，建筑师Enrique Palacio与其团队用心地设计每一个步骤，不仅在翻新和修复过程中没有使用任何重型机械，经常只使用牙刷、小匙及扫子清走泥土，甚至9 000立方米的泥土全以人手挖掘。在这期间，一些印加时期及以前的墙壁和文物被发现，譬如西班牙殖民时期库斯科仅存的壁画及横饰、拱门或古印加壁龛等，现在都被收藏展示于酒店图书馆。

第一章 认知美学

改造后的酒店共有 55 间套房，房间保留原有建筑结构，都有着良好视野，可眺望山上印加祭坛古迹性感女神（Sacsayhuamán）或位于中央广场上的库斯科大教堂。曾作为修道院院长私人祷告的静修室，保留着手雕天花并缀有金玫瑰装饰，现在成为酒店最美的 Nazarenas 套房；两处礼拜堂也仍旧被使用，并提供给当地信徒举行宗教活动，其中的一处还藏有源自加尔默罗修院时期的大型壁画。

2. 巴黎韦内尔酒店（Hotel Vernet）

创意亮点：旧貌新颜，创意赋神。

图1-6　巴黎韦内尔酒店（Hotel Vernet）

开业 100 周年，巴黎 Vernet 酒店尝试改头换面，最终效果如何？2014年 3 月，答案揭晓了。这座邻近巴黎"金三角"和戴高乐长广的酒店见证数个世纪变迁，原本是一栋典型的奥斯曼风格建筑，这次由法国知名设计师 François Champsaur 操刀，以当代艺术和设计的创意赋予其当代神采。François Champsaur 事务所是一家年轻而有活力的事务所，主设计师 François Champsaur 的家族长久经营着酒店集团，对酒店的传统与当代取舍之道谙熟于心。在改造 Vernet 酒店时，他们保留了早年 Gustave Eiffel 设计的壮观玻璃穹顶与充满历史感的拱门，而通过丰富而大胆的色彩运用挥洒创意：在大堂，白色大理石主色调与黑色窗框、浅金色窗户,形成戏剧性对比,餐厅中亮蓝、果绿餐桌与白色墙壁相映成趣,甚至法国知名的视觉艺术家Jean-Michel Alberola被请来在酒吧天花板上手绘壁画,并设计酒吧的抽象地毯,营造出别具艺术气氛的空间美学。此外,精心挑选的艺术品和家具,在肌理和质感上丰盈了整体空间;以卡拉拉大理石打造的"解构酒吧"因曲形柜台和折叠式铜质屏风而多了趣味;而细节处如黄铜壁灯、酒店VI的雕塑式设计,都使得Vernet酒店在法式精致优雅之外,更增添了赏心悦目的当代时尚艺术气息。

3. 澳大利亚袋鼠岛南太平洋别墅(Southern Ocean Lodge, Kangaroo Island)

创意亮点:自然风景与人造景观巧妙融合,生态环保。

图1-7 澳大利亚袋鼠岛南太平洋别墅(Sovthern Ocean Lodge, Kangaroo Island)

距离南澳大利亚大陆15公里的袋鼠岛(Kangaroo Island),被称为"澳大利亚的加拉帕戈斯",不仅拥有全澳洲最美丽的海滩,而且人迹罕至,有着原始健康的生态系统和丰富的动物种群,岛上近一半的丛林保持着1802年刚被发现时的原始风貌。当James & Hayley Baillie夫妇决定在此创办南太平洋别墅时,设计理念在阐释奢华与低调的同时,还不可或缺地表达生态环保

第一章 认知美学

的尊重。生长于南澳的建筑师马克斯·普理查德（Max Pritchard）受托完成他们的理想，这位擅长将自然风景与人造景观巧妙融合的建筑师，采用简约设计将21套豪华套房安置在临海悬崖之上，以下沉式休息室、大面积玻璃幕墙和户外露台，极大限度地采自然景观入户。而在室内设计上，他沿用当地有机材料，表达对当地生态的尊重，譬如利用回收的木材制作家具，墙壁与卫浴地面选材均采用本地出产的石灰岩，地板经过环保喷砂处理，甚至酒店还通过风力和太阳能发电，收集雨水再利用。2013年，酒店获得由澳洲《美食旅行家》杂志读者评选出来的2013年度"澳洲最佳酒店"殊荣。

4. 中国长城脚下的公社

创意亮点："中国10大新建筑奇迹"之一。

图1-8 长城脚下的公社

长城脚下的公社位于北京北部山区，是SOHO中国邀请12名知名亚洲建筑师设计的当代建筑艺术作品，不仅在2005年被美国《商业周刊》评为"中国10大新建筑奇迹"之一，也成为中国第一个被威尼斯双年展邀请参展并荣获"建筑艺术推动大奖"的建筑作品。其实，潘石屹和太太张欣的初衷是请香港著名设计师张永和为他们设计私宅"山语间"，不料那片山谷被众多朋友所爱，他们便诞生建造一些私人收藏的当代建筑的念头。随后，这个计划拓展为实验性的建筑项目，旨在打破当时人们对建筑的传统印象。其中典型一例便是张永和设计的"土宅"，有意放弃玻璃幕墙、钢筋水泥这些现代化的建筑形式，而选择以土坯配合木头支架组成承重墙，着力探讨传统建筑方式与现代设计的对接。尽管外观看上去是传统的土墙，但建筑方法却按水泥混合配方研制出来，创造了新的建筑可能性。此外，隈研吾的"竹屋"、张智强的"手提箱"和简学义"飞机场"等其他建筑，则从不同的建筑概念入手，表达建筑师们的奇思妙想与对生态环境的尊重。

5. 日本轻井泽虹夕诺雅温泉SPA度假村

创意亮点：依山势而建，围绕汤川错落分布，与幽静树林、小桥流水人家的景致浑然一体。

图1-9　日本轻井泽虹夕诺雅温泉SPA度假村

轻井泽是"东京后花园"，是当年日本天皇邂逅皇后美智子的地方，也是约翰·列侬与大野洋子爱情故事开始的地方。日本顶级品牌虹夕诺雅前身为传统的星野旅馆，100多年前就为星野家族所发掘开发，直到1991年被家族第四代继承人大力改造。区别于很多奢华酒店的规整，虹夕诺雅最特别便是如同散落在山谷里的村落。77间客房都是单体别墅，依山势而建，围绕汤川错落分布，与幽静树林、小桥流水人家的景致浑然一体，令置身其中的人都不免惊叹"如梦似幻"。酒店客房全都采取开放式设计，挑高超过4米，配备大面积窗户，以方便揽四时胜景入怀。温泉的设计也匠心独具。室外温泉"蜻蜓之汤"主要面向外来客人，可一边泡温泉，一边欣赏四时美景，最妙的是冬季，有漫天飘飞的白雪化作背景。另一处室内"冥想温泉"则深受禅宗思想的影响，当你输入密码，会走进一个黑暗的屋子，远处有微光，一点点亮起来，等你循着光走过去，推开一扇小门，视野豁然开朗。这是为温泉之旅特别设计的冥想内观过程,也是将东方式禅意融入空间美学的点睛之作。

6. 美国纽约梦想中心酒店(Dream Downtown Hotel)

创意亮点:利用外立面与街道形成的倾斜角度,以炫目的不锈钢表皮来重新打造外观。

图1-10 纽约梦想酒店(Dream Downtown Hotel)

它的前身是新奥尔良建筑师 Albert Ledner 为美国国家海事联合会设计的附楼。2006年,Handel Architects 建筑师事务所受托将其改造为梦想中心酒店,他们主张保持 Albert Ledner 的设计特色,而利用外立面与街道形成的倾斜角度,以炫目的不锈钢表皮来重新打造外观,并饰以一排排如同航船舷窗的圆形窗户。这种设计的巧妙不仅使不锈钢立面在白天和夜晚折射不同景象,而且使得圆形窗户在不同光线下产生漂浮感,打破了原有建筑的规整和严谨,变得既酷又具有超现实气质。建筑师还将建筑中央地带留空,设立游泳池和露台,让自然光线更为通透,玻璃底的泳池使得客人身处酒店大堂亦能看到折射的天空。酒店室内设计的灵感则取自 Andy Warhol,因其工作室多以反光的铝箔纸作为墙面装饰,总是显现出某种闪烁不定的迷幻气息。于是,大量银色、灰色、紫色、玻璃和铬合金被采用,以装饰酒店的立面,两百个水工垂制的玻璃球体漂浮于大堂上空,而客房、餐厅角落随处散落的圆形灯饰,都令整体氛围呈现一种奇幻的视觉效果。

7. 捷克 Miura 酒店

创意亮点:不同空间呈现的大师级艺术品收藏,看上去仿佛一座艺术博物馆。

图 1-11　捷克 Miura 酒店

捷克不仅有无数的历史景观,也有相当多的现代建筑备受关注,位于切拉德纳高尔夫球场的 Miura 酒店便是不可错过的一处。与很多奢华酒店营造的暖调不同,不规则几何形体结构与非常简约的线条,都令它呈现出冷峻的极简主义建筑风格,混凝土、金属箔片、可丽耐、抗腐蚀柯尔顿钢板与染色玻璃等材料则形成呼应。幸好,建筑外墙那尊 30 英尺高的不锈钢人形雕塑,以玩味的姿态消融了整体建筑的严肃。酒店内部设计大量采用直线形设计,保留钢筋水泥原色质感的楼梯和廊柱,并选用简约设计的家具,延续极简的美学风格倾向。倒是不同空间呈现的大师级艺术品收藏,如安迪·沃霍尔、达米安·赫斯特、大卫·切尔尼等名家作品,传达着某种隐形的情感温度。负责设计这家酒店的是建筑设计事务所 Labor 13,这家著名的建筑设计事务所最被称道的便是对自身建筑美学及实用性的理解,而非迎合大众品位。当初接受 Miura 酒店,他们便立意打造一座从骨子里便渗透着艺术感的建筑。这就难怪它看上去不像酒店,而仿佛一座艺术博物馆。

8. 德国柏林 NHow 酒店

创意亮点:巨大的悬臂结构,伸出建筑主体 21 米,距离河面高度 36 米。

图 1-12　柏林 NHow 酒店

NHow 酒店位于德国柏林施普雷河畔的 Osthafen 港,极简主义风格的建筑由俄国籍建筑师 Sergi Tchoban 设计。从河的对岸看,它规整的几何形体组合造型仿佛由数个巨大音箱堆积而成,西边楼体顶部巨大的悬臂结构,伸出建筑主体 21 米,距离河面高度 36 米,形似偶然降落半空的矩形飞行器。与冷峻的建筑外形对比,由纽约著名设计师 Karim Rashid 主理的内部设计则流动如音乐。因为 NHow 是西班牙 NH 集团在全球开设的第一家音乐概念酒店,而 Karim Rashid 平时喜欢做 DJ 并曾梦想成为音乐家,音乐主题设计当然激发他无限的灵感。他试图以不断循环的莫比斯环状曲线来营造一个律动的数字世界。为此,从酒店大堂、餐厅、酒吧到客房,很难看到平直线条,从变异唇形的玫红色前台,到如微型山峦起伏的沙发,到各种异形灯饰装饰的天花板,全都表达了音符般的流动。而对玫红、粉绿、暗紫、酒红等糖果色的尽情把玩,又丰富了空间的层次感,比如东翼房间为金色和粉色组合,西翼演变为灰色、蓝色和粉色混搭,悬臂部分因其地势较高,而采用中性色调舒缓。这样,入住的客人无论在哪个角落,都能体验一场流动的盛宴。

9. 荷兰阿姆斯特丹 ANDAZ 酒店（ANDAZ Amsterdam, Prinsengracht）
创意亮点：荷兰式疯狂设计，创意灵感盛宴。

图 1-13　阿姆斯特丹 ANDAZ 酒店

在当今荷兰乃至全球设计界，Marcel Wanders 无疑是近年耀眼的明星之一，经常因疯狂创意而被视为"设计界的 Lady Gaga"。当芝加哥凯悦酒店集团旗下以风格与个性著称的品牌 Andaz 进驻荷兰，顺理成章地就将设计的橄榄枝伸向他。

这座位于城市中心区的酒店，原本是建于 20 世纪 70 年代的公共图书馆结构，然而经 Marcel Wanders 一手改造，几乎成为一座灵感图库。从各种风格设计品的混搭，到墙面密集图案的装饰，再到黄金色、荷兰代尔夫特蓝、郁金香与橙色调这些象征荷兰的色彩运用，浓重地塑造了荷兰自由奔放而热情的文化性格。其中，某些设计单品如 Marcel Wanders 的手绘面盆、Minute 品牌的代尔夫特蓝色调的书形工作台，以及大大小小各种造型与材质的灯罩、灯饰，令空间永远不会显得沉闷无聊。同时，酒店还陈设 40 件饰品艺术作品，它们都来自全球各地知名的艺术家，如 Ryan Gander、Erwin Olaf 和 Mark Titchner 等，很多视频的概念和方式都偏离常规，这正呼应了 Andaz 酒店的个性需求。而这种安排似乎正是 Marcel Wanders 的设计用意："我希望让别人感到：生命可以像一个魔法。"

10. 西班牙马德里 Puerta America 酒店（Silken Hotel Puerta America Madrid）

创意亮点：13 个国家 19 位世界顶尖的建筑师与设计师共同打造

图 1-14　马德里 Puerta America 酒店

说到建筑创意，怎可错过位于西班牙马德里市郊的 Hotel Puerta America? Hotels Silken 集团耗资七千五百万欧元，邀请 13 个国家 19 位世界顶尖的建筑师与设计师施展才华，而成就这家名扬全球的"设计酒店"，很多业内人士更视其为"21 世纪的设计文化博物馆"。法国建筑师 John Nouvel 设计酒店建筑立面，用橙、黄、红、蓝、靛、紫渐变的彩虹薄膜包覆外墙，并将法国诗人 Pau Eluard《Liberty》的诗句转译于空间。英国极简建筑大师 John Pawson 延续其一贯的极简风格，大面积运用原木和类似日本传统千条格的装饰，打造了深具东方禅意的大堂和会客室。此外，酒店有 12 层楼，每一层均由不同设计师操刀，比如在一层，可以看到著名女建筑师 Zaha Hadid 借助新的数字技术和材料，塑造像宇宙云团般"流动的空间"；在四层，年轻的英国小组 Plasma Studio 将空间的三维效果发挥到极致，玩起一个类似组合异次元空间的"几何的游戏"。至于其他楼层的创意，如英国建筑师 Norman Foster 的"优雅与柔韧"主题，英国建筑师 David Chipperfield 的"奢侈与情景"

主题，与"设计界顽童"Ron Arad 创造的循环往复空间等，则从科技、环境学、几何学、时尚、动漫和绘画、雕塑等众多领域汲取灵感，可谓创意设计之集大成者。

资料来源：http://www.vogue.com.cn/living/travel/news_1221f3f897854814.html

【小结】

　　美，是指能引起人们美感的客观事物的一种共同的本质属性，包括生活美和艺术美两个最主要的形态，它的起源本质上是与人类的生产劳动联系在一起的。美学作为一门社会科学，是在社会的物质生活与精神生活的基础上产生和发展起来的，是研究美、美感、美的创造及美育规律的一门科学。艺术总是意味着美，科学领域也存在着美，甚至蕴藏着多姿多彩的美，科学和艺术拥有种类众多的共同美。现代酒店的发展也和美学有着紧密地联系。酒店作为一个接待服务设施，其对于美的应用主要体现在两个方面：酒店建筑设计与装饰美和酒店工作服务人员的服务美。在酒店中，不管是硬件服务设施的美的设计，还是员工服务的美的应用，对于整个酒店来说都是缺一不可的。

【思考题】

1. 什么是美？你对美的起源是如何理解的？
2. 从实用、礼仪到审美是如何演变的？
3. 什么是美学？它是产生和发展？
4. 艺术美和科学美的区别和联系是什么？
5. 美学在酒店业的应用表现在哪些方面？

第二章 酒店设计之美

【案例导入1】：造型之美

水 城 威 尼 斯

意大利威尼斯，"因水而生，因水而美，因水而兴"，别名"水上城""百岛城""亚得里亚海的女王""水之都""面具之城""桥之城""漂浮之都""运河之城"及"光之城"。威尼斯四周环海，全市河道、运河共计177条，靠401座各式桥梁把它们连接起来，水道即是城市的马路，船是市内唯一的交通工具。除了小艇以外，所有交通工具都是明令禁止的。

图2-1 威尼斯街景

威尼斯不仅因为自己的独特地理而出名，它的文化艺术遗产也是相当丰厚，它的威尼斯画派、雕塑、歌剧、建筑都在世界上有着重要的地位和影响，其中，圣马可大广场和圣马可大教堂是最享有盛誉的古迹。

图2-2　威尼斯街景

威尼斯的酒店自然都在威尼斯城里，也自然都依水而生，不论是顶级的Luna Hotel Baglioni，还是不知名的安静家庭旅馆，你都可以在booking.com这样的网站上搜索到，但是它们的建筑风格都是和威尼斯城本身的设计和文化是一体的，都会让你回想起伟大的文艺复兴，会让你感受到水城的魅力。

图2-3　威尼斯街景

资料来源：http：//blog.163.com/shenwen_2010/blog/static/139854010201122111125104/

第二章　酒店设计之美

思考：
1. 威尼斯的酒店建筑之美是如何打造的？
2. 建筑之美背后的文化内涵是什么？

【案例导入2】：空间之美

罗斯科的"四季系列"

1958年，酒店业顶级的酒店品牌之一四季酒店（纽约曼哈顿四季）邀请20世纪最伟大的艺术家之一罗斯科（Mark Rothko）为其绘制西格拉姆壁画，宽、高都在两米五左右。罗斯科对此有清晰的解释："历史上，大画总是很崇高宏伟的，而我恰恰想画体现私密感和人性的大画。画小画或面对小画的时候，人把他的经验外化了，用一种俯视的角度观看，或者像用缩小的透镜看。但当你画大画，你被包纳在其中，它不是你能随意差遣的。"而这组壁画是他从未画过的规模。今天，这组著名的"四季系列"已经登堂入室进入世界最有名的现代艺术馆，每一幅作品的市场拍卖价格都足以匹敌北京市二环边的大别墅。

思考：艺术作品都可以用在酒店内部的哪些空间？酒店又需要什么样的艺术品来装饰？

【主要内容】

本项目通过从对全球各地精心挑选出的酒店的建筑、室内空间的展示，带领学生领略酒店建筑的造型之美、空间之美、互动之美和室内设计的结构之美、色彩之美、装饰之美，培养学生对酒店外观美的观察力与敏感性。

【学习目标】
1. 了解世界各地酒店的建筑与室内设计
2. 掌握酒店建筑设计与酒店室内设计的现实依据与美学原理
3. 理解酒店文化如何通过建筑和室内来体现

第一节　酒店建筑之美

【能力培养】
1. 培养欣赏各地酒店建筑之美的能力
2. 总结五星级酒店建筑之美有何异同

酒店实用美学

一、造型之美

施莱格尔（德）对建筑做的"凝固的音乐"比喻，让建筑的艺术性在所有人心中流动起来。不同的时代、不同的地域有不同的建筑风采。例如：

在上古时期，有科学而感人的金字塔、古印度庙宇几乎统一使用的"庙山"结构、既有热情激荡又含沉思安息的希腊神庙、象征武力与奢华的罗马斗兽场、中国气势磅礴且内里丰满的汉墓……这是条拉不完的名单。

在中古时期，有留存至今的哥特式教堂和城堡、中东的大清真寺、中国的园林建筑以及形形色色的宫殿与民居、日本枯山水式的庭院、柬埔寨的吴哥窟……又是一张提供不尽的名单。

在近现代，随着工业革命吹响全球化的号角，所有的人类遗产都可以被不费力地继承，尤其是在高度信息化、科技化的今天，一个优秀的建筑设计师就如同一名好厨师，各个民族的建筑形式与内涵都好比是其可以随意使用的调料，谈论哪个主义、哪种风格已经显得过于拘泥于某种文化了，今天的建筑设计只需要贴一个标签：建筑师的名字！酒店建筑设计作为建筑设计的一种，不仅追求功能提供得舒服到位，也要在华丽氛围和个性内核的打造上达到体验的巅峰，在建筑形象、公共空间、景观配置、材料创新、科幻隐喻等方面不断探索发展，力求为客户创造出独一无二的难忘境界。

（一）震撼氛围

海明威曾经说过："当我想象天堂的时候，总是以丽兹酒店（巴黎著名酒店）为蓝图。"奢华享受即欲望的挖掘性满足，是人类的普遍愿望，也是现代酒店设计的重要内涵。

Las Vegas——"一切源于梦想并永远高于梦想的地方。"世界最大的16家主题酒店中，拉斯维加斯有15家，号称"主题酒店之都"。比如 The Mirage，以热带雨林为主题，有上万间客房、人造珊瑚、鲨鱼、白虎、海豚、瀑布、每30分钟喷发一次的人造火山；Treasure Island，加勒比海盗文化为主题，每晚实地上演海盗激战；MGM Grand，世界第二大酒店，以电影为主题，四栋主要建筑内部装潢分别以好莱坞、南美洲、卡萨布兰卡、沙漠绿洲为主题；Luxor，埃及金字塔主题，世界第三大度假酒店，内有砂岩墙壁上全彩色的埃及壁画、王室浅浮雕、所有房间摆放古埃及风木雕家具……

第二章　酒店设计之美

图 2-4　LUXOR 酒店外观

图 2-5　LUXOR 酒店外观

资料来源：http：//bbs. fengniao. com/forum/2390450. html

（二）城市地标

在"现代酒店的形成"中，我们可以知道，相当比例的大酒店都拥有商务背景，坐落于人口稠密的都市中心。

比如中国北京的盘古七星酒店，坐落在北四环奥运村北辰商业中心，毗邻国家体育馆、奥林匹克公园，直接可俯瞰著名的奥运景观——水立方、鸟巢全景。酒店结合东西方艺术设计，外观为龙形；鸟巢西侧著名的"盘古大观"，在部分楼栋的顶层，建设了12座空中四合院，这些四合院距离地平面的高度都超过了85米，在四合院的中厅下方可以种草、养鱼。房间的装修风格也极度奢华，不仅有一个可开合的透明天幕，连上楼的步行梯选材都是从非洲进口的加蓬红木，房间内部还配备了一个小型电梯，可以方便地上下。2008年北京奥运期间，成为世界瞩目的标志性地标。

现代酒店在提供高星级酒店服务的同时，也扮演了大城市的地标性建筑，金碧辉煌、撼人心魄的建筑外观带来了更强的都市文明感，也带来了更强的都市孤独感。但不论如何，我们在城市里打车去某一个地方的时候，可能会跟司机师傅说道：就在××××酒店旁边！

图2-6　盘古酒店外观

第二章　酒店设计之美

图 2-7　盘古酒店外观

资料来源：http://www.visitbeijing.com.cn/food/fashionable/n214867109.shtml

(三) 奇幻未来

不同的个体追求不同的体验，而有些酒店的审美不仅别出心裁，而且摄人心魄，甚至光怪陆离，总之，应有尽有。高科技已经成为当代文化至关重要的一个元素，包括科幻电影中的故事、人物都逐渐进入人们的生活，许多酒店即以此为灵感，设计了颇具创意的酒店建筑。如迪拜密码特色酒店，Studio City Hotel-Code Unique Hotel，迪拜建了一个电影城，欲打造成心的全球影业的圣地，并准备投拍科幻电影。密码特色酒店就是为了辉映这一雄心壮志的计划，酒店名字因外墙得名，外观是一个名为 QR（Quick Response）的矩阵密码，由日本公司 Denso-Wave 在 1994 年创造，现在成为日本最流行的两维代码，极具科幻感。

图2-8 迪拜密码酒店外观

图2-9 迪拜密码酒店大堂

资料来源：http://www.gcszy.com/zhuanti/ShowArticle.asp?ArticleID=9792

第二章 酒店设计之美

【小资料】

树上的酒店

亿万年前,人类艰难地从森林中走出来,如今人们依然渴望着与大自然的和谐相处,肯特和布丽塔林在瑞典北部拉普兰地区哈拉斯村(北极圈以南60公里,600位居民的小村庄)的树林里建立了属于他们的树屋酒店,共有7幢房子,每幢房子均由不同的设计师设计,有着不同的主题,比如四面是镜子的Mirrorcube,将自己隐身于树林之中,通过吊桥上去,非常特别;还有伪装成鸟巢、机舱、UFO等。树屋酒店的所有房间都建在松树上,客人通过一个斜坡或是台阶就可进入房间,其中一间有一个电动可收缩的楼梯。树屋里面都设计了舒适的现代家居环境,内置了观光口,令人尽享大自然的无限风光。酒店全年开放,并为游客准备了越野滑雪、高山滑雪、狗拉雪橇、冰钓、午夜探险等户外活动。

把酒店建在树上的创意不光在瑞典有,在世界各地都有创意非凡的树屋酒店,如中国三亚的南山树上小屋、巴西的亚马逊阿里亚乌度假酒店、肯尼亚内罗毕的恩冈小屋、毛伊岛的哈纳小屋、越南的Hang Nga宾馆、新西兰凯库拉的哈普旅社、美国华盛顿的雪松树上小屋、泰国的拷索树上小屋度假区、印度喀拉拉邦热带雨林的安静度假村、哥斯达黎加利蒙的树上小屋旅馆等,还有日本冲绳的树上饭店(只提供餐饮服务),树的主要材质压根儿都是

图2-10 瑞典树屋酒店"鸟巢"房间

混凝土,中心还有楼梯,直达顶部。总支,个个都能让你下巴掉在地上,不信你去搜搜看!

图 2-11 瑞典树屋酒店"镜魔方"房间

图 2-12 瑞典树屋酒店"UFO"房间

资料来源:http://www.mafengwo.cn/i/723928.html

第二章 酒店设计之美

图2-13 日本冲绳的树上饭店：不过这家树上饭店是人工建造的，主要材质是混凝土，内部有电梯接送顾客

二、空间之美

酒店建筑作为天地之间一种颇具人类智识与灵气的存在，亦是对空间的一种切割与重构。一幢建筑作为城市、乡野或自然间的个体存在，亦需要与周围的环境整体和谐共生。酒店建筑应让附近的空间更美丽，并因此在整体中凸显出自己的个性之美。

（一）自然夏威夷

夏威夷，著名的Hawaii，本地人读作"he wa i"，拥有最重要的两张旅游王牌：海洋魅力和地域风情！清澈动人而一望无际的海，热情有趣的草裙舞，大椰树，火山，无尽的欢腾……以及宁静的，草原一样广阔的草坪……

（二）先锋摩纳哥

项目地点：摩纳哥
设计师：OMA
占地面积：24 300平方米

图 2-14　夏威夷海岛别墅酒店

资料来源：http://www.nipic.com/show/1/73/5398023ke3334f43.html

图 2-15　夏威夷海岛度假酒店

资料来源：http://www.itoptrip.com/hawaii-jiudian-2/

简介：摩洛哥酒店是城市发展的终极独立个体，建筑漂浮于水面之上，位于拉沃托湾中央。酒店是一个独立的悬浮建筑系统。它的活动、路径、用途都为平静的水面和景观带来了特别的联系。酒店式群岛的延伸，不同的部分自由地联系在一起。酒店没有明确的外形，整个系统是城市的建筑缩影。

小型个体通过组合形成了一个造型简单的几何体。空间的连续使酒店成为了

第二章　酒店设计之美

一个环境整体。建筑平面、剖面和外观拥有同等的几何造型，形成了一个建筑环境的混合体。室内和室外没有界限：空气可以渗透入建筑，室内外共同组成了一个界限模糊的空间。

项目的私人空间共分为三个部分：客房、公寓和别墅，分散于各个楼层。底下三层的客房分别为 30 平方米、40 平方米、50 平方米、70 平方米。四楼的公寓面积在 140 平方米到 600 平方米之间。上面三层是 600 平方米的奢华别墅。大多数客房、公寓和别墅通过露台和阳台与外界相连，可以看到周边的风景。公共空间也分布在各个楼层，宾客们都可以进入，包括大堂、游泳池、水疗馆和两个餐厅。每个部分都是特别的，拥有独立的功能。所有的公共空间都连接了室内外的空间。

图 2-16　OMA 摩纳哥项目

资料来源：《酒店设计方案》（于峰飞编，常文峰译）。

（三）迷人东欧

人们往往迷恋于东欧的历史文化、当代艺术，却忽视了东欧或广阔或壮丽或迷你的乡村郊外的自然风光，这里的酒店往往不像迪拜、纽约的那些著名酒店一样闻名世界，却因为别样的安静与和谐展示出迷人的光彩，呈现出另一种"高大上"。

1. 斯洛文尼亚的米瓦卡酒店

Hotel Resort Mivka 位于斯洛文尼亚最著名的布莱德城郊，在森林中央的一大片区域，附近有最著名的布莱德湖，是一个可以滑雪、登山、玩极限运动、远足等活动的旅游胜地。

图 2-17 斯洛文尼亚 Mivka 度假酒店周边

资料来源：http://stanleychen.lofter.com/post/5fb8c_ 1370001

酒店与周边城市完全隔绝，酒店设计的目标就是为了打造纯自然的体验，宾客所到区域都有充足的自然采光，与大自然的充分接触激发出每个人的内心感觉。设计师还将酒店划分为许多独立的模块，形成小的单元，这样客人最多只能看到一个到两个部分，这种凹形的设计给予客人很好的私密性，不会产生交叉的视线。建筑本身采用了天然的材料，并随着时间的流逝来慢慢显示出岁月的痕迹。木质立面构成了树林与饭店的直接对话，垂直的木板遮挡了来自外面的视线，也成为保护内部空间，防止热量流失的一道屏障。

第二章　酒店设计之美

图 2-18　斯洛文尼亚 Mivka 酒店设计图

图 2-19　斯洛文尼亚 Mivka 酒店设计图

资料来源：http://www.lvshedesign.com/archives/4822.html

2. 格鲁吉亚的阿果比利酒店

Aghobili Hotel，位于格鲁吉亚阿巴苏马尼镇，在麦思科帝山脉南坡，紧邻波吉米－卡拉古力国家公园（欧洲最大的国家公园之一），夏季气候宜人，冬季白雪满山，是非常理想的养生和度假区，矿泉水疗是酒店的一大特色。阿果比利酒店与一座历史遗迹酒店合二为一，是一个历史与现代设计的结合体。

图 2-20　格鲁吉亚 Aghobili 酒店

资料来源：http://design.cila.cn/news5362.html

【小资料】

地理主题酒店

人类是大自然的孩子，也会自然而然喜欢各种大自然的风貌，比如沙漠。去沙漠旅行在今天已经不是什么新鲜事儿了，而沙漠中的各种以沙漠为主题的酒店也层出不穷。

君悦在美国新墨西哥州建的五星级酒店，好比沙漠里的绿洲，利用新墨西哥州的地理风貌，打造出一种苍凉大漠中的豪情与奢华。

而中国内蒙古的准格尔旗黄河召主题酒店（在建），又是一种风格。酒店地处沙漠、湿地、黄河三种不同自然景观的交界处，三种景观之间以及与建筑之间形成强烈的对比，互相辉映，互相强化，酒店如同大漠中耸立的金字塔一样，在空旷视野中成为打破地平线而又能与地貌融合为一的存在。

在"盛产"沙漠的非洲和中东，亦有许多不同的沙漠主题酒店，有的酒店须要坐直升机才能到达，然后你就只能在接下来的数天中住在几近绝望的帐篷之中，体验生存的艰难，然后，回家之后学会珍惜。

第二章　酒店设计之美

图 2-21　美国新墨西哥州君悦酒店

图 2-22　美国新墨西哥州君悦酒店

资料来源：http://info.meadin.com/PictureNews/312_2.shtml

图2-23　内蒙古准格尔黄河召主题酒店设计图

图2-24　内蒙古准格尔黄河召主题酒店

资料来源：http://www.arting365.com/news/entironment/2011-04-14/1302762287d239327.html

第二章　酒店设计之美

三、互动之美

酒店的美是在与客人互动的过程中实现的，酒店的一切外观之美与内涵之美都需要跟客人的眼、耳、鼻、舌、身、意各种感官和意识进行互动才能产生。

（一）灵隐寺旁的私密奢华

藏身于杭州西湖西侧灵隐山谷之间的安缦法云酒店，被网友誉为全球最奢华的酒店，尽管从2010年1月开业至今已3个年头了，但到现在为止来自世界各地的"安缦痴"（Aman Junkies）们都没有丝毫的减少。这里共有47处居所，始建于唐朝，曾为附近茶园村民居住。垣墙周庭，充满自然之趣，宛如传统中国村落的缩影；如今以传统工艺修缮一新，砖墙瓦顶，辅以土木结构，屋内走道和地板均为石材铺置。

图2-25　杭州安缦酒店

Aman 从未定位于最大的酒店,而更热衷于小规模、私密和低调(Involving)。它的选址一直致力于寻找文化和历史强烈结合的独特自然环境。每一次选址,每一座建筑的改造,每一家酒店的设计,首先要对当地文化进行考察研究,力求将本土的人文精神与自然景观达到最完美契合。据说有家 Aman 的酒店开在一座岛上,必须要有专机接送。法国的阿尔卑斯山下的 Aman 要提前预订两年才能排上队。

尽管设计超级棒,但酒店强调的是总体体验,甚至不愿多谈设计。也就是说,设计完全要与内在的酒店文化也即灵魂相契合。酒店旁边就是天竺寺和著名的灵隐寺,寺庙脚下的生活方式自然也是恬静、禅意、自由的,而这种心灵的奢华体验需要既古典又现代的高级精品酒店才能提供。

图 2-26　杭州安缦酒店

(二)"之最"汇集的花园酒店

1985 年开业的花园酒店当时本来邀请大名鼎鼎的贝聿铭先生来设计的,但

第二章　酒店设计之美

图 2-27　杭州安缦酒店

资料来源：http://www.yogeev.com/article/36123.html

因为"档期"实在排不开，贝大师就画了张 Y 字形概念草图，并亲点司徒惠具体设计，最后落成今天的模样：一座超长拱形结构 & 两座 Y 形副楼。占地 4.8 万平方米，大楼 30 层楼，高 107 米，有客房 1 112 套；花园大厦 21 层，公寓及写字楼 1 000 套。

当年应该没有几个广州本地市民不知道广州市花园酒店的！因为花园酒店当时是全国最大的酒店，有全国最大的大堂、最大的国际会议中心、最大的（大观园）大理石镶金壁画、首项大型漆书壁画（广东水乡风貌）、最大的酒店前后花园、最大最高的旋转餐厅、最高的园林瀑布（天涯若比邻）、最大和最豪华的酒店总统套房、最大的藻井（金龙戏珠）……并且很好地借用了岭南建筑"轻、巧、通、透"的特点，并结合岭南园林的独特风格，打造出了花园酒店独具特色的酒店建筑。

时至今日，花园酒店的很多"之最"已经被夺走，但让传统与现代共舞齐飞的花园酒店并不显得过时落伍,它依然凭自己的艺术特色与强大的经营和服务位列广州市最受欢迎的五星级酒店群中。

图2-28　广州花园酒店

图2-29　广州花园酒店

第二章 酒店设计之美

图 2-30　广州花园酒店

资料来源：http://www.gardenhotel.com/

（三）酒店建筑的功能与定位

不论酒店建筑多么酷炫潮牛，本质上，酒店建筑的设计都需要满足这些原则：

1. 明确功能

酒店设计属于建筑设计的一种，基本原则是形式服从结构、结构服从功能、功能服从定位。在此基础上，可以设计出惊世骇俗、震人心魄的外观，也可以如所有的香格里拉酒店和顶级的利兹·卡尔顿一样都是规矩的长方体。因为只追求外观的话，会造成巨大的空间浪费和高建筑成本，并且未必能实现功能。但全世界各地很多五星级酒店长得还是非常大气、漂亮的，毕竟，豪华酒店可以拥有豪华的资本和脑洞大开的设计师们。

2. 市场定位

众所周知，国内酒店业在与国外酒店集团竞争的过程中，基本上是落于下风，这不仅是资本的差距，更是文化和思想的差距。比如很多国内酒店并无明确的市场定位，老想着"捡到碗里都是菜"，这种观念表现为两个极端：高星级酒店降格以求，所谓"豪华酒店，百姓消费"；中档酒店总想着全面覆盖市场，所谓"三星酒店，一星价格，五星服务"。最终往往沦为"三不"之难：

（1）不大不小，既无大酒店规模优势，又无小酒店成本优势；

（2）不三不四，档次中等，高不成低不就；

（3）不伦不类，定位不清、形象不明。

市场定位，首先，研究需求，一旦决定瞄准了哪个细分市场之后，就要想方设法去激需求，保证抓住回头客维护市场；其次，在定位好目标群体的基础上，最好能做到引导需求、赶在潮流之先；最后，创造需求，创造性地拿下市场。在定位过程中，要考虑很多因素，比如：

（1）功能定位，"为谁辛苦为谁甜"，相应地做出选址、投资、设计、经营等；

（2）区间定位，如在五星级酒店密集的一线城市，须研究1公里半径范围内市场与对手情况；

（3）分工定位，根据产业集群理论，要考虑周边酒店群或酒店街的产业分布，整合竞合关系，三四五星连合；

（4）价格定位，前三个定位搞清了，再根据当地市场价格确定合理的定价。

3. 文化转化

文化是民族之魂，文化是企业之魂，文化自然也是酒店之魂。从果上讲，酒店文化可以是一种味道、一种气氛、一种感觉；从因上讲，狭义的酒店文化应该包括酒店的价值观、经营理念、竞争战略等。文化看不见摸不着，形态看似是软实力，从长期看，实在是比硬实力还要硬的实力，文化是生产力。

文化在于挖掘，也在于提升，一定意义上，提升是要把各类文化改造到现代

第二章 酒店设计之美

文化形态，或者说，把文化性的资源转化成文化性的产品和服务。比如传统文化主题的酒店，建筑不必是摩天大楼，大厅不必金碧辉煌，但也不能复古式地提供设施、提供服务。另外，细节经不起考验会大打折扣，因为文化的力量往往体现在细节中，比如哪怕服务人员的一个眼神。

在将文化资源转化为现代文化商品这方面，欧洲也许是最精彩的榜样，它是文化与商业结合最完美的地方，因为：

（1）欧洲文化历史优秀而且博大深邃；（2）数百年的商业积累领先全球；（3）以人为本的转化力强。

【知识拓展】

酒店建筑设计的文化内涵

高端的五星级酒店，往往是没有一个出租车司机不知道的城市地标，是市民及来自全世界的客人从事商务活动、旅行、婚宴、娱乐等的集散地，也是人们体验平日难以体验到的生活方式的宝地。高星级酒店建筑设计也就往往相应具有以下的文化内涵：

1. 城市生活的可能

对中国而言，改革开放以来，最能让一个普通人感受到尊严和美好生活的第一个地方，其实就是五星级酒店。在20世纪80年代，五星级酒店也是最早的对外交流窗口——接待外宾的地方。从90年代基本形成中国酒店业以来，酒店就一直是一个负载着更多城市内涵的地方，它不仅仅是城市地标，也是城市的肺，交通内外，吞吐大荒。

单从饮食来讲，外来的客人肯定可以在五星级酒店尝到当地的正宗美食，而当地人又能在此吃到来自远域的大餐。随着商业秩序的不断发达，会展需求成为一个巨大的市场需求，而五星级酒店已然也发展成为一个大小会议频频发生的会展中心。

这些性质与功能，决定了酒店建筑设计必须得"高大上"到摄人心魄，而依据服务形式和内容的侧重点不同，也就应该有相应的调整，譬如市中心的商务酒店可能就不能像度假胜地的度假村酒店一样"酷炫潮"！

2. 历史文化的表达

不论是国内的酒店还是国外的酒店，建筑设计都应该考虑到该城市的历史文化要素。每个国家都拥有传统文化与现代文化两大类文化，每个城市都有自己独特的历史和特质，所有的酒店建筑都应该尊重这些。例如，假如你可以在北京城的平安大道上盖一座酒店的话，你可能需要考虑一下你要建的高度是否与周边的建筑高度和谐,以及周边的四合院环境是否拥护你的新创意。

在日本,传统文化得到了相当的保护,同时具有最发达的现代文化。日本人认为,可以没有财富、没有军队,但是只要有茶道、和服、三味线、歌舞伎、相扑、柔道、榻榻米……,日本就还是自尊自强的日本。同时,自明治维新以来建立强国自信以后,日本就再也不愿在现代民族之林中失掉强大民族的自信。因此,日本的传统文化与现代文化都可以传承、发展得并行不悖且虎虎生威。而他们的五星级酒店,也是既可以传统动人,又可以现代非凡。

从城市的需要和周边环境(如果在旅游胜地,应注重与自然环境的和谐)出发,从历史与文化出发,达到"引人入胜"又高贵和谐,这是高星级酒店建筑设计理应遵从的出发点和归宿点。

3. 当代艺术的展示

2015年4月7日,北京诺金酒店在大堂举办其"镇店之宝"《乐山》雕塑作品揭幕仪式。《乐山》位于酒店大堂正中央,取意明代文人张岱于《快园记》中所提及"开门见山"之情致,由诺金品牌名誉艺术顾问曾梵志先生历时两年创作完成。虽然在国外,大酒店与艺术家的合作已是路人皆知,但在国内,这种案例还是比较少的。但这样的趋势已是不可阻挡,艺术与时尚的结合、艺术与商业的结合,已经是很多艺术家从容做出的选择,也是敏锐的企业"春江水暖鸭先知"的前瞻选择。

丰裕的物质出现,必然召唤高度的精神追求。五星级酒店的纷纷出现与精神需要的井喷必然是并驾齐驱的,艺术表达着人类体验中最敏感最深沉最具创造性的部分,一个新时代的高星级酒店,则必然需要接入当代艺术的精神与作品展示,才能满足高端客户日益提高的审美水平。而首当其冲引入每位客人眼帘的,就是酒店建筑!

第二节　酒店室内设计之美

【能力培养】
1. 了解、熟悉各地酒店内部的结构之美、色彩之美、装饰之美
2. 培养对各类酒店室内设计之美的综合审美能力

第二章 酒店设计之美

一、结构之美

如果说建筑设计是酒店设计的骨架的话,室内设计就是酒店设计的肌肉和内脏,而整个酒店设计的灵魂都是酒店自身的经营文化与其所要满足的功能。严格地讲,建筑设计与室内设计是分不开的,好比骨骼与肌肉内脏的关系,好的设计一定是有机的匹配。

空间设计中,最重要的两个因素就是:空间与光,是空间的分割、组织、创造性地呈现和光之层次结构造成了各种令人瞠目结舌的震撼效果。

(一) 空间要素

室内空间,同样的面积、高度,可以有无数种设计效果。这取决于设计师对酒店文化的表达,也取决于周边环境与所在空间功能的限制。

例如墨尔本 Adelphi 酒店,室内设计由 Fady Hachem 完成,酒店由仓库改建而成:

图 2-31　墨尔本 Adelphi 酒店

图 2-32　墨尔本 Adelphi 酒店

图 2-33　墨尔本 Adelphi 酒店

资料来源：http：//www.sj33.cn/architecture/slsj/jiudian/201410/40807.html

第二章 酒店设计之美

(二) 光影要素

人类喜欢光,从来都歌颂光明,柔和温暖的光、变换丰富的光,都能让人感到亲切和惊喜,光影带给人多种感受,在室内设计中扮演着至关重要的角色。

如北京 N 酒店,设计师姜男:

图 2-34 北京 N 酒店

图 2-35 北京 N 酒店

图 2-36　北京 N 酒店

图 2-37　北京 N 酒店

资料来源：http://blog.sina.com.cn/s/blog_ 4c692f1001017cxn.html

第二章 酒店设计之美

二、色彩之美

色彩,天然地使人产生反应,比如绿色对视力比较有益,绿色对各地的人们几乎都意味着希望与活力。而在不同文化中,色彩也会包含不同的意义,如红色在中国代表着热情、喜庆,在西方有时就象征着危险、刺激。随着数百年来乃至数千年来艺术家与工业设计的贡献,色彩的丰富程度与应用方式已经到了一个不可思议的高度,色彩之于酒店来讲,自然也是极其重要的一个设计要素。

室内色彩除对视觉环境产生影响外,还直接影响人们的情绪、心理。科学的用色有利于工作,有助于健康。色彩处理得当既能符合功能要求又能取得美的甚至"夸张"的效果。

下面这个位于伦敦的酒店室内色彩绚丽,以黑色为基调,搭配上其他艳丽的色彩让人眼前一亮。空间的每个细节都经过深思熟虑,优雅与旧的繁荣交融在一起。酒店最令人印象深刻的是中庭设计,上空的木甲板和大量的桦树搭配上红色的座椅瞬间让整个空间活跃起。

图 2-38 伦敦特色酒店

图 2-39 伦敦特色酒店

图 2-40 伦敦特色酒店

资料来源：http://news.zhulong.com/read/detail180855_1.html

第二章 酒店设计之美

三、装饰之美

（一）陈设与装饰

陈设是指酒店室内的沙发、地毯、窗帘、房间内 mini bar 等都具有完全的实用性与装饰性，二者之间应相互协调，达到风格和功能的统一和变化。装饰毋庸赘言，室内所有的地方几乎都是一种装饰的结果，包括柱子、墙面、天花顶、楼梯、小角落等，可以利用不同装饰材料的质地特征与当地的历史文化特征，获得千变万化的不同风格。比如北京昆仑饭店的地板，大厅地板上不规则的"8"形，就是将先已出工的地板经特殊工艺注入颜料后重新制造。

酒店陈设品的装修设计与选取，应着重注意以下原则：

（1）主题明确，应与酒店装修设计风格相匹配，与酒店整体构思立意相呼应，尤其是字画和工艺品类陈设物的设置。

（2）选择陈设品的类型，应注意与墙面、台面及各类室内构件的组合和搭配，刚中有柔、虚中有实，与室内环境相互烘托。

（3）注重陈设物的造型和色彩，使其与室内色彩协调，成为酒店装修设计的点缀。

（4）酒店装修设计时注重陈设物的尺度和大小。

（5）注重多种陈设物的构图和相互之间的关系，酒店装修设计尽力做到主次分明，轻重有序。

图 2-41 陈设品设计示例

资料来源：http://www.027jdsj.com/hotel/ruanzhuangpeishi/20140417/213.html

再比如之前我们提到过的灵隐寺旁的安缦法云酒店：

图 2-42　杭州安缦酒店

图 2-43　杭州安缦酒店

第二章 酒店设计之美

图 2-44 杭州安缦酒店

图 2-45 杭州安缦酒店

图 2-46　杭州安缦酒店

图 2-47　杭州安缦酒店

资料来源：http：//www.yogeev.com/article/36123.html

第二章 酒店设计之美

（二）精致与舒适

中国有个成语叫"宾至如归"，这是所有酒店希望达到的效果。家，从外在感受来说，是亲切、舒适的，从内在体验来讲，是温暖、贴心的。有时候，奢华的度假酒店和相对同一的商务酒店不一定能给到客人家的感觉，这个时候，就是家庭旅馆或经济连锁型酒店发光的时候了！

很多人都去过农家院，各地的农家院因为地理、文化的不同可以说各有特色，但至少在中国的北方地区，农家院的经营管理多少有些千篇一律。以前说北京四合院的标准配置是："天棚鱼缸石榴树，先生肥狗胖丫头。"可这是自己家住，你不太可能对自己每天睡的床、每天种的花、每天打开的电冰箱烦，对吧？但是如果你和朋友经常去农家院休闲，每次却都是家常炒菜、爬山、打麻将、KTV、烧烤、简陋大炕，你难道不会觉得有点疲倦吗？也许服务的大姐依然亲切，也许结账的时候依然有爽快的折扣，可是，你还是会感觉你在别的地方休息，这里不是家，一点都没有家的气息。

而根据很多驴友反映，欧美日韩的很多家庭旅馆（Guest House）倒是的确给到了"家"的感觉。而这其中最大的两个要素就是：整洁与便捷！以韩日的青年旅社为例，同样一个不大的屋子住十个人，旁边是早餐 DIY 的公共厨房，进出屋都需要脱鞋——顺便也对住客提出要求——因为不脏，也就不乱，人多然而有序，出门你可以租借老板提供的自行车，晚上回到旅馆你也可以非常简便地买到自己要买的当地特色的干粮、零食，比如方便面。换句话讲，好的家庭旅馆更好地做到了"以人为本"，处处为你细微的需求考虑，并能在硬件和服务上有效满足，在这个过程中，就产生了旅馆的特色，也就能吸引住客再次光临以及口口相传。其实不只在发达国家，就是在古巴、斯里兰卡、泰国、马来西亚等发展中国家，也有非常多的国际化程度高、服务到位的家庭旅馆，也许在硬件条件上并不能特别如意，但是他们热情周到的服务总能给住客留下难忘的回忆。

国内的农家院乃至大酒店的经营都普遍存在这样的问题：不够以人为本！酒店只是注重模式化的收银结果，也不重视服务员的综合素质，因为没有对人的更深理解，也就没有依据住客需求给出更贴心的服务内容。

比如在贫穷的古巴，很多家庭旅馆却比很多北京郊区或者北戴河的一些家庭旅馆都要干净、整洁、有趣、便捷、重视公共区域，比如 En Cante Hostel（英坎特旅舍）：

图 2-48 古巴民宿英坎特旅舍

图 2-49 古巴民宿英坎特旅舍

第二章 酒店设计之美

图 2-50 古巴民宿英坎特旅舍

图 2-51 古巴民宿英坎特旅舍

图 2-52　古巴民宿英坎特旅舍

资料来源：https：//www.booking.com/hotel/pt/en-cante-hostel.zh-cn.html？aid=304142；label=gen173nr-17CAEoggJCAlhYSDNiBW5vcmVmaDGIAQGYATK4AQTIAQTYAQHoA QH4AQs；sid=1855eebe83665dc4cf25853c3dbe90b3；dcid=4；checkin=2015-12-10；checkout=2015-12-11；dist=0；group_adults=2；room1=A%2CA；sb_price_type=total；srfid=1190e1ae0d52c60450ba6a421d6dbfeeffcc6a87X1；type=total；ucfs=1&

【小资料】

装修设计的十大美学原则

1. 比例与尺度

原则要点：圣·奥古斯丁说："美是各部分的适当比例，再加一种悦目的颜色。"比例是物与物的相比，表明各种相对面间的相对度量关系，在美学中，最经典的比例分配莫过于"黄金分割"了；尺度是物与人（或其他易识别的不变要素）之间相比，无须涉及具体尺寸，完全凭感觉上的印象来把握。

应用技巧：比例是理性的、具体的，尺度是感性的、抽象的。如果你没有特别的偏好，不妨就用1∶0.618的完美比例来划分居室空间吧，这会是一个非常讨巧的办法。例如这间根据"比例与尺度"原则营建的院落。墙体、窗户的长宽比例符合黄金分割。梯形棚架与长条桌的相似，在一定尺度上改善

第二章 酒店设计之美

了空间距离，让窗外的景色仿佛近了许多。

注意事项：即使整个布置采用的是同一种比例，也要有所变化才好，不然就会显得过于刻板。

2. 稳定与技巧

原则要点：稳定与轻巧几乎就是国人内心追求的写照，正统内敛、理性与感性兼容并蓄形成完美的生活方式。用这种心态来布置的话，与洛可可风格颇有不谋而合之处。以轻巧、自然、简洁、流畅为特点，将曲线运用发挥得淋漓尽致的洛可可式家具，在近年的复古风中极为时尚。

应用技巧：稳定是整体，轻巧是局部。在室内应用明快的色彩和纤巧的装饰，追求轻盈纤细的秀美。黄、绿、灰三色主要色彩。灰色向来给人稳重高雅的感觉，黄色冲淡了灰的沉闷，而绿色中和了黄的耀眼，所有的布置都是为了最终形成稳定与轻巧的完美统一。

注意事项：布置得过重会让人觉得压抑、沉闷；过轻又会让人觉得轻浮、毛躁。要注意色彩的轻重结合，家具饰物的形状大小分配协调，整体布局的合理完善等问题。

3. 调和与对比

原则要点："对比"是美的构成形式之一，在布置中，对比手法的运用无处不在，可以涉及空间的各个角落，通过光线的明暗对比、色彩的冷暖对比、材料的质地对比、传统与现代的对比……使风格产生更多层次、更多样式的变化，从而演绎出各种不同节奏的生活方式。调和则是将对比双方进行缓冲与融合的一种有效手段。

应用技巧：黑色与白色在视觉上的强烈反差对比，体现出特立独行的风格，同时也增加了空间中的趣味性；毛皮的华贵与纯棉的质朴是材料上的对比；长方形玻璃窗是形状、大小的对比。

注意事项：如果你有坚强的神经系统、独特的品位且我行我素、向来不惧人言，那么尽管使用强烈的对比吧，否则还是柔和一点的好。

4. 节奏与韵律

原则要点：节奏与韵律是密不可分的统一体，是美感的共同语言，是创作和感受的关键。人称"建筑是凝固的音乐"，就是因为它们都是通过节奏与韵律的体现而造成美的感染力。成功的建筑总是以明确动人的节奏和韵律将无声的实体变为生动的语言和音乐，因而名扬于世。

应用技巧：节奏与韵律是通过体量大小的区分、空间虚实的交替、构件排列的疏密、长短的变化、曲柔刚直的穿插等变化来实现的，具体手法有：

连续式、渐变式、起伏式、交错式等。楼梯是最能体现节奏与韵律的所在。或盘旋而上，或蜿蜒起伏，或柔媚动人，或刚直不阿，每一部楼梯都可以做成一曲乐章。

注意事项：在整体虽然可以采用不同的节奏和韵律，但同一个房间切忌使用两种以上的节奏，那会让人无所适从、心烦意乱。

5. 对称与均衡

原则要点：对称是指以某一点为轴心，求得上下、左右的均衡。对称与均衡在一定程度上反映了处世哲学与中庸之道，因而在我国古典建筑中常常会运用到这种方式。现在装饰中人们往往在基本对称的基础上进行变化，造成局部不对称或对比，这也是一种审美原则。有一种方法是打破对称，或缩小对称在室内装饰的应用范围，使之产生一种有变化的对称美。

应用技巧：面对庭院的落地大观景窗被匀称地划分成"格"，每一格中都是一幅风景。长方形的餐桌两边放着颜色相同，造型却截然不同的椅子、凳子，这是一种变化中的对称，在色彩和形式上达成视觉均衡。餐桌上的烛台和插花也是这种原则的体现。注意问题：对称性的处理能充分满足人的稳定感，同时也具有一定的图案美感，但要尽量避免让人产生平淡甚至呆板的感觉。

6. 主从与重点

原则要点：当主角和配角关系很明确时，心理也会安定下来。如果两者的关系模糊，便会令人无所适从，所以主从关系是布置中需要考虑的基本因素之一。在装饰中，视觉中心是极其重要的，人的注意范围一定要有一个中心点，这样才能造成主次分明的层次美感，这个视觉中心就是布置上的重点。

应用技巧：明确地表示出主从关系是很正统的布局方法；对某一部分的强调，可打破全局的单调感，使整个居室变得有朝气。但视觉中心有一个就足够了，就如一颗石子丢进平静的水面，产生一波一波的涟漪，自会惹人遐思。这间客厅的"石子"就是那个花枝招展、流光溢彩、独一无二的吊灯！如果多放一、两盏的话，整体美感就会荡然无存。

注意事项：重点过多就会变成没有重点。配角的一切行为都是为了突出主角，切勿喧宾夺主。

7. 过渡与呼应

原则要点：硬、软装修在色调、风格上的彼此和谐不难做到，难度在于如何让二者产生"联系"，这就需要运用"过渡"了。呼应属于均衡的形式

第二章 酒店设计之美

美,是各种艺术常用的手法。在室内设计中,过渡与呼应总是形影相伴的,具体到顶棚与地面、桌面与墙面、各种家具之间……,形体与色彩层次过渡自然、巧妙呼应的话,往往能取得意想不到的效果。

应用技巧:吊灯与落地灯遥相呼应,都采用看似随意的曲线,这种亲近自然的舒适感,最适合用于硬冷的物体之上;茶几上的鲜花随形就势给视觉一个过渡,使整个空间变得和谐。整体上将结构的力度和装饰的美感巧妙地结合起来,色彩和光影上的连接和过渡非常流畅、自然。

注意事项:"过渡与呼应"可以增加居室的丰富美感,但不宜太多或过分复杂,否则会给人造成杂乱无章及过于烦琐的感觉。

8. 比拟与联想

原则要点:比拟是一种文学上的说法,在形式美学当中,它与联想密不可分。所谓联想,是指人们根据事物之间的某种联系由此及彼的心理思维过程。联想是联系眼前的事物与以往曾接触过的相似、相反或相关的事物之间的纽带和桥梁,它可以使人思路更开阔、视野更广远,从而引发审美情趣。

应用技巧:联想的内容都是已知的、客观存在的,运用比拟手法,通过联想使抽象的意识活动与具体形象相结合。例如这间卧室,选用红黄色调的布艺,再加上茂盛的绿色盆栽、立在窗边的长颈鹿摆饰,置身其中难免会从色彩、布景中产生热情洋溢、活力四射的非洲印象。

注意事项:运用这种原则布置时,一定要注意:比拟与联想从来都不是天马行空式的胡思乱想,它形成的空间应该是你曾经有过或者非常向往的生活氛围。

9. 统一与变化

原则要点:布置在整体设计上应遵循"寓多样于统一"的形式美原则,根据大小、色彩、位置使之与家具构成一个整体,成为室内一景,营造出自然和谐、极具生命力的"统一与变化";家具要有统一的艺术风格和整体韵味,最好成套定制或尽量挑选颜色、式样格调较为一致的,加上人文融合,进一步提升品位。

应用技巧:不同的空间应选用不同的色彩基调。黄色有助于人的食欲,所以将它定为餐厅的主色;墙上那幅青绿色的装饰画,是整体色调中的变数,然而却非常和谐;桌面、墙面、隔断采用相同花纹、相同材质,于统一见变化的是纹理方向的不同。

注意事项:在布置的初始就应该有一个完整的计划和构思,这样才不会在进行过程中出现纰漏;在购买新家具时,应尽量与原有家具般配。

10. 单纯与风格

原则要点：家居风格的成因是综合而复杂的，有意识形态的、有物质条件的、有传统的、有地域物产的，还有个人的经历、才能及偏好和外来的影响等因素。无论成因如何，首先要考虑好的基本风格，一旦建立起一种气氛，一种风格，一种角度，你就可以仔细地构建自己的风格，并且逐渐获得自信。

应用技巧：人若单纯会让人感动，让人留恋。是一种返璞归真，一种洁净，一种清极而郁的芬芳。以原木为基调，素雅的布艺和生机盎然的绿色植物，不知不觉让人爱上它的纯净、它的境界、它的风平浪静。或许在人们的潜意识里，生活潮流总是希望有一种单纯的气质。

注意事项：虽然说要避免千篇一律，但太多的物品、太多的图案也使人感到凌乱，给人浮躁的感觉。所以要记住，只选择你最喜欢的、品质最高最棒的几样就好。

资料来源：http://www.shijuew.com/content-555-6510-1.html

思考：以上美学原则对酒店室内设计是否完全适用？

【小结】

本项目分为酒店建筑之美与酒店室内设计之美两个模块，分别展示了全球各地不同类型酒店外观之美。酒店外观设计既需要庞大的资本，又需要相当高的艺术含量和设计成本，还需要准确的文化定位与功能定位，最终才有可能在"一眼之间"打动客人，并在客人住店期间持续满足客人的感官、情感甚至灵魂深处的审美需求。

【实训练习】

亲身去至少五家不同类型（包含城市商务型与自然度假型）的五星级酒店或者价格不低于五星级酒店的民宿，用所学知识观察其建筑之美与室内设计之美，并完成一篇不少于3 000字的参访报告。

第二章　酒店设计之美

【思考题】

1. 酒店还有哪些空间或角落容易被闲置、浪费？
2. 如果给你足够的资本，让你做一家理想的酒店，你会在哪里建、如何建？

第三章 酒店内在之美

【案例导入】

香格里拉的气氛之美

灵动的琴声渐起,柔和的灯光散落,袅袅香氛包裹着我们的嗅觉,辉煌靓丽、富有浓厚亚洲文化气息的大堂冲击着我们的视觉,高档的环境无微不至的服务,试问这样的酒店作为成功人士的你能够拒绝吗?这就是亚洲区最大的豪华酒店集团,且被视为世界最佳的酒店管理集团之一,并在无数工总和业内获得一致美誉的香格里拉酒店。该酒店的名称源自詹姆士·希尔顿的小说《失落的地平线》中所描绘的香格里拉,一个中国西藏群山中的世外桃源。

香格里拉酒店带给顾客的第一个感受是独具亚洲特色的清新淡雅香气。该酒店为了能在顾客进入酒店的 10 分钟之内给予家的温馨与舒适,特与澳大利亚公司合作开发代表其品牌特色的"香格里拉香氛",以香草、檀香和麝香为基础香调,其中掺杂了佛手柑、白茶以及生姜。温馨淡雅的香气使人平静、放松,让人有归家的感觉,多年成为各界商业人士的钟爱之选,同时"香格里拉香氛"也已成为酒店的嗅觉品牌,并在此基础上生产了一系列的香薰、香氛、洗漱用品等。

香格里拉酒店带给顾客的第二个感受就是听觉的直接刺激。香格里拉酒店与中国大饭店、国贸饭店三家酒店虽然同属于一家集团,但在背景音乐的设计上却大不相同。香格里拉酒店属于商务型酒店,主要接待商务宾客,纯音乐式的古典乐曲大多为成功人士所钟爱。在其咖啡厅等休闲区域则选用 "Lounge Music 沙发音乐""Soundscape" 等曲风。酒店经常会聘请专业演奏家现场打造音乐来渲染气氛。独具特色的背景音乐调动了消费者的情绪和情感,依附在服务上的声音成功的代言了香格里拉这一酒店品牌。

在这星级酒店遍布各地的市场竞争下,香格里拉酒店的经营不只局限于辉煌华丽的外表所带给人视觉上的冲击,而是将这种单一性发展为多元化。联合嗅

第三章 酒店内在之美

觉、听觉等多维手段使宾客获得审美体验。独特的香味、美妙的音乐,消费者在视觉、嗅觉、听觉甚至味觉等多种感官刺激的叠加下,对这一品牌有了更全面、更深刻的了解与认识,自身自然而然的与品牌之间产生情感共鸣。这种美的享受,对于忙碌奔波在外的消费者,怎么可能愿意错过呢!

思考:
1. 香格里拉酒店为什么会被视为世界最佳的酒店管理集团之一?
2. 香格里拉酒店经营的多元化表现在哪些方面?
3. 你喜欢这样的酒店吗?为什么?

【主要内容】
本章包括"酒店理念之美""酒店气味之美""酒店音乐之美"三大模块,从理念的打造、气味的营造、音乐的选配来体现酒店的内在之美及品质之魂。

【学习目标】
1. 了解酒店经营理念与效果的关系
2. 掌握经营理念的概念及组成
3. 掌握有效的酒店理念设计的要求、程序方法及实施
4. 了解气味与审美之间的关系
5. 熟知香味的分类
6. 熟知酒店香型的美学原则
7. 掌握什么是音乐、环境与环境音乐
8. 了解环境音乐的发展历史
9. 掌握环境音乐的功能性
10. 掌握环境音乐的美学原则

第一节 理念之美

【能力培养】
1. 能够掌握经营理念的概念及组成
2. 能够为酒店设计经营理念

一、"理念"与"酒店经营"

酒店是个劳动密集型、感情密集型行业,酒店产品就其本质来说是酒店员工

所提供的服务。而影响服务质量的因素有很多，绝不仅仅是靠提高科技含量、利用高新技术进行管理所能达到的。只有利用酒店文化的微妙性来管理员工，从整体上提高员工的素质，才是提高酒店服务质量、增强酒店竞争力的重要手段。美国管理学家劳伦斯·米勒在《美国企业精神》一书中说道："未来将是全球竞争的时代，这种时代能成功的公司，将是采用新企业文化的公司"。

酒店文化是酒店员工共同拥有的价值观、酒店精神、经营哲学等，是一种渗透在企业一切活动之中的东西，是企业的灵魂所在。每一个成功的酒店，都具备反映自己特色、个性和精神面貌的酒店文化。而在酒店文化中，经营理念又是酒店文化建设的核心和灵魂，是酒店经营的出发点和归宿，是酒店经营中贯穿的基本思想和基本理念，也是文化系统的中心架构。它要解决的是酒店存在的价值和意义，回答"我是谁""我做什么"这两个基本问题。各个酒店因其文化积淀不同，经营理念也不同，例如马里奥特的经营理念是："友好的服务和合理的价格"，香格里拉的经营理念是："由体贴入微的员工提供的亚洲式的接待"。在国内，许多酒店也提出了"宾客第一""宾客至上""宾至如归"等理念，这些都反映了经营中的基本理念。

（一）概念

此处的"理念"，主要指的是酒店经营理念，即酒店系统的、根本的管理思想。管理活动都要有一个根本的原则，一切的管理都需围绕一个根本的核心思想进行。经营理念决定酒店的经营方向，和使命与愿景一样是酒店发展的基石。具体地说，所谓酒店的经营理念，就是管理者追求酒店绩效的根据，是宾客、竞争者以及职工价值观与正确经营行为的确认，然后在此基础上形成的酒店基本设想与科技优势、发展方向、共同信念和酒店追求的经营目标。

（二）酒店经营理念的组成

一套完整的经营理念大概包括三个部分：

第一，对组织环境的基本认识，包括社会及其结构、市场、宾客及科技情况的预见。

第二，对组织特殊使命的基本认识。

第三，对完成组织使命的核心竞争力的基本认识。

总之，对使命的基本认识是如何在新的经济与社会环境中脱颖而出的领导地位，所以经营理念的形成是经过日积月累的思考、努力及实践才能形成和做到的。

第三章　酒店内在之美

（三）有效的酒店经营理念设计的基本要求

如上文所述，经营理念是酒店文化建设的核心和灵魂，是酒店经营的出发点和归宿，是酒店经营中贯穿的基本思想和基本理念，所以理念错了就等于方向出了问题，而一个酒店是不可能沿着错误的方向走正确的道路的，所以酒店经营理念的设计既应该考虑大环境的要求，又要符合自己酒店的实际及文化特点。具体而言，一个有效的酒店经营理念的设计应该符合以下基本要求：

第一，酒店对大环境、使命与核心竞争力的基本认识要正确，绝不能与现实脱节。脱离实际的理念是没有生命力的。

第二，要让全体员工理解经营理念。经营理念创建初期，酒店员工们比较重视，也很理解。等到事业发展了，员工们把经营理念视为理所当然，而逐渐淡忘，组织松懈、停止思考。虽然经营理念本质上就是训练，但要切记经营理念不能取代训练，必须不断强化。

第三，经营理念必须经常在接受检验中修改丰富。经营理念不是永久不变的，事物是发展变化和运动的，所以酒店的经营理念一定要随着外部和内部的环境的变化而变化。

事实证明，有些经营理念功效宏大而持久，可以维持数十年不动摇。在实践中，经营理念的实施既是最重要的，也是难度最大的。

（四）确立酒店经营理念的程序方法

经营理念是酒店在经营上应该达到的全面性境界。因此也可以说是酒店经营战术战略的核心，经营思想、意识、方法提纲挈领的心脏，董事长、总经理以及第一线全体人员行动的总目标及指导方针，所以在确定理念时应该特别慎重。具体的方法程序是：

第一，彻底了解并分析现存的经营理念构成要素，如酒店的使命、经营理念、行为准则、企业文化、视觉系统、经营方针等内容。

第二，清楚把握经营人士的意图，即到底要成为怎样的酒店。

第三，分析时代潮流的趋势并与上述第一、第二项进行比较。分别归纳合于潮流与否。

第四，了解社会、宾客、传播界、厂商对于自己酒店的认识、评估及期待。

第五，了解酒店内部对于酒店的要求及前途的希望。

第六，彻底了解酒店的长处、短处、弱点及需要加强的地方。

第七，整理、归纳、决定。

第八，理念共有化。

以上是确立酒店经营理念的程序方法。至于推行的规模，具体方法等，有关人员可以按照当时情形斟酌情况进行。

（五）酒店经营理念的战略实施

酒店经营理念设计完成后，如何贯彻领会便成了关键。在实践中，经营理念的实施既是最重要的，也是难度最大的。酒店经营理念的战略实施要注意一下几点：

第一，对新理念要进行有效的宣传，即理念的强化及传播。在传播过程中要注意三点：措辞、切入点及强化。也就是说，要注意不同接收对象的理解角度及能力，尽量使每个人都能从自己岗位的角度发自内心的接受理念，而非被动接受，以致使理念深入每一个员工心中，即"上下同欲"。同时要注意不断强化，有言道"谬误重复百遍也变成真理"也是这个道理。

第二，确保经营理念反映在具体的规划和实施中。经营理念是酒店经营战术战略的核心，也是全体人员行动的总目标及指导方针，而规划是围绕着总目标及指导方针制定的，所以它必须是规划的"魂"，也是实施中必须牢记的行动指南。

第三，高级管理者要对新的理念身体力行。言传身教胜于一打说教，尤其是高级管理者榜样的作用，这种作用也许是倍数关系的。

第四，人员考评和奖励制度要反映理念的要求。制度是酒店文化的重要组成部分，而经营理念是酒店文化建设的核心和灵魂，是酒店经营的出发点和归宿，所以从一定意义上说对人的制度是经营理念的重要载体，所以它必须是理念的具体体现。

第五，困难时刻严肃地执行理念的要求。与其他类型的企业一样，在酒店经营顺境中，理念的贯彻通常是比较容易的，因为它没有受到利益的挑战，而在困难时期，人们往往容易对现行的理念产生怀疑和动摇，而在此时，如果理念是正确的，困难是因为大环境或其他因素暂时影响所致，那就必须严格执行，如果是理念自身的问题，那就另当别论，需作适当的调整和修改。

总之，要使一个酒店永续成长、永续繁荣，必须认真做到制定合乎于酒店的经营理念，并且秉承经营理念，制定合于时代潮流的经营战略，不断提升良好形象，还要注意正确运用推动原则，以求达到所制定的目标。

第三章 酒店内在之美

二、异彩纷呈的理念之花

成功的酒店都有成功的文化,这是不变的真理。企业文化的核心价值观往往会衍生出许许多多的理念和准则,这些理念准则经过不断锤炼,形成了富有哲理的格言和警句,读来上口,用之起效。作为酒店管理者,能够领悟经典并使之成为自己思想的一部分,是提高管理素质的一剂良方,也是有效运用所有精确量化管理的基础。现将散见于各地酒店的管理理念进行收集整理,以供品鉴、学习和借鉴。

(一)"99+1=0"现代酒店经营的理念

"99+1=0"酒店经营理念的内涵

"99+1=0"是对酒店业通常所讲的"100-1=0"的延伸理解。酒店业中,通常对"100-1=0"的理解是:就对一个客人服务而言,各方面服务都做得很好,但由于一项差错的产生,使所有良好的服务都付诸东流。因此,许多酒店为克服服务中这一个差错,付出了巨大的艰辛,也收到了一定的效果。然而,现代酒店管理仅仅停留在避免差错这一点上是远远不够的。"99+1=0"的酒店管理理念至少包含了三方面的含义,即"零缺点""零起点""零突破"的管理。

"零缺点"管理,就是要求在酒店的管理中,尽量避免出现差错,使酒店产品做到尽善尽美。在这里,"99+1=0"所表达的是,在酒店业的服务中,即使99个方面的服务都做好了,但只要有"1"项没有做好,服务的总体效果仍然是零。

"零起点"管理,就是要求酒店不断提高宾客服务的满意度。"零起点"意味着对宾客的良好服务永无止境。在取得99分成绩之后,如果再取得"1"分成绩,就得到了100分。这里,"99+1=0"表达式要求酒店把这100分当成"0",即新的起点,把完成一次优质的服务当作一个新的起点。当一个客人心满意足地离开酒店之际,正是新的优质服务开始之时,宾客满意度只有起点,没有终点。

"零突破"管理,就是要求酒店不断创新,开拓发展。它告诫我们酒店管理者,即使酒店99项工作都完成得很好,也只仅仅做好了99项,还有一项发展创新的工作必须要做。一个酒店如果不能使客人感到常来常新,那么总有一天会在激烈的市场竞争中被淘汰。在这里,"99+1=0"表达式中的"1"的含义是无创新。因而"零突破"管理强调的是酒店全体员工必须要有创新意识,要有开拓精神,要求酒店的管理和服务在市场中得到发展,而不是一成不变。

(二) "99 + 1 = 0" 酒店经营理念的分析

"99 + 1 = 0" 酒店经营理念的核心在于在酒店的服务中强调质量第一,在管理的效果上强调宾客满意,在酒店的发展上突出创新意识。换句话说,一个酒店的成功主要取决于酒店产品和服务的质量,取决于能否得到宾客的认可,取决于能否使宾客感到常来常新。要实现酒店的优质服务,就要求全体员工和各部门都要有质量意识,并共同参与。"99 + 1 = 0" 形象、通俗地表达了"零缺点"的酒店经营理念,突出了酒店业的服务中的"1"点失误,可能会造成全盘皆输的深刻内涵,要求酒店业的全体员工必须强化质量意识,从我做起,讲究整体配合,牢牢抓住优质服务这个服务的永恒主题,完善规范服务,做好细微服务。对于那些对酒店服务缺陷至今还麻木不仁的酒店来说,它同时又是警钟。因为在酒店业市场竞争激烈的今天,"千里之堤,溃于蚁穴"这句名言更具有现实意义。

目前酒店业的市场依然是一个结构性过剩的买方市场,在这样一个市场中,酒店业的竞争是必然的。这就要求酒店必须在有效地留住客人上下功夫,要记住,你如果不设身处地地为客人着想,那么客人是没有理由总住在你那个酒店的。"零起点"管理就是警示我们的员工从每一个客人满意度做起。

美国管理大师彼得斯指出,"不创新就是灭亡",创新是酒店生命的源泉。"零突破"强调了创新在酒店管理中的重要性,它要求酒店从观念、制度、产品、服务上都要有全新的酒店管理理念来赢得市场。"99 + 1 = 0" 酒店管理理念的灵魂是没有市场等于零。也就是把"市场否决"的指导思想应用于酒店管理和服务的整个过程,以促使市场和酒店的管理紧密连接,提高酒店业的竞争力,追求酒店业最佳的经济效益。

(三) 国际知名品牌酒店经营理念集锦

1. 香格里拉酒店

香格里拉酒店经营的理念是"由体贴入微的员工提供的亚洲式接待"。顾名思义,就是指为客人提供体贴入微的具有浓郁东方文化风格的优质服务。它包括五个核心价值:

尊重备至、温良谦恭、真诚质朴、乐于助人、彬彬有礼。

在此基础上,香格里拉提出了以下 8 项指导原则:

第一,我们将在所有关系中表现真诚与体贴;

第二,我们将在每次与顾客接触中尽可能多地为其提供服务;

第三,我们将保持服务的一致性;

第三章 酒店内在之美

第四，我们确保我们的服务过程能使顾客感到友好，员工感到轻松；

第五，我们希望每一位高层管理人员都尽可能地与顾客接触；

第六，我们确保决策点就在与顾客接触的现场；

第七，我们将为我们的员工创造一个能使他们的个人、事业目标均得以实现的环境；

第八，客人的满意是我们事业的动力。

香格里拉始终如一地把顾客满意当成企业经营思想的核心，因此"员工满意"和"客人满意"是香格里拉8项指导原则的基本出发点，而且在经营管理实践中，也把指导原则转化成了相应的管理措施和服务措施。

2. 希尔顿酒店

希尔顿酒店公司已是世界公认的酒店业中的佼佼者。希尔顿酒店的宗旨是"为我们的顾客提供最好的住宿和服务"。希尔顿的品牌名称已经成为"出色"的代名词了。

第一，酒店管理的七条金科玉律。

康拉德·希尔顿在老年时撰写了一本自传《欢迎惠顾》，总结了自己一生经营酒店的经历、经验与教训，其中包括酒店管理的七条金科玉律：

一是，酒店联号的任何一个分店必须要有自己的特点，以适应不同国家、不同城市的需要；

二是，预测要准确；

三是，大量采购；

四是，挖金子：把酒店的每一寸土地都变成盈利空间；

五是，为保证酒店的服务质量标准，并不断地提高服务质量，要特别注意培养人才；

六是，加强推销，重视市场调研，应特别重视公共关系，利用整个系统的优势，搞好广告促销；

七是，酒店之间互相帮助预定客房。

第二，希尔顿酒店的管理模式。

希尔顿酒店的成功还得益于其全面创新的管理模式，它们具体体现在以下几个方面：

一是，细分目标市场，提供多样化的产品；

二是，高标准的服务质量监控；

三是，严格控制成本费用；

四是，以人为本的员工管理战略；

五是，积极全面地开展市场营销活动；

六是，利用新技术。

第三，希尔顿酒店集团的理念。

（1）希尔顿集团价值观（Hilton Group Values）。

在希尔顿集团，我们重视人和品牌，追求全球高标准的管理方式。我们已通过一系列核心价值阐述我们的标准，把价值集中两个方面：第一，对我们来说什么是重要的；第二，怎样来影响我们周围的世界。

At Hilton Group we value our people and our brands and expect high standards in the way we operate throughout the world. We have expressed our standards through a common set of core values. Our values focus on what is important to us and how we impact on the world around us.

（2）员工（Employees）。

我们仰赖员工来提供给客人和顾客所期望的优质服务，反过来我们也努力为员工谋福利，我们的目标是最大限度地开发员工技能，给他们提供个人发展机会，达到最高满意度。

We rely on our employees to provide the high quality of service our guests and customers expect. In return we work hard to look after our people. Our aim is to maximise and develop the skills of our staff, provide opportunities for personal development and achieve high rates of employee satisfaction.

（3）机会和人权平等（Equal Opportunities and Human Rights）。

我们重视国际声誉，尊重所在地区的当地制度及风俗习惯，维护机会平等原则，努力达到崇高的道德水准要求，我们遵守《国际人权宣言》各项条款之规定。

We value our international reputation and respect the communities in which we operate. We uphold the principle of equal opportunities and strive to meet high ethical standards. Our divisions abide by the provisions of the Universal Declaration of Human Rights.

（4）健康和安全（Health and Safety）。

我们承诺为我们的员工、客人、顾客及所有的来访参观人员提供健康安全的环境。在所有的管理经营中我们采用最完备的健康安全体系，采取风险提示管理以使事故发生率合理有效降到最低。

We are committed to providing a healthy and safe environment for our staff, guests, customers, and for all visitors to our premises. We aim for best-practice in health and safety throughout all our operations. We support a proactive culture of risk management to ensure accidents and incidents remain as low as is reasonably practicable.

第三章 酒店内在之美

(5) 环境设施（Environment and Sustainability）。

我们承认对周边的世界造成的影响和冲击，通过防止污染和有效利用资源来保护环境，我们将不断努力来改善环境设施。

We recognise that our activities have an impact on the world around us. We are committed to protecting the environment through prevention of pollution and efficient use of resources. We will strive for continual improvement of our environmental performance.

(6) 企业经营（Business Practice）。

企业内部要求在我们所有工作与事情方面要专业、诚信与清廉，与相关的法规一致，并保持掌握企业命脉的人和组织的良好关系。

Our internal codes of practice require business professionalism, honesty and integrity in all that we do. We seek to comply with all relevant legislation and to maintain good relationships with all our stakeholders.

(7) 顾客（Customers）。

顾客是企业的生命，为了保持顾客高水平的满意度，我们不断地听取评估顾客意见，在我们所在的各个国家实行公平的制度来处理顾客投诉并尊重消费者权利。

Our customers are our business. In order to maintain high levels of satisfaction we are constantly assessing the views of our customers. We operate a fair system for handling complaints and respect the rights of the consumer in the countries in which we operate.

(8) 产品和服务（Products and Services）。

我们不断地努力来提高我们的产品和服务质量，尽一切可能来减少对公司的负面影响。我们将记录所有关于产品的开发与服务方面的顾客意见。

We continually strive to improve the quality of our products and services and their delivery to our customers. We will work to minimise, as far as possible, any negative impacts associated with our business activities. We will take account of the views of our stakeholders on all aspects of our product development and service delivery.

(9) 商务伙伴与供货链（Business partners and Supply Chain）。

我们开展了与商务伙伴的长期的合作关系，各地企业与供应商之间的密切联系，保证了对顾客期望的服务的连续性。我们已建立社会的、环境的、道德伦理方面的准则，并将与供应商一道努力把它们应用到我们的供应链当中。

We promote long-term relationships with our business partners and our divisions work closely with their suppliers to the maintain integrity and continuity of service expected by our customers. We have established social, ethical and environmental criteria for procurement and will work with our suppliers to integrate them into our supply chain.

（10）社区与慈善活动（Communities and Charities）。

我们进行公益投资，鼓励各公司在所在地成为社会积极分子，尽可能支持员工参与。鼓励慈善募捐并支持世界各地的慈善事业，尤其通过我们自己的慈善企业联合组织"希尔顿社区基金会"。

We believe in social investment and encourage our divisions to become active members of the societies in which they operate, supporting employee involvement wherever possible. We encourage charitable fundraising and support charitable initiatives throughout the world, particularly through our own Charitable Trust 'Hilton in the Community Foundation'.

3. 万豪酒店

万豪酒店的 20 个管理理念

（1）我们群策群力，互相尊重，对待同事如同对待自己的家人和贵宾一样。我们坚守万豪先生的信念："同事之间互相关怀照顾，必定能为客人提供更周到体贴的服务。"

We practice teamwork and treat each other with the same respect we afford our family and best guests. We adhere to Mr. Marriott's belief that "If we take care of each other, we will be able to take better care of our guests."

（2）真诚待客，体贴关怀，以确保客人不断再来光顾是我们最重要的宗旨。对客人表现出真诚热情的态度，时刻全心全意的关注。

Genuine care and comfort of our guests to ensure their return is our highest mission. Display genuine and enthusiastic interest in the guest, and always pay complete attention.

（3）笑脸迎人，亲切招呼每位客人。以热情有礼，和蔼可亲的态度与客人交谈。尽可能用客人的名字来称呼对方。谨记用适当的言辞，避免使用俗语和酒店术语。

Smile and greet every guest. Speak to the guest in a warm, friendly and courteous manner. Use their name as often as possible. Always use appropriate vocabulary. Avoid slang and hotel jargon.

（4）感谢客人光临，亲切地向客人说再见，令他们临离开之前对酒店留下温馨难忘的好印象。

Thank the guest for their business and bid them a fond farewell. Make their last impression of the hotel warm and positive.

第三章 酒店内在之美

（5）预先估计客人的需要，灵活配合。贯彻"主动待客"的原则，留心客人的神态，察颜观色，以提供体贴周到的服务，令客人喜出望外。

Anticipate guest needs and be flexible In responding to them. Practice "Proactive Hospitality". Pick up on non-verbal cues to initiate personalized service and delight all guests.

（6）对本身的工作岗位了如指掌。参加所有工作需的培训课程。

Be knowledgeable about your job. Attend all training courses required for your position.

（7）任何同事收到客人的投诉，都有责任尽力处理。运用 L.E.A.R.N.（Listen-Enthusiastically-Action-Reaction-Notice）程序，在自己权利范围内尽力挽回客人的信心，按照跟进程序来处理客人的投诉，确保对方称心如意。

Any associate who receives a guest complaint "Owns" the complaint. Use the L.E.A.R.N. process to do everything in your power to never lose a guest. Follow guest response procedures to ensure that the guest is delighted.

（8）每位同事都有责任认识和尊重客人的喜好，使客人在酒店期间得到体贴的服务。

It's everyone's responsibility to learn and honor our guests' preferences so we can personalize their stay.

（9）任何同事如看到设施的用品损毁或不足，都有责任向上级报告。

It is the responsibility of every associate to report defects in the hotel, including shortages of equipment and supplies.

（10）一丝不苟地执行清洁标准，是每位同事的责任。所到之处均予清洁，包括前堂和后堂。

Uncompromising standards of cleanliness are everyone's responsibility. Clean as you go. Both the Front of the House and the "Heart of the House".

（11）我们有一流的工作环境，所以请你不论是在公司内外，都担当本酒店和公司的在大使。请勿批评公司，切勿在客面前抱怨。以积极的态度表达你对工作环境的关注。

This is a great place to work, so please always be an ambassador of your hotel and company, both in and outside of work. Avoid negative comments. Never complain in front of a guest. Express workplace concerns in a constructive manner.

（12）总是能够认出酒店的常客。

Always recognize repeat guests.

（13）对酒店的情况了如指掌，随时能够回答客人的问询。总是首先推荐本酒店的餐饮服务。亲自为客人引路，单是指出方向并不足够。如果走不开，至少陪客人走几步。

Be knowledgeable about hotel information to answer guest inquiries. Always recommend the hotel's food and beverage outlets first. Escort guests rather than pointing out directions. When this is not possible, take the guest the first three steps.

（14）遵守电话礼仪。自我介绍。尽快接听，不要让电话铃声声响超过三声。用适当的话语问候来电者。若要转拨来电或要对方等候，必须先得到对方同意。尽量不要转拨来电。

Follow telephone etiquette. Introduce yourself. Always answer within three rings. Use appropriate greetings. Always request the guest's permission to transfer their call or place them on hold. Eliminate transfers when possible.

（15）遵守制服及仪容标准，包括佩戴自己的名牌，穿着大方得体的鞋袜。随身携带"基本须知"卡。保持个人卫生最为重要。

Follow uniform and appearance standards, including nametags, appropriatefootwear and "The Basics" card. Personal hygiene is of the utmost importance.

（16）客人和同事的安全，是我们最关注的事项。了解在紧急情况时自己应负的责任，并时刻警觉消防和救生程序。

The safety and security of our guests and associates is a top priority. Know your roles during emergency situations and be aware of fire and life safety response processes.

（17）培养安全工作的习惯。遵守所有工作安全政策。一发现有事故，意外和危险，立即向上级报告。

Practice safe work habits. Abide by all job safety policies. Immediately report incidents, accidents and hazards to your supervisor.

（18）保护和照顾酒店的财产。资源要用得其所。减少浪费。确保妥善保养和维修酒店的物业和设施。

Protect and care for the assets of the hotel. Use our resources wisely. Eliminate waste. Ensure proper maintenance and repair of hotel property and equipment.

（19）了解本酒店和所属部门的目标。你有责任与同事分享你的意见和建议，尽你所能不断提高营业额、盈利、客人满意程度和同事的士气。

Know the goals of your department. It is your responsibility to share your ideas, Suggestions and energies to continuously improve sales, profit, guest satisfaction, and associate morale.

（20）你得到本酒店授权和信任，尽你所能处理客人的需要。必要时，应请同事帮忙。思考如何以创新的方法说"是"。

第三章 酒店内在之美

You are empowered and trusted to handle guest needs and problems to the best of your ability. Seek assistance, if needed. Think of creative ways to say "Yes".

4. 马里奥特国际酒店集团

（1）以人为本（People First）。

以人为本，这是马里奥特 75 年成功的基础。马里奥特长期以来一直坚信员工是最大的资产。

马里奥特文化就是马里奥特的员工以实际行动为顾客所创造的服务体验。其宗旨在于人服务于人。

People first—— the foundation of Marriott's success for 75 years. Marriott's enduring belief is that our associates are our greatest assets. Marriott Culture is the experience we create for our customers which is demonstrated by the behavior of our associates. It is people serving people.

（2）价值观及文化（Core Values & Culture）。

价值观是在 75 年前由马里奥特家族建立起来的，在公司一直得以良好地贯彻，并将继续指导公司将来的发展。价值观最重要的一点是坚持相信员工是最大的资产。

The core values established by the Marriott family over 75 years ago have served our company well and will continue to guide our growth into the future. Foremost of these core values is the enduring belief that our associates are our greatest assets.

（3）价值观（Core Values）。

"马里奥特方式"基于服务于员工、顾客以及社会的基本理念。这些理念成为马里奥特员工实现"服务精神"的基础。

The "Marriott Way" is built on fundamental ideals of service to associates, customers and community. These ideals serve as the cornerstone for all Marriott associates fulfilling the "Spirit to Serve."

（4）服务于员工的精神（The Spirit to Serve our associates）。

- 坚定不移的信念是"员工是最重要的资产"。

The unshakeable conviction that "our people are our most important asset".

- 为员工提供个人成长发展的环境。

An environment that supports associate growth and personal development.

- 拥有聘用有爱心、道德品质优良、诚实可靠员工的好声誉。

A reputation for employing caring, dependable associates who are ethical and trustworthy.

- 家一般的气氛及友好的工作关系。

A home – like atmosphere and friendly workplace relationships.

● 实施激励机制奖励钟点工及管理层员工所做出的贡献。

A performance reward system that recognizes the important contributions of both hourly and management associate.

● 以马里奥特的名字和业绩为荣。

Pride in the Marriott name, accomplishments and record of success.

● 着重于对连锁企业、店主以及投资者的发展和管理。

A focus on growth managed and franchised properties, owners and investors.

（5）服务于顾客的精神（The Spirit to Serve our customers）。

● 箴言"顾客永远是对的"显而易见。

Evident in the adage, "the customer is always right".

● 操作性很强的管理方式，即："四处走动的管理方式"。

A hands – on management style, i. e., "management by walking around".

● 对顾客无微不至的关心。

Attention to detail.

● 不断改革、创新的服务意识。

Openness to innovation and creativity in serving customers.

● 以顾客信赖于马里奥特独特的个性化服务品质为荣，以顾客在世界各地旅行中能识别或选择马里奥特品牌为荣。

Pride in the knowledge that our customers can count on Marriott's unique blend of quality, consistency, personalized service and recognition almost anywhere they travel in the world or whichever Marriott brand they choose.

（6）服务于社会的精神（The Spirit to Serve our community）。

● 由员工每日的行动展示出来，由当地、国内以及国际的倡议和计划共同支持。是"马里奥特方式"经营的重要组成部分。

Demonstrated everyday by associate and corporate support of local, national and international initiatives and programs. An important part of doing business the "Marriott Way".

（7）马里奥特文化（Marriott Culture）。

● 马里奥特指导原则驱动文化发展。马里奥特文化影响着我们对待员工、顾客以及社会的方式，这种方式对马里奥特的成功起到了重要的作用。用 J. W. Marriott Jr., 的话来说就是"文化是生命线和黏合剂，连接着我们的过去，现在和未来。"

Marriott's core values drive the culture. Our culture influences the way we treat associates, customers and the community which impacts all our success. In the words of J. W. Marriott Jr. , "Culture is the life‐thread and glue that links our past, present, and future. ".

- 马里奥特致力于平等对待员工并为所有员工提供培训和晋升机会。

Marriott is commtted to fair treatment of associates and to providing traiancement opprtunities to all. dning an adv.

- 马里奥特优质服务的声誉来自 J. Willard Marriott 长期以来所创立的传统，即酒店简单的服务目标"食物好，服务好，价格合理。"

Marriott's reputation for superior customer service rises out of a long tradition that started with J. Willard Marriott's simple goal for Hot Shoppes to provide "Good Food and Good Service at a Fair Price. ".

- 不遗余力地为顾客着想。

"Do Whatever it Takes to Take Care of the Customer".

- 对顾客无微不至的关心。

Pay extraordinary attention to detail.

- 以硬件环境为荣。

Take pride in their physical surroundings.

- 用创新精神发现新方法以满足顾客的各种需要。

Use their creativity to find new ways to meet the needs of customers.

- 公司积极支持社会活动，鼓励员工通过各种组织参加志愿工作。

The company actively supports the community and encourages associate volunteerism through a variety of organizations.

- 在马里奥特，公司不朽的文化对财政方面所产生的积极影响已得以印证。

At Marriott, the perpetuation of a company's culture has a proven positive financial impact.

5. 四季酒店

（1）价值观（Values）。

目标明确 信念坚定 原则不变

（2）目标（Goals）。

目标明确，对酒店服务业心无旁骛，并以质量为重。无论我们所管理的酒店、度假村及会所式住宅坐落何处，我们的目标，都是要使四季集团成为举世公认的最佳酒店管理机构。

We have chosen to specialise within the hospitality industry, by offering only experiences of exceptional quality. Our objective is to be recognised as the company that manages the finest hotels, resorts and resort clubs wherever we locate.

我们的物业,都会因非凡的设计和完善的设备而更具价值。我们紧守严谨的道德操守,提供殷勤的个人化服务,必能满足贵客的严格要求,迎合他们的品位,以维持我们在全球高级豪华酒店机构中的崇高地位。

We create properties of enduring value using superior design and finishes, and support them with a deeply instilled ethic of personal service. Doing so allows Four Seasons to satisfy the needs and tastes of our discriminating customers, and to maintain our position as the world's premier luxury hospitality company.

(3) 信念 (Beliefs)。

我们最大的财富和赖以成功的决定因素就是我们公司的全体员工。

Our greatest asset, and the key to our success, is our people.

我们相信,无论所作何事,每个人都需要拥有尊严、自豪及满足感。若要满足客人的需要,必须携手同心,才可得以致之。我们的信念,就是上下一心,重视每个人的贡献和重要性,彼此互相尊重,达致最大的效益。

We believe that each of us needs a sense of dignity, pride and satisfaction in what we do. Because satisfying our guests depends on the united efforts of many, we are most effective when we work together cooperatively, respecting each other's contribution and importance.

(4) 操守 (How We Behave)。

我们的信念,着重于我们如何互相对待,以及彼此建立榜样。我们与贵宾、顾客、商业伙伴及同事之间的相处,所侧重的信条,就是要对人如对己。

We demonstrate our beliefs most meaningfully in the way we treat each other and by the example we set for one another. In all our interactions with our guests, customers, business associates and colleagues, we seek to deal with others as we would have them deal with us.

(5) 成功 (How We Succeed)。

我们的成功,有赖于清楚确认我们对每件事的信念,并与有效的财政计划互相配合。我们预料能为本机构带来合理的利润,确保业绩蒸蒸日上,并为酒店的顾客、雇员、拥有者及股东,谋求长远的利益。

We succeed when every decision is based on a clear understanding of and belief in what we do and when we couple this conviction with sound financial planning. We expect to achieve a fair and reasonable profit to ensure the prosperity of the company, and to offer long–term benefits to our hotel owners, our shareholders, our customers and our employees.

（6）优秀的文化（A Culture of Excellence）。

每一个工作日，因为优秀的服务文化和创造性四季的员工对顾客的服务都会不同。正是这种文化使我们远远超过我们的竞争对手。这种无形的特性使我们重要的客人再次光临我们，并促使我们在同行业中提供最好的服务。

Every working day, Four Seasons employees make the difference for our guests by creatively maintaining our culture of service excellence. It is this service culture that sets us apart from our competitors. An intangible quality that keeps our valued guests returning again and again, and which drives us to deliver the best service in the industry.

Consider these traits of the Four Seasons employee：

（7）员工的特点。

①积极性（Motivation）。

你有能力去预知客人需要并能及时地满足他们吗？

Does helping others come naturally? Do you have the ability to anticipate people's needs and have a sense of urgency when satisfying them?

②才能（Talent）。

你是否有知识、技能和经验，这不仅可以胜任你的工作，而且可以通过长期职业生涯的学习使你有所超越。如果你具有这些品质，并对发展你的技能感兴趣，四季是你合适的选择。

Do you have the knowledge, skills and experience not only to perform your job, but also to advance beyond it by embracing career–long learning?

If you see yourself reflected in these qualities, and are interested in developing your skills, you may be right for Four Seasons Hotels and Resorts.

（8）对待员工的责任（A Commitment to Our People）。

在四季，我们以期望员工对待顾客的方式来对待员工——热情、彬彬有礼和尊重。我们知道只有员工的高效和满意，顾客才能满意和不断光临。作为对待员工责任的一部分，四季以提供补偿和利益计划而感到自豪。

At Four Seasons, we treat our employees the same way that we expect them to treat our guests, with warmth, courtesy and respect. We know that if our employees are productive and content, our guests will be happy and want to return. As part of our commitment to our people, Four Seasons is proud to offer a Compensation and Benefit Plan。

总之，四季酒店的卓越之处就在于它们将人性化发挥到了极致。

6. 凯悦酒店

服务宗旨"时刻关心您"。

凯悦秉承着——在任何时候、任何地方，只要公司能够做到，公司就会通过各种方法回报当地居民和环境的经营理念。每一个凯悦饭店及其附属机构为了这个目标都会通过公司"FORCE 计划",即为富有责任心和爱心的雇员家庭提供志愿服务。

7. 喜来登

喜来登饭店为休闲度假旅游者提供着宾至如归(home – away – from – home)的服务。

喜来登十诫:

(1)不要滥用权势与要求特殊待遇,对此不加抵制就是放纵。

(2)不要收取那些有求于你的人的礼物。

(3)一切装点喜来登饭店的事要听玛丽肯尼迪的。

玛丽肯尼迪是从 8 名装潢大师中经过一次装潢比赛竞选脱颖而出的。此后她一直被喜来登旅馆公司聘为饭店客房、餐厅与大堂装潢的总主持人。

(4)不能反悔已经确定了的客房预定。

(5)在没有让下属完全弄清确切目的之前不得向下属下达命令。

(6)经营小旅店的长处,也许是管理大饭店的忌讳。

(7)为做成交易,不得榨尽对方"最后一滴血"。

(8)放凉了的菜不得上桌。

(9)决策要靠事实、计算与知识。

(10)对下属的差错,不要急于指责。

第二节 酒店气味之美

【能力培养】

1. 能够简单地辨别香型
2. 能够掌握香型与环境的关系

为什么酒店在 21 世纪开始关注人类的感官享受?那就是在日益严峻的竞争环境之下,酒店在运用一切所能想到的方式提高服务质量,提供给消费者更好的服务体验。美国哥伦比亚商学院教授施密特提出,客人在接受服务的过程中,对所获得的符合自己情感体验和情趣偏好的感受更为重视。这一模块主要让学生了解气味是如何影响人的感受以及中国香味的发展历史。结合酒店行业的特点,讨论香味与酒店服务之间的关联性,了解酒店中香味的使用原则。

第三章 酒店内在之美

一、气味与美

【小资料】

功能如此强大的鼻子

鼻子的功能有多么强大？相对于人的各个器官来讲，它没有眼睛带给世人更多直观的感受，也没有嘴巴帮助你获得人赖以生存的基本食物。但是，我们用鼻子感受着各种气味。你会为商场中迷人的香水味道而大肆购买，你会为星巴克诱人的咖啡香味而停驻小憩，你也会被香甜的爆米花味勾引，突发奇想看一场电影。这就是鼻子带给我们的体验。看看下面这则例子，鼻子成为赖以生存的基本技能。

中国青年报刊登了一篇关于"盲人报贩的新闻嗅觉"，报道中称盲人王四一经营一家报摊，虽然从未见过各家报纸的报名，但16年来很少拿错，而他经营的窍门是"鼻子"。捻一捻报纸边，闻一闻手上的油墨味，王四一就能清楚地知道手中报纸属于哪家报社。"每家报纸的纸张质量和油墨味不一样，《南京晨报》和《扬子晚报》的油墨味道浓淡程度大不相同，我一闻就知道差别。"

鼻子的功能如此强大。德国科普作家科普斯·卓舍尔在其著作中指出："一家香水制造商算出，一名真正的专家必须能区分至少30 000种气味。"加拿大著名的气味科学家R. H. 莱特也曾指出："看起来一般的人能够不费力地区分数千种气味间的两两区别，而一名有经验的领域内权威人士据称能识别10 000中以上的气味。"[①]美国著名作家戴安娜·阿克曼在其著作《感官自然史》中描述道："没有什么比嗅觉更令人难忘……嗅觉像经历了多年风霜，隐藏在杂草丛中的情感地雷一样，可以被轻轻引爆在记忆中。只要拉一下嗅觉的导火线，所有的记忆都会爆发出来。"在一项全球性的研究中指出，嗅觉记忆的持久性要远高于其他器官，80%的男人和90%的女人能够将特殊的气味与特定的记忆联系在一起，从而形成长久性记忆。可见，鼻子在人类的体验和记忆中扮演了相当重要的角色。

---

① 艾弗里·吉尔伯特著，徐青译. 鼻子知道什么[M]. 海口：湖南科学技术出版社，2013.

这些嗅觉是如何产生的？为什么咖啡香味会勾起你的回忆？为什么香甜的爆米花会激起你看电影的欲望。当今流行的"芳香疗法"正是通过精油的香气帮助你缓解精神的紧张与疲劳，获得心理上的轻松与安宁。让我们看看鼻子是如何让大脑感知这些气味并获得各种体验。

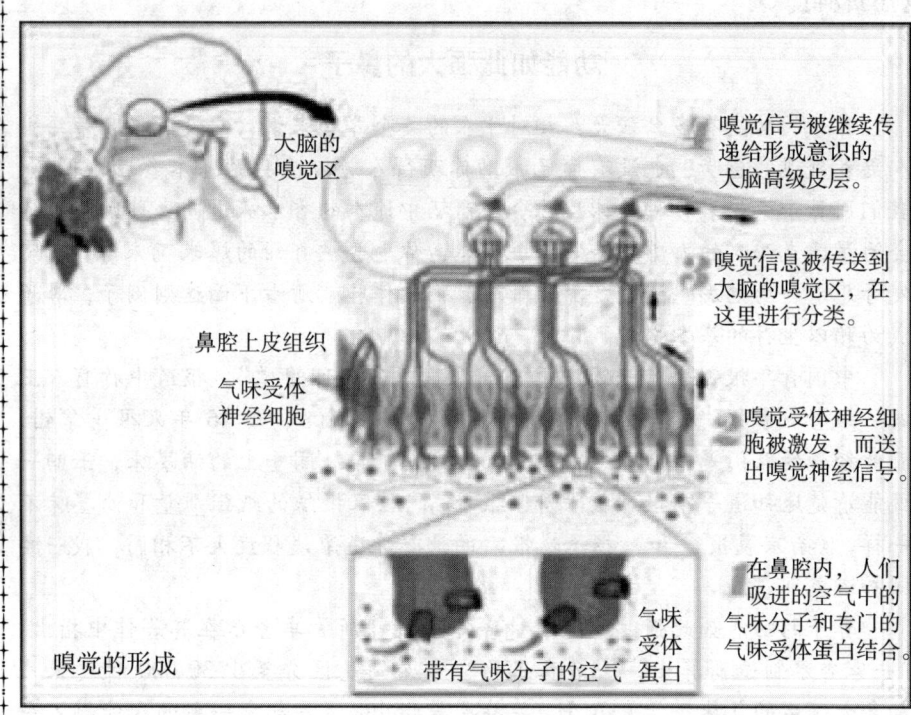

鼻腔中包括两条通路，一条是平静呼吸的道路，另一条就是嗅觉感受器所在的通路。当带有气味的空气以回旋式的气流接触到嗅觉感受器，嗅觉感受神经细胞就开始发送信号传递神经纤维信息给大脑嗅觉区内的嗅觉小球。虽然每种嗅觉细胞只能感受一种类型的气味，但当它们被传送到大脑的嗅觉区，也就是嗅觉小球，便开始了分类与整合的旅程，形成具有"特征性的气味识别模式"，再被传递到大脑的高级皮层，最终形成人们感受到的气味。

资料来源：www.baidu.com

（一）气味——个性美的体现

全世界大约有 10 万种气味，每一种气味都彰显了物体本身的特性。当人们

第三章 酒店内在之美

闻道自己喜欢的香味时,高涨的情绪,快速流动的血液,会激发人体释放出积极、阳光的正能量。千万不要低估气味对人产生的影响,你有想过汽车的味道也会成为打造品牌,营造美感体验的重要途径吗?

世界顶级豪车劳斯莱斯(Rolls–Royce)以优越的性能、高品质的工艺成为汽车王国雍容华贵的标志。它对细节的把握更是精益求精。旧款的劳斯莱斯车内散发着自然的木头、皮革、亚麻以及羊毛气味,新款车为保留这种气味,特创建一个团队对此进行分析。经过一一比对,包括添加红木、皮革、油脂、涂料等800种不同元素,他们最终成功打造出属于劳斯莱斯的标志性气味。同样,凯迪拉克也在品牌成立的百年之际,也推出含有西柚、甘菊、龙蒿、肉桂等香味的新香型汽车,并在行驶6个月之后,收到一封带有同种香味的信,提醒消费者需要更换气味套装。凯迪拉克公司认为,这款车型内部独特的香气已经是该车的标志,同时能让消费者在行驶途中身心愉悦,有助于安全驾驶。

通过使用气味展现品牌特色美还被广泛运用于航空公司。著名的国际顶级航空公司德国汉莎航空,在客机的每个座位使用散发蜂蜜、香草、热面包和母乳混合香味的香剂,大多乘客都被此味道吸引,忘记因飞机升降产生的不适和旅途疲劳。无独有偶,新加坡航空公司也特邀美国著名的香味定制企业为其设计了一款名为斯蒂芬·佛罗里达的香水用于飞机上,包括空姐的制服、发给客人的热毛巾以及飞机上的任何角落。这种香味使人置身于"令人平静的独特亚洲女性香氛"之中[1]。

气味成为品牌个性美的标志,这一特点也被成功的用于高档酒店的品牌特色中。每年在市场上新增的高档酒店不少,都具备华丽大气的装修风格,细心周到的服务理念。如何在众多酒店中体现自己的特色之美,这是经营者的经营理念。本章开篇中的案例中提到的香格里拉酒店就很好地诠释了气味对于个性美的重要意义。香格里拉酒店旨在将自己打造成城市中的世外桃源,因此在香氛选择上追求清新淡雅的香气。草香、檀香、麝香融合的基础香调,再掺杂佛手柑、白茶以及生姜,温馨柔和,使消费者在进入酒店的10分钟内就能感受到家的舒适与轻松。同时,酒店研发了一系列的"香格里拉香氛"产品将独一无二的个性美得以传递,也让自己在众多品牌酒店中拥有了忠实的追随者。

利用香气打造自己的个性美已经是高档酒店在消费者脑海中创建品牌形象的方法之一。如:迪拜的欧贝罗伊大酒店(Oberoi Grand)、斯德哥尔摩北极光酒店(Nordic Light Hotel)、伦敦的多尔切斯特酒店(Dorchester)、纽约的卡莱尔酒店(Carlyle)等酒店都在利用气味展现酒店的特色美,给消费者以不同的感受。

---

[1] 谈伟峰,黄文华著,闻香识品牌[M].北京:清华大学出版社 2014.

(二) 气味架起情感的桥梁

气味影响人的心情和记忆，或使人心情愉悦，或使人兴奋开朗，或使人忆起往事。当人们闻到自己喜欢的香味时，大脑中枢神经会受到刺激，引发一系列的情绪与心情的变化。而人们对气味的反应也会随着年龄的变化有所差别。美国嗅觉研究中心专家曾对2 000名志愿者进行多次嗅觉实验，受访者年龄从20~90岁不等，让他们分辨咖啡、机油、橄榄等不同气味。结果表明，20~50岁是嗅觉最灵敏的年龄阶段。50岁以后，嗅觉灵敏度便逐渐减退。其中，女性的嗅觉辨别能力明显强于男性。而对于味道的选择上，20~30岁的年轻人比较喜欢甜甜的水果香味，有种小女孩的柔美；30~40岁的青年人比较喜欢清新、爽朗的味道；40岁以上的中年人则喜欢消毒水的味道。有意思的是，同一种香味对不同地域、不同民族的人们会产生不同的感受。植物广藿香是调配东方香调香水常用的元素，可在最初却被中国人难以接受，被认为是藿香正气水。

【小资料】

索尼专卖店

索尼作为一家众所周知的知名高科技电子品牌，在如今电子品牌层出不穷的时代中，同样也面临着生存危机。公司领导希望能借助一种辅助性的手段来加强顾客对产品的印象。于是，嗅觉感官成为开发的重点。仙爱尔公司为其打造了一款独特的香氛，将柑橘、香草以及多种精油相结合。独特的香味、鲜艳的色彩系统、明亮的装修风格，整体构成了索尼特有的感官品牌体验。经过一段时间测试，顾客的反馈效果非常好，纷纷表示即使没有购买计划，但看得到专卖店还是忍不住想进去感受一下诱人的香味。公司创意总监说："我们独有的香氛创造了良好的记忆，给顾客以深刻的体验。公司非常高兴看到顾客们对香味的反应。"

索尼公司利用香氛增加了顾客对专卖店的印象。美国研究机构表明，人脑中负责处理嗅觉的神经与主管记忆的神经紧密相连。嗅觉记忆比视觉记忆更为可靠，对人情绪的影响持久而强烈。研究还表明，人们回忆起1年前气味的准确度为65%，而回忆起3个月前看到事物的准确度仅为50%。偶尔出门在外，我们吃到某一种饭菜，会想起远在家乡的母亲。然而，人们已经习惯定性思维，将视觉作为记忆的首要途径，却不知嗅觉对记忆的影响更大。

香味对于人记忆的影响是很普遍的。看到康乃馨，我们就想到了母亲，想到

第三章 酒店内在之美

了家乡。然而研究表明，康乃馨对人影响更大的是散发的香味，容易使人忆起童年的往事，令人愉快和欣慰，淡忘现实生活中的种种烦恼与忧愁。杏仁香味也具有此功能。儿时读书，犯困时经常会闻闻清凉油或者嚼一嚼薄荷叶，浓郁的薄荷味道可以缓解困意，提高记忆力。这也是薄荷香气对人记忆的影响。因此，有人曾提议适当的在学校增加种植薄荷草、菊花等植物，以帮助学生缓解大脑疲劳，增加记忆力，提高学习效率。

荷兰作家派特·瓦润在著作《嗅觉密码》中提出："气味会影响我们的心情和动机，进而影响自身的行为。"这足以说明为什么大多数人在经过咖啡厅、冰淇淋店时，忍不住驻足小憩。纯正的咖啡香气、浓郁的奶油香味让你紧张忙碌的心情得以放松。在关于爆米花和电影的报道中，我们也能看到爆米花的香甜勾起人们食欲，影响人的心情，使人愉悦，进而人们在繁忙工作之余也想到了以看电影这种方式获得片刻休闲。

其实，嗅觉对情绪、行为的影响很早就已经应用在医学中。在 2006 年第 51 期《产科学与女性健康》中刊登了一篇关于《香薰按摩对健康产妇的心理影响》的文章。该文章中指出，产后忧郁症是困扰西方产妇一个很严重的心理疾病，它会导致产妇出现易怒、焦虑、头痛、混乱、健忘和人格分裂等症状。自 20 世纪 60 年代起，研究者就尝试使用香薰按摩来试图缓解产后焦虑。在经过一段时间的尝试之后，证实按摩对缓解产痛、降低压力荷尔蒙、减轻抑郁和焦虑，增加父母和孩子的互动有着极为积极的影响。

具有数千年发展历史的芳香疗法就是萃取自植物精油进行生理和心理治疗。1928 年法国医生加特斯特首次在临床治疗中使用芳香疗法，并创造了"芳香疗法"这一词汇。根据百度百科中记载：芳香疗法就是运用芳香植物蒸馏萃取出的精油来舒缓压力与增进身体健康的一种自然疗法，通过香薰、按摩、吸入、沐浴、热敷等，让精油透过人体调节各大系统，激发人类机体，从而达到调节身心平衡身体的作用。早在我国古代时期，著名医生华佗就运用麝香、丁香、檀香制成粉末，装入香囊中，随身佩戴或者置于室内已达到治疗呼吸道疾病的效果。

西方国家很早就意识到香味对调节情绪、缓解心情具有重要的作用。"森林医院"成为医院硬件设施不可或缺的一部分。医院利用各种花香、草香以及幽静的环境开辟自然医疗区，来舒缓病人的身心。例如，利用桂花香味舒缓疲劳、利用百合香味振奋精神、利用丁香净化空气。塔吉克共和国专门营造了一个优雅的疾病防治所，悠扬悦耳的音乐，清新淡雅的幽香，远离嘈杂的喧嚣，仿佛置身梦中的童话世界。这种环境让患者心情愉悦、精神放松，使得身体的各种机能能够得到最佳的恢复。波兰"香味协会"会长瓦布鲁斯曾说香味疗法的两大途径：

一是按摩沐浴使其融入皮肤，二是弥漫在空气中调节环境。德国慕尼黑技术大学的化学家特里希瓦布纳教授认为香味能够迅速进入大脑，短时间内就能产生CART或神经肽D，以此来刺激神经系统造成人心里与生理的反应，从而达到"芳香疗法"的意义。

此外，这种"芳香疗法"在东方已经开始被运用。日本的鹿岛建设公司就与资生堂公司共同研制和开发了通过气传系统释放"工作香气"的方法。当清早上班的时候，为唤醒还未从疲惫中走出的员工，鹿岛公司会将柠檬香气通过传播系统散发到空气中，清新淡雅的香气让员工倍感清爽，能够精力集中提高工作效率。午饭之后是最易疲乏期，释放树木香气能够缓解员工紧张精神，再以柠檬香气振作员工精神。日本鹿岛公司已经将此方法设计为"香氛处理器"，让人们根据不同的环境需求在工作、学习、生活以及娱乐中获得适宜的香气，从而达到调节情绪的作用。产品已经问世，便获得大量好评。

二、闻香识"人"

【知识拓展】

香味的划分

香味是什么？香味是一种气体挥发，经过人们的感知器官获得的一种感受。香味有多少种？世界上已知的香味有成千上万。多年来，人们尝试寻找一个适当的方法对香味进行分类，但依然没有找到一个绝对的、完整的分类体系对之进行划分。这里简单介绍几种分类方法，以供大家了解。

1. 扑却的挥发性分类

这是1954年法国调香师扑却（Pouch）在《化妆品化学会志》中提出的。他通过分辨330中天然香料、混合香料以及其他香料在辨香纸停留时间的长短进行划分，设定停留一天为系数"1"，在此基础上以此类推，分别得出头香（系数1－4）、体香（系数15－60）、基香（系数62－100）三大类别。这种分类法虽然带有一定的主观性，特别是对于香气停留时间长短的那个"点"很难确定，但这种分类法却为香气的选择提出较为明确的方法。

2. 比斯的"调性"分类

法国调香师比斯（Piesse）将气味比拟成音乐的音阶，认为香气也是按照"CDEFGAB"的顺序由低到高顺序排列。每个音符对应一种气味，不同气味的

第三章　酒店内在之美

组合也如同音符组合构成的合旋一样，或是和谐（如四度、五度、八度），或是不和谐（如：二度、七度）。例如：C 音符对应茉莉香，D 音符对应香柠檬香，G 音符对应玉兰香，C 与 G 即茉莉香与玉兰香融合在一起就很协调，但 C 与 D 即茉莉香与柠檬香则不适合在一起。这种创意性的想法在当时轰动一时，但如何定义每个音符所对应的味道确实令人大伤脑筋。

3. 林祥云的"气味 ABC"分类

《香味世界》的作者林祥云在书中提出了"气味 ABC"分类法，即将气味按照 26 个英文字母进行排列，并在此基础上将两个字母结合，增加了 6 种气味，从而形成 32 种气味。每种气味都对应着不同功效，如：字母 M 对应着铃兰花，功效是抗抑郁，字母 O 对应着兰花，功效是提高效率，Mo 的组合就是霉味、菇香。

4. 十大香气分类

《闻香识品牌》中则融合上述几种分类法，依据气味挥发的强度、气味类型等角度，将气味分为十大类别：柑橘类、海洋类、木类、琥珀类、草药类、水果类、绿色、动物类、花香类、辛香类。

几乎所有的高档酒店都有一个共性：精美的装饰、豪华的陈设、无与伦比的服务和先进的现代化便利设施。如今在这个关注细节的年代，没有什么比香味更能展现特色之美。据调查显示，顾客进入酒店的 10 分钟就能够决定该酒店在顾客心中的印象，其中"闻香识人"功不可没。

（一）万豪集团：威斯汀酒店、喜来登酒店

万豪（喜达屋）集团从 2005 年 10 月开始推广香气特色，它旗下的每家酒店都散布着独特的标志性香味，以营造轻松愉悦的居住体验。该集团的副总裁 Javier 表示，"客人闻到的气味是一种微香，而不是那种能把人撞个跟头的刺鼻味道。这些香料是喜达屋与美国 ScentAir 芳香传递公司联合研制的，绝对不含毒素和过敏源，不会让那些敏感的客人感到不适。"ScentAir 中国区运营总监李胜波接受记者采访时透露："根据酒店的品牌个性贴身设计与之风格相符的嗅觉形象，不仅仅会让顾客享受到舒适、温馨、放松、平静的优质环境、感受高格调尊贵的人性化细节，更会长久停留在顾客的情感记忆中，一闻到相似味道便会联想起这家酒店，久而久之形成消费惯性，同时也提升了酒店的立体品牌形象感知。"[①]

[①] "闻"到的酒店印象——给客人一个有味道的居住环境。

威斯汀酒店以豪华、高端闻名于酒店业。目前，在全球拥有160多家，全部集中在城市的商业中心。但无论你在北京的威斯汀酒店们还是纽约时代广场的威斯汀，你都不会感到陌生。同样的装修风格，同样的背景音乐，同样由ScentAir精心设计的白茶香味，让你感觉始终在熟悉的环境中生活工作。威斯汀酒店的高级副总裁说过："香味是最难忘的感官记忆，我们真切地感受到香味是顾客体验中非常积极和重要的一部分。我们用这种方式将威斯汀酒店提倡的轻松惬意的生活方式，捕捉生活之美的生活理念传递下去。"ScentAir香氛公司说："之所以选用由天竺葵和小苍兰混合而成的白茶味来体现威斯汀酒店的特色美，是因为这种香味感性而不失清新。旅客在酒店中感到熟悉轻松自在，如同穿越时空回到家，让人在刹那间忘记疲惫。"

同属于喜达屋旗下的喜来登酒店也打造了专属自己的品牌气味。不同于威斯汀高端客户，喜来登酒店定位的客户群体是30~40岁的中青年商务人士，自由奔放、年轻热情，他们更钟情于自然清新的味道。美国ScentAir芳香公司为他们量身定制了混合无花果、薄荷、茉莉和小苍兰香的"风车味"，臭氧和海洋的淡香味道唤醒旅客的感受，接而转入清新的花香或百合花、玫瑰花香，最后以青苔和麝香味结束。独特的香味遍布酒店的大堂、走廊以及客房，让人心情舒畅。而这种美好的记忆和认同感在顾客心中打下深刻烙印。一位该酒店的VIP客户说道："我和妻子每年的结婚纪念日都会选择这家酒店。不仅因为他高档的环境、周到细致的服务，最主要是弥漫在酒店客房的味道，舒适、温馨，一种似曾相识的感觉，让我和妻子都感觉到时光倒流，好似回到初恋一般。"

除了威斯汀酒店、喜来登酒店，喜达屋集团下的瑞吉酒店、W酒店、艾美国际等多个品牌酒店都有自己独特的味道，根据不同的装修风格、消费人群的品位风格选择香味，展现酒店的特色之美。

（二）上海浦东丽思卡尔顿酒店

走进丽思·卡尔顿，你享受的是奢华与时尚，感受的是经典与高贵，正如她的座右铭一般"我们以绅士淑女的态度为绅士淑女们忠实服务"。作为全球首屈一指的奢华酒店品牌，丽思·卡尔顿不仅遵从着经典的传统风格，也在不断添加新鲜的刺激元素。酒店不再只为，而是不断创新，不断发现新理念。丽思·卡尔顿的经理说："酒店是为顾客服务的，是让顾客在异地的繁忙工作中还能感受到如家一般的安宁与平静。传统观念中的强调装修的豪华、食物的精美和服务的高水准已经不能满足我们酒店的营销理念，代表不了酒店的品牌形象。我们现在正尝试采用新的方法来感染顾客，在完善现有视觉、味觉、嗅觉、触觉等多种感官享受的同时，与Scent-e公司合作，植入特色香氛，让顾客感受到另一种形式

第三章 酒店内在之美

的美,增加幸福感,加深顾客对酒店的印象。"在这种经营理念下,丽思·卡尔顿酒店选用了由佛手柑、柑橘、青竹、南姜、肉豆蔻、雪松木、檀香木组成的青竹香!Scent-e 公司说,这种混合气味能向顾客传递一种宁静安详的情绪,并在不经意间提升人的感知与自信,能使得客户心旷神怡。而据瑞典广告协会连同商业杂志关于对今后酒店业发展趋势的预测中指出:"气味将被越来越多的酒店运用到装潢设计中,它不仅增加消费者的幸福感,获得审美体验,同时也强化了消费者的记忆细胞。"

浦东丽思卡尔顿酒店坐落于时尚魅力之都——上海。就如同上海这座城市一样,交织着历史与现代的韵味,浦东丽思卡尔顿酒店的香气同样复杂而神秘,犹如被蒙上一层轻纱帷幔,婉约而高贵。她使用的香氛是一款品牌为 Brand Aroma 的 Rose Biossom。前调是由李子、桃子、橘子花以及紫罗兰花混合而成的头香,中调的基香则是由依兰树、茉莉、晚香玉以及黑醋栗组成的,最后升华到高段的是檀香木、香草味。Rose Biossom 香味深邃悠长,清新饱满,神秘中带有魅惑之意。酒店经理说:"每个入住的客户都希望获得完美的享受,无论在物质上还是精神上都追求极致的'美'。而这款香氛恰好能满足顾客的需求,为顾客营造一个健康舒适的环境。我们服务的宗旨就是让每一位来酒店的客人住着温馨的环境、呼吸清新的空气,获得愉快的心情,感受无微不至的服务。"

(三) 洲际酒店集团:洲际酒店、智选假日酒店

洲际酒店集团是目前全球最大、网络分布最广的专业酒店管理集团,旗下拥有洲际、皇冠假日、假日酒店等多个国际知名酒店品牌,从商务型酒店、度假型酒店到快捷酒店一应俱全。该集团为了突出不同品牌的独特性,不仅通过装修装潢设计加以区别,还要运用感官刺激达到强化目的,通过选用不同的香氛给予品牌更多的深度与维度。

洲际酒店是洲际酒店集团下属的高端品牌,一直服务于各界高端人士,其服务理念是让客人感受到"奢华体验"。酒店采用兰花的淡雅清香为基础,再以百合精油加以调制,高贵典雅营造出尊贵氛围。

同属该集团的智选假日酒店是面向中档饭店市场。清新、简洁是假日酒店最重要的诉求。因此,AirAroma 专业香氛公司为其制作了含有柑橘类、松木、桧木的精油。柑橘类精油能够舒缓神经,松木类的精油则能够达到净化空气的效果。酒店以此展现了品牌定位的宗旨——洁净。智选假期酒店的这一设计理念吸引了大批的休闲旅客,在不到十年的时间里,快捷假日饭店品牌在世界各地的饭店数目已增至 1 000 多家。

（四）Paris Vendome 巴黎凡登凯悦花园酒店

你想了解一下每晚 20 000 美元总统套房的奢侈程度吗？那你可以参观名列世界最奢华酒店榜第七位的巴黎凡登凯悦花园酒店。这是一家出入着欧洲上流社会人群的酒店。在 2002 年建造之初，酒店就已经认识到品牌气味与装修风格、服务理念、服务意识的同等重要性，力图研发出一种体现酒店特色、展现酒店风情的标志性气味，并以此来架起与顾客间的情感桥梁，为顾客提供一个良好的嗅觉盛宴。法国著名调香师布莱斯·马丁恰恰满足了这一需要。

他带领着团队分析了酒店的整体布局：大堂华丽而富有流线感，迎宾处的白兰花又恰似浮华中的一丝纯洁淡雅而高贵，客房是以奢华的泰国丝绸和织纹表面的床品来打造。种种细节都彰显出酒店的奢华之美。布莱斯·马丁认为只有广藿香的味道最为合适。这款以广藿香为主味，添加了甜巴西柑橘、自然凉木的提取物以及用于调和的香草气味，再糅合了类似于木材燃烧的气味，被誉为"新鲜水泥浇灌在生橡木上，加上些许新鲜肉桂的生面饼，具有富贵的厚黄褐色丝绸质感的气味。"这一气味成功的代言了酒店品牌，并在经过了 10 多年的经营生涯之后，依然没有改变，让顾客在熟悉的记忆中感受美的奢华。

（五）上海新天地朗廷酒店

提起酒店香氛，就必须说到上海新天地的朗庭酒店。她以超卓的服务、豪华与创新的设计在酒店业享誉盛名，延续了自 1865 年以来朗庭酒店品牌的高端品质与奢华风格。而她的"姜花"香味又是别具一格，独具特色。Branda roma 香氛公司于 2006 年开始与朗廷酒店集团合作，经过不断研发，最终选用姜花作为酒店的品牌香气。该公司认为，姜花色彩淡雅，朴实无华，其味道清新舒适，让人在繁华喧闹中获得一丝安宁，与酒店高贵典雅的气质相吻合。酒店方面很满意这款香氛，一方面安全性的气味不会引起顾客有过敏反应，另一方面散布在大厅、走廊、客房等地的姜花香味，无疑成为迎接客人最好的名牌，使客人在有限的时间里感受酒店魅力，增强酒店的品牌形象，获得一场愉快的出行体验。

三、选"香"之规

酒店的香味正如同酒店的品牌一样被人铭记，彰显着酒店内在的美以及对品

第三章 酒店内在之美

位的无限追求。正如纽约的香气基金会的执行董事 Theresa Molnar 说:标志性的香气是"感官性品牌策略"的一部分,所以香型的选择对酒店的品牌的影响还是非常直观,因此,酒店在选择香型时尽量突出以下原则。

(一) 突出个性之美

从香格里拉酒店的以香草、檀香和麝香为基础香调,其中掺杂了佛手柑、白茶以及生姜的"香格里拉香氛"到威斯汀酒店的由天竺葵和小苍兰混合而成的白茶味,从福朋喜来登专属的由美国 ScentAir 芳香公司为他们量身定制的混合无花果、薄荷、茉莉和小苍兰香的"风车味"到丽思·卡尔顿酒店的由佛手柑、柑橘、青竹、南姜、肉豆蔻、雪松木、檀香木组成的青竹香,从巴黎凡登凯悦花园酒店的广藿香到上海新天地的朗庭酒店的姜花香。每一家酒店都根据自己的品牌特色全新打造着属于自己的独特香味。即使是同属于一个集团下的多家酒店,如万豪集团下的众多品牌瑞吉、豪华精选、W 酒店、艾美国际都有着自己个性化的香气。

从前面我们知道,香气可以唤起人们的回忆,能够架起个人与酒店之间的情感桥梁。正如布朗大学的拉切尔说:"芳香可以赋予室内环境相应的情感体验,它会让我们想起某些地方,某些体验,还会触发我们的联想。"酒店正是借助独特的香气,通过视觉、听觉、触觉以及嗅觉的多重体验,向客人传递出一种情谊,吸引客人,让客人爱上酒店,爱上酒店的环境,爱上酒店的服务,更是爱上酒店的味道。

同时,有一项研究表明,香味还能够延长客人在酒店停留的时间,增加其消费欲望。闻到一款喜爱的香味,能够提升客人对酒店的评估和评价,是对酒店认同度的一个凭证。酒店的目标就是,努力在客人入店的十分钟内,就能够体验到奢华,呼吸到舒畅,感触到典雅,记得住独特之美。

(二) 延续特色之美

香味的使用不再只局限于改善固有的环境。酒店已经将独特的香味之美延伸到客人的生活方式中。香格里拉酒店集团是较早聘请专门的香氛公司设计专属香气的,清新淡雅深受客人的喜欢。在十多年的时间里,香格里拉一直保持着这种香味,并生产出一系列的香氛用品,如精油、香氛、香薰、蜡烛和迷你套装等,放在商务中心出售。酒店希望通过对特定香味的认同转化为对酒店的信任与依赖,将这种特色之美深印在客人的记忆中,延续到客人的生活中。

这一做法不仅有香格里拉酒店集团,包括威斯汀酒店、喜达屋酒店、洲际酒店等都陆续将特有的香味用于旗下的所有产品，如：精油、香氛等，利用气味这一独特的名牌向客人传递着品牌的特色之美。客人将这种美渗透到生活中，时时刻刻都能记忆起曾经的出行。闻到清新的白茶味道，忆起在威斯汀酒店度过的美好时光。感觉到清新的柠檬香味，就知道这是来自于洲际快捷酒店的味道。气味不仅代表了品牌的特色美，同时将这种美被感知、被传播、被长期的融入日常生活中。

（三）追求意境之美

加香妙在似有似无，香味不浓不淡，若有似无，丝毫不对嗅觉产生负担，这是酒店在香氛运用中的首要原则。香格里拉酒店的负责人表示："顾客入店的10分钟就已经决定了对该酒店的印象。视觉与嗅觉的感受都是最为直接的。因此，酒店大堂的花束一年四季各有不同。夏天选择清新淡雅的白色，到了冬天则选择温馨柔和的粉色。花束摆放的位置也尤为注意。像百合的花香较浓，容易干扰酒店的独特香气最好放在门口通风处，而大厅多以绿色植物为主。"此外，负责人表示，酒店对于香氛运用的度要求很严格，确保不会因为过于浓厚反变成一种异味。香味有专人来负责，包括香味剂的用量，精油、香氛的用量都是有严格的依据标准。香味管理人员介绍说："酒店的毛巾都会使用植物香精进行浸泡，但不是将精油滴至水中，而是用手指蘸少量精油，在水盆中搅拌均匀，再将毛巾浸泡其中，已达到若有似无的淡雅香味。"

（四）打造区域之美

酒店加香是有主有次，有所差别的。总体来说，酒店大堂、行政酒廊、宴会厅、酒店会议中心、客房、健身房等都是酒店加香的重点区域。

酒店大堂是该酒店的门面，是酒店风格与品位的象征。大堂的装修、设计、整体布局直接影响了该酒店的整体形象。同时，它又是重要的工作场所，承接着礼宾、前台、行李、问询、商务中心、咖啡厅、大堂吧等多项任务。适度的香氛对大堂正常发挥功能性有着重要的作用。行政酒廊是酒店为高级商务客人专设的独立楼层，可单独享受用餐与休闲。行政楼层的格调显示出酒店对高端服务的定位，对这一区域重点加香，不仅突出酒店特色的品牌香气，更传递酒店的品牌服务与经营理念。

宴会厅同样是重点加香区域。据 Scent 公司介绍，香氛可以去除宴会厅由于人多集中而产生的异味、烟味，因此在对外出口和独立门厅处使用香氛系统，通过循环流通，缓解封闭空间带给客人的压抑感，最大程度的营造舒适环境。对于

第三章 酒店内在之美

健身房的加香也是同样道理。酒店的健身区域是满足客人在工作之余的休闲活动，是提升客人满意度的区域。但运动区域是最容易产生汗味与异味的，如果不经过特殊处理，是最容易暴露酒店不足。香氛可以有效分解运动后产生的异味感。

客房是酒店的核心之地。客房的设备设置、床具用品以及客房服务都代表着酒店的品牌形象。干净整洁、舒适便利，感受到家的味道，能够在今后的旅途中回想起入住酒店的愉快经历，并对此产生依赖与信任，这是酒店的根本目的。对于香氛，客人的喜好程度更有不同。可以根据客人的需求，采用便携式香氛仪，有选择性的进行加香。

(五) 彰显人性之美

香味是酒店品牌的展示，寻找香味的过程实际上是一个品牌定位与梳理的过程。我们需要了解酒店的定位，受众群体的年龄、性别、教育程度、地域差异等问题，分析其喜爱的香味，从中寻找到我们需要的气味。前面提到过，不同年龄段的人群对味道的喜好是大不相同。20~30岁的年轻人喜欢甜甜的水果香味；30~40岁的青年人喜欢清新、爽朗的味道；40岁以上的中年人则喜欢消毒水的味道。同一种香味对不同地域、不同民族的人们会产生不同的感受。中国人性情内敛不爱张扬，喜欢清新淡雅的香水，而西方人热情奔放，自由无拘束，其香水的选择上偏好于浓烈。

万豪集团旗下的福朋喜来登酒店，以使用清新舒爽的"风车味"深受客人的喜爱。但酒店最初选用的并不是这种味道，而是一种带有甜甜腻腻的"苹果派"的味道，希望客人在入住时能够感受到妈妈的味道，有一种归家感。然而经过一段时间的适用，反响效果并不好。酒店主要的客户群体集中在30~40岁之间的中青年人士，他们年轻、热情、崇尚自由简约的生活方式，更喜欢户外的清新香味。于是，酒店针对客人的意见做了调整，选择这款名为"Pinwheel in the Breeze"的大风车味道，让客人在紧张工作之余能够舒缓压力、放松心情。

同样，酒店在选择香味上既要了解客户群体的年龄，也要顺应不同文化和地域的潮流与时尚。特别是对于全球性的连锁酒店需要在不同国度和文化背景下开展商务活动，香味的运用更要融合地域文化，否则弄巧成拙。在21世纪初，水果香味是深受美国人喜欢的味道，有称蜜一样的香气。然而这种味道在欧洲并不受欢迎，反而被认为是不成熟的标志。

酒店香味的选择不仅要考虑到顾客的反应，同时也要顾及员工的感受。员工是真正长时间处于酒店各工作场所内的。而员工对气味的接受程度也会影响其服务的质量与效率。有研究结果表明，令人愉快的气味能够提高员工的工作积极性，加强员工的工作专注力。如果选用比较个性化而非大众所接受的气味，有可能会造成个别员工身体不适，反而会影响工作效率。因此，酒店在香味的选择上要慎重，体现以人为本的核心理念。

【知识拓展】

香料与养生

1. 调节情绪，增加兴奋感的香料：薄荷油、桉树油、柠檬油、香茅油、马鞭草油、丁香罗勒油、白千层油等
2. 促进睡眠的香料：橙花油、黄菊油、檀香油
3. 增进食欲的香料：紫苏油、月桂油、柠檬油、洋葱油、大蒜油、甘油
4. 控制食欲的香料：艾蒿油、桉树油、迷迭香油、樟脑油
5. 抗治抑郁的香料：芳樟叶油、薰衣草油、薄荷油、柠檬油、茉莉油、玫瑰油、丁香油、安息香油
6. 抑制吸烟的香料：柑橘油、薄荷油、柠檬油、丁香油
7. 抑制感冒的香料：薄荷油、紫苏油
8. 镇静神经的香料：薰衣草精油
9. 辅助治疗结核的香料：丁香油、檀香油
10. 治疗咳嗽、支气管炎的香料：大茴香油、春黄菊油、桉树油、云杉籽油

第三节　酒店音乐之美

【能力培养】

1. 能够熟知环境音乐在酒店中运用的基本原则
2. 能够为相应的场所选择合适的环境音乐

如今的酒店、宾馆不再是原始意义上只满足人们居住的旅馆，而是集居住、餐饮、休闲、娱乐为一体的综合性酒店。新颖的创意、鲜明的主题功能、完善的设施以及细节之处的精心设计都已经成为酒店业竞争的手段，不仅要让旅客缓解身体上的疲劳感，更需要在心理上获得自由和谐的满足感。环境音乐也成为竞争手段之一，并且是提高酒店品牌、彰显酒店地位不可或缺的文化之一。这一模块主要让学生了解和掌握环境音乐的含义、功能性，讨论音乐与酒店服务之间的关

第三章　酒店内在之美

联性，结合酒店行业的特点，熟知环境音乐在酒店中运用的基本原则。它的合理运用在酒店业与宾客心灵间架起沟通桥梁，既满足了旅客的心理需求，突出酒店服务业的特点，又无形中提高业内人士的服务效率与工作效率。

一、音乐与美

（一）音乐、环境与环境音乐

1. 音乐

什么是音乐？在了解音乐定义之前，我们早已在生活中的方方面面感受到音乐的存在。当你早晨起床，你的闹铃声已经由单调急促的金属震动声音改成愉快、带有旋律变化的优美音乐。当你工作时，有音乐做背景会减缓体力上的疲惫，你不会被长时间、简单、重复性的工作而麻木，反而会增加工作效率。当你在外吃饭或者逛商场时，轻柔缓慢流动的音乐早已使你沉浸于环境中，你获得了一次非常满意舒适的经历。近几年，我们又听到过音乐运用在医疗中，以此抑制痛觉，缓解病人的紧张情绪。音乐就是这么神奇而美妙。究竟什么是音乐呢？让我们先了解一下什么是声音？

什么是声音？我们生活在声音的世界里，人们通过声音来观察世界、了解世界。声音是由于物体的震动而产生的。空气将震动传到我们耳朵的鼓膜里，刺激听觉神经后传至大脑，最终形成声音的感觉。震动强、震波深，声音就强。有了声音，才有了构成音乐的基础。

音乐是声音的艺术化体现。音乐不是生活中杂乱无序的声音组合。窗外的鸟叫声、河边的蝉鸣声、海边的波浪声、汽车的鸣笛声，这是声音不是音乐。音乐是由各种音响的组合、变化而构成的艺术作品。作曲家将声音进行筛选，并按照一定的作曲手法构成具有整体性、连续性、完整性的音乐作品，并借助作品展现一定的思想和情感。

2. 环境

什么是环境？根据百度百科中所言，环境既包括以大气、水、土壤、植物、动物、微生物等为内容的物质因素，也包括以观念、制度、行为准则等为内容的非物质因素；既包括自然因素，也包括社会因素；既包括非生命体形式，也包括生命体形式。环境是相对于某个主体而言的，主体不同，环境的大小、内容等也就不同。

随着社会的不断进步与发展，环境的存在价值变得尤为重要。从自然环境而言，每天的新闻充斥着提倡减排低碳环保生活以净化空气的内容。有句广告词：

"大家少开一天车,还世界一个蓝色的天空"。各种户外氧吧营运而生。对于人造的内部环境,过去我们进入餐馆,只希望能吃得饱。而如今,我们选择饭店首要看环境是否干净卫生,讲究一些更是注重环境是否高雅有情调。过去,我们外出旅游选择旅馆只求住的经济实惠。而如今,我们选择酒店更看重酒店的硬件设施以及软件服务。不得不说,在很大程度上环境影响着大家的生活。

3. 环境音乐

了解了音乐与环境,我们谈一谈什么是环境音乐。环境音乐中,环境是主体,音乐是围绕在环境中,用以衬托、渲染环境,从而达到某种目的。简言之,环境音乐(Ambient Music)是指在不以音乐为主题的活动中,介于人们有意识与无意识欣赏,为了某种需要而播放的音乐作品,是集声学、心理学、生理学等学科为一体的综合产物。其形式通常是以中央音乐控制系统播放 CD、VCD 音乐,也可以采用小型乐队或乐器进行现场演奏,目的是通过在酒店、咖啡厅、办公室、商场、超级市场、旅游活动、甚至是家庭生活等不同环境的使用来改善心理、生理环境,起到渲染感情、烘托主题;改善工作环境,提高工作效率;营造舒适氛围、创造经济收益等作用。

(二) 音乐——调动人们的情绪

音乐直接连接我们的情感。我们虽然是用耳朵聆听音乐,但实则是用大脑在聆听音乐。音乐的节奏、旋律的变化通过耳朵直接影响人们的情绪、记忆、行为。据悉,在澳大利亚的一个小镇曾是犯罪率高居不下的地方,及时派出大量的警察和保安进行巡逻依旧没有好转,政府对此大伤头脑。后来,一个当地的音乐家提议在每晚的黄昏时分播放古典音乐,于是莫扎特、巴赫、肖邦、贝多芬等多名大家的作品纷纷响彻街头。一周之后,小镇的犯罪率真的降低了。

音乐能够勾起人们的回忆。世界各地的迪士尼乐园打起了记忆的招牌。再现动画中熟悉的场景,顽皮可爱的玩偶造型,主题音乐和迪士尼卡通人物演绎的歌曲回荡在游乐场的每个角度。每一个精心的设计不仅吸引着众多的小朋友,同时也勾起了大人们对童年时代的回忆。此时,音乐已经成功地取代了语言的魅力,创造出一个充满幻想、梦想、希望与魔力的万国。

在我国古代,以劳动歌曲、船夫号子来鼓舞劳动者的情绪、消除疲惫,提高劳动热情。战争中的行军作战,运用铿锵有力、激昂奋进的音乐鼓舞士气,使他们英勇善战,无一不是调动人们的情绪,已到达最终目的。再去想想大家最熟悉的"春节联欢晚会"。从 1983 年创办以来,难忘今宵已成为御用的晚会结束曲,至今经过了 31 年,这首歌曲依然被用做晚会结束曲。它已经不再是一首独立的歌曲,而更多是成为春晚的代言人,其中之意不难有唤起人们对过去的追忆以及

第三章 酒店内在之美

对未来的无限期盼。

(三) 环境音乐营造环境之美

环境音乐与音乐的差别在于，音乐不再是主体，而是成为一种媒介手段衬托环境，渲染气氛。销售母婴品牌的商场区域，播放愉快的儿歌或者舒缓的古典音乐唤起母亲的母性感。时尚品牌 Veromoda 和 Only 的风格是追求潮流，走在时尚前沿，其店内的音乐特点就是动感、快节奏，有一种聚会般的放松感觉，让大家得以纵情欢乐。环境音乐不仅掩盖了环境噪音，创造愉快舒适的购物环境，更放慢顾客脚步、延长购物时间，提高商场销售业绩。据研究显示，合理有效地环境音乐会促使商场的销售量高于普通环境下的38%。

星巴克就很善于使用环境音乐。舒适的扶手椅、醇香的咖啡、温暖的灯光、弥漫在时空中舒缓的音乐，星巴克营造了一种愉快的艺术氛围。少数地区的星巴克还会采用音乐家进行现场演唱。该公司的主管表示，现场艺术家的表演可以增加与客人见的互动与交流通过聆听星巴克的声音，提供给消费者一次难忘的听觉体验。可以说，它经营的不仅仅是咖啡，而是利用环境将其升级为一种文化，音乐在其中起到了很好的推动作用。

酒店也将环境音乐作为其品质与品牌的标志之一。在国家旅游局酒店星级评定委员会制定的《国家旅游酒店星级的划分与评定》（GB/T14308—2003）中规定，环境音乐是酒店品味与层次的象征，对于缩短顾客与环境之间的距离有着不可估量的作用，是星级酒店必备的标准之一。北京东方君悦大酒店的东方亮酒吧，就是将音乐CD播放与现场表演相结合。每晚都有由4位青春逼人的中国姑娘组成的"月色"组合，以二胡，琵琶等传统中国乐器演绎中外流行的轻歌妙唱。此外，该酒店还聘请欧洲专业编曲家进行创作，根据不同的夜晚选择风格迥异的乐曲，使东方亮酒吧成为君悦酒店的一颗明星。

二、从"小夜曲"到"梦江南"

随着现代旅游业的蓬勃发展，酒店行业的竞争也日趋激烈。在高星级酒店不断增多竞争日益强烈的背景下，怎样建设打造适合自己酒店的背景音乐系统，怎样选择和使用符合自己酒店主题形象的背景音乐，以弘扬酒店的市场品牌，体现酒店的文化品位，吸引更多消费者，在竞争中立于不败之地，是酒店从业者要深思的问题。

（一）因"店"制宜，打造特色

1. 酒店类型不同、音乐风格要各异

经济型酒店，其特点是价格低廉、方便快捷、经济实惠。来消费的普通大众居多，总体节奏比较快。实现的是消费者和酒店互利的模式。适合播放一些节奏活泼、曲风欢快、前卫现代的流行音乐，体现经济、快捷的节奏特点。

度假型酒店。度假型酒店以接待休闲度假的消费者为主。大多兴建在海滨、温泉、风景附近。其经营的季节性比较强，比较适合采用舒缓优美的器乐名曲，营造度假型酒店惬意的环境。商务型酒店。一般建在市区或商业区，其入住率一般不大受季节的影响。主要接待从事商务活动的消费者。一般应该选用青春活力、热情奔放的轻音乐和现代时尚的流行音乐，完成商务型酒店的功能。

连锁型酒店。连锁型酒店在快节奏的城市生活中越来越受消费者青睐，市场份额占有量也越来越大。所以应该在不同城市的连锁酒店里播放。相同的音乐，以不断加深消费者的印象，增强其认同感，以其连锁品牌效应影响消费者的心理和选择。

观光型酒店。大多建造在旅游景区，除了具有一般酒店的功能外。它的背景音乐应该和酒店的地理位置、旅游景区的风景特色一致。比如，桂林香格里拉大酒店的背景音乐是特别设置的广西民歌和刘三姐的歌，让消费者印象深刻；康定景区的观光型酒店播放的则是当地的民族音乐和经典的四川民歌；位于九寨沟的五星级观光酒店———九寨天堂，其背景音乐都是特别录制的藏族民乐民歌。这些各具特色的背景音乐和观光型酒店的主题形象文化品质相得益彰。

2. 中外有别、风情迥异

（1）中式酒店

中式酒店应该以播放中国民族乐器演奏的中国民乐为主。如成都市的高星级酒店应该注意用西部音乐特点营造浓郁的西部风情。西藏饭店应该让消费者充分享受到原汁原味的西藏古老民歌；成都大酒店应播放经典的四川民歌；蒙古酒店应该选择有马头琴演奏的悠远的长调音乐和草原牧歌等。梦之旅文君楼豪华商务旅游宾馆位于成都著名的仿古一条琴台路。建筑风格古色古香，配合以中国民族乐器演绎的古典音乐飘洒在庭院式酒店的每个角落，情景交融浑然天成，很好表现了酒店的主题特点。这样通过背景音乐渲染的地域特点也应该是酒店营销的一大特色和卖点。

（2）西式酒店

一般来说，西式酒店是使用西洋乐器演奏的音乐作品。如香格里拉酒店、天府丽都喜来登饭店、加州花园五星级酒店等，这些酒店一般都有豪华的恒温游泳

第三章 酒店内在之美

馆、观光花园咖啡厅、西餐厅、超级豪华会议厅、高级商务会所、城市俱乐部，并且又充满了现代艺术情调的名家壁绘、雕塑、油画等。这一类酒店与之相称的背景音乐应该是优美、高雅的钢琴曲或小提琴曲，体现出酒店典雅、华丽的气派，使高雅的酒店环境更添光彩。

（二）严格区域选择，完善服务功能

1. 酒店大堂

高星级酒店大堂往往金碧辉煌豪华不凡，是酒店的门面和窗口。大堂背景音乐的主题是接待服务，所以酒店大堂的背景音乐应是高贵、典雅、明快的，应该选用节奏舒缓、明朗优雅的古典音乐，音量大小适度，既消减环境噪音、又声声入耳隐约可闻，营造出高雅、独特的享受环境。给消费者留下优雅舒适的第一印象。

2. 酒店餐厅

高星级酒店一般都有西式餐厅和各种特色风味餐厅。餐厅背景音乐的选择要按照餐厅所体现出的地域特色和经营风味以及菜系特点，进行合理的选配和适时地播放，营造出不同的就餐氛围，刺激和提高消费者食欲，在为消费者带来美味享受的同时，也满足消费者听觉的审美享受。

（1）西式餐厅

西餐厅的建筑结构、装潢、摆设以及餐具，都突出了欧洲特色的餐饮文化，用餐厅环境烘托出西式特色菜品。所以西餐厅应该选择播放柔和、美妙、典雅的西洋乐曲，比如钢琴 Solo、Jazz、Acoustic Alternative 等风格的背景音乐，用以营造出西式浪漫情调的用餐氛围。而且背景音乐的选择应该与餐厅菜肴所在国一致。如在意大利餐厅，可以选用意大利著名的标志性音乐———歌剧选段或意大利艺术歌曲，如《茶花女》中的《饮酒歌》《我的太阳》《重归苏莲托》等充满浓厚意大利风情的音乐。在法国餐厅，一边品尝着法国红酒、法式菜肴，一边欣赏潺潺流淌的钢琴曲、小夜曲，如《玫瑰人生》《天生一对》或者是德彪西《月光》《水中倒影》和《玄秘曲》或古诺的《小夜曲》《圣母诵》等，让消费者在品味法国大餐时，也充分领略法国人特有的浪漫情怀。

（2）中式餐厅

酒店的中式风味餐厅可以按照古今、民族和主题的不同进行划分，并将背景音乐与餐厅风格和菜肴协调一致。例如仿古类型餐厅。在专营皇宫御膳系列菜品和仿古风味餐厅里，可以选择和浓郁民族建筑风格以及特色菜系特点一致的古典音乐。如《高山流水》《梅花三弄》《春江花月夜》《阳关三叠》《霓裳羽衣曲》等。在埙、箫、编钟、古琴、古筝、琵琶、二胡演奏的悠悠古典音乐中，品味着中国源远流长的各种美食。在现代中餐厅，选择背景音乐的范围更大。轻音乐、古典音乐、西洋乐、民乐、现代音乐皆可。如《流水》《牧童短笛》《梁山伯与祝英台》《秋日的私语》《月光》，歌曲《我住长江头》《渔光曲》《叫我如何不想他》《草原之夜》等。

(3) 风味餐厅

川菜厅按照地域范围和菜品特点来选曲，可以选用经典的四川民歌《槐花儿几时开》《康定情歌》《太阳出来喜洋洋》《峨眉酒家》《情深谊长》等，也可以使用四川清音、四川琴书等曲艺音乐来烘托就餐环境。广泛传唱的四川歌曲《神奇的九寨》《麻辣烫》《川江船歌》《井巷子》等也可以用来突出地域特色，表现火辣辣的川菜味道。

粤菜餐厅根据菜系的特点，当然要选用广为流传的广东音乐如《旱天雷》《倒垂帘》《雨打芭蕉》《赛龙夺锦》《饿马摇铃》《平湖秋月》《步步高》《鸟投林》《禅院钟声》《鱼游春水》《春郊试马》《山乡春早》《喜开镰》《彩去追月》等；也可以选用潮州音乐和客家山歌等地方色彩浓郁的音乐作品；还可以选用年轻人喜欢的经典粤语歌曲，如《海阔天空》《千千阙歌》《真的爱你》《偏偏喜欢你》《漫步人生路》《相思风雨中》等。

朝鲜风味餐厅或者韩国烧烤屋适合播放朝鲜族和韩国本土音乐，如朝鲜族民谣民歌，《阿里郎》《道拉吉》《七甲山》《彩云》《金达莱花》等；也可以选用韩国电影电视剧的插曲，如《浪漫满屋》《命运》《对不起我爱你》《雪之花》《珍贵的人》《蓝色生死恋》《祈祷》《深情几许》《冬季恋歌》《My Memory》《大长今》《呼唤》《触不到的恋人》《Must Say Good – Boy》等。

日本料理餐厅，则应该配以和菜品相协调的东洋音乐和日本民歌。如《樱花》《草莓白书》《红蜻蜓》《四季歌》《拉网小调》《北国之春》《海边之歌》《星之语》《东京爱情故事》《Merry Christmas Mr. Lawrence》《故乡》《邮递马车》《远岛船歌》《鼓舞》《变奏曲》等，创造出樱花之国的用餐气氛。

东南亚风格的餐厅，比如马来西亚、越南、印度尼西亚、印度等餐厅则可以选用东南亚流行的音乐和民歌《星星索》《宝贝》《浚罗河》《白云飘飘浮萍流》《船歌》《海鸥》等。

3. 酒店咖啡厅、酒吧茶座

咖啡厅、酒吧、茶座是消费者休息休闲、会客交际的地方。朦胧的灯光、恬适的气氛、飘香的咖啡，宜选择钢琴、小提琴、大提琴、萨克斯、木管等演奏的轻音乐，利于朋友间亲切交谈、缅怀往事、倾诉真友情、共享回忆。所以一般选用 New Age、Ambient、Kitsch、Arts、classic、Atmosphere 或者沙发音乐等风格的音乐。也可选用莫扎特的《小夜曲》、班得瑞《大自然情诗》、邓丽君《歌曲精

第三章 酒店内在之美

选》、《绿钢琴》等。还有古筝、二胡、琵琶、扬琴、笛子、箫、葫芦丝等民族乐器演奏的《渔舟唱晚》《空山鸟语》《将军令》《草原情歌》《懒画眉》《月光下的凤尾竹》等中国名曲。曼妙的琴声可以营造出柔和典雅的气氛,增添浪漫情调。

4. 酒店客房

酒店客房是专属于消费者个人的私密空间,是消费者在酒店起居、办公、也是停留时间最长的地方。为了保障消费者在客房有充分的休息和睡眠,得到有效的身心调节。客房的音乐应选择节奏缓慢、音色柔和、情绪宁静的背景音乐。如莫扎特的《催眠曲》《小夜曲》、勃拉姆斯的《摇篮曲》、门德尔松的《仲夏夜之梦》以及曼托瓦尼乐团的《秋叶》等。高星级酒店为了满足不同消费者对背景音乐的个性需求。可以在酒店客房安装独立音乐点播系统,客房的音乐点播"菜单"要具备多元化、多样化的音乐资源和丰富多彩的音乐风格,并可根据喜好和需要自我调节音量。国际顶级酒店客房音乐素材特别丰富,客人在房间内用摇器就可以随心所欲播放最喜爱的背景音乐,甚至有大海潮汐声、潺潺流水声、各种野生动物的声音、雷鸣电闪声等。让背景音乐不知不觉地渗入客人的心扉、消除疲劳,让消费者获得轻松甜美的休憩。

5. 酒店娱乐、健身场所根据其功能的不同选用适应的音乐

要注重音乐旋律轻柔、朦胧的美感,体现出高雅、精致的品质。各个娱乐场所选择音乐应该让消费者隐约可闻却又浑然不觉。随处轻轻流淌着的背景音乐营造出酒店高雅的环境,彰显出酒店高贵的服务品质。

(三) 依据时段和主题,营造美好环境

1. 酒店的背景音乐要分时段选用

人们一天的生活节奏和情绪是不同的,酒店的背景音也应该分时段播放不同的音乐。早晨,是新的一天的开始,人们需要带着愉快的心情和旺盛的精力投入到工作中去。所以在上午这个时段,应该选用旋律优美、节奏欢快、使人精神振奋、乐观自信的背景音乐。如李斯特的《钟》《晨曦》《天籁森林》等,让人如沐春风、如浴朝霞、精神百倍。午间,可放一些悠闲稍慢的音乐,使消费者舒适地休息。下午茶时间,浓浓的咖啡或淡淡的香茗伴随着旋律深情、节奏舒缓的音乐,如古筝古琴拨动的《梅花三弄》《平沙落雁》《梦江南》;小提琴、钢琴奏鸣《化蝶》《思乡曲》《水边的阿狄丽娜》;单簧管萨克斯演绎的《人鬼情未了》《西班牙小夜曲》《片片枫叶情》等经典音乐,让消费者在茶香余韵之中平添一份闲适优雅的享受。傍晚,当华灯初上万家灯火时,忙碌了一天的客人回到酒店,用旋律宁静优美、轻柔温馨的音乐,如门德而松的《乘着歌声的翅膀》、贝

多芬的《月光》、肖邦的《夜曲》以及《神秘园之歌》《星空下的琴声》《迷情仙境》《静夜单簧管》《一曲玫瑰》等，松弛紧张的神经，消除工作后的疲劳。

2. 酒店的背景音乐要分主题选用

高星级酒店往往会有各种庆典、宴会、年会、产品推荐会、商务活动发布会等不同主题活动，背景音乐也要分主题选用。

节日庆典主题。如圣诞节时期，可以播放《欢乐颂》《圣诞歌》《平安夜》《铃儿响叮当》等圣诞音乐。春节期间，用《新春乐》《春节序曲》《丰收锣鼓》《喜洋洋》等背景音突出了喜庆祥和的新春年味。宾客活动主题。婚宴庆典活动，应选择播放《婚礼进行曲》《花好月圆》《彩云追月》等专用音乐突出婚宴主题烘托婚礼气氛；寿宴庆典活动，应选择祝福长寿、美好祝愿的音乐，如《生日快乐》等；同学会、老战友聚会等活动播放怀旧音乐或者军旅歌曲，以渲染气氛、回忆往事、畅谈友谊。

（四）酒店环境音乐的美学原则

环境音乐已经成为酒店打造品牌形象、彰显酒店地位不可或缺的文化之一。它的合理运用在酒店业与宾客心灵间架起沟通桥梁，既满足了旅客的心理需求，突出酒店服务业的特点，又无形中提高业内人士的服务效率与工作效率。环境音乐在酒店中的运用主要从其功能性角度出发，而非单纯的作为娱乐性、欣赏性去感受。在环境音乐的特征当中有一项就是环境音乐具有非娱乐鉴赏作用。如果将音乐原封不动地照搬过来，不分场合不分时间不分风格单纯作为环境音乐进行播放，反而会造成影响与混乱。因此，酒店环境音乐在运用中应遵循一下几项原则：

1. 整体性原则

如今的酒店、宾馆不再是原始意义上只满足人们居住的旅馆，而是集居住、餐饮、休闲、娱乐为一体的综合性酒店。酒店的经营者通过新颖的创意、完善的设施以及细节之处的精心设计，将酒店打造成顾客的第二个家。家的定义就是温馨、舒适、放松惬意，顾客身在其中，感受一种情趣与审美的融合。音乐的风格是应酒店环境而定，是附属于酒店共同打造环境。音乐与环境的适配性会影响到酒店的整体形象。

第一，音乐的类型以高雅为主，避免低俗。环境音乐展现的就是非娱乐性功能，是通过潜移默化的影响展现给顾客完美的形象。在市面上流行的音乐虽然比较大众化，接受面较广，但是与酒店的豪华装饰、品位格调大不相符。试想，你在酒店前厅办理入住手续，眼前尽是豪华舒适的装潢设计，典雅的服务人员向您展现亲切笑容。一曲《小苹果》打破了这份安静，酒店的整体形象被破坏了。

第三章 酒店内在之美

所以，酒店的环境音乐一定要避免通俗化、市井化，会降低酒店的档次。据上海金茂凯悦酒店负责人表示，该酒店禁止播放市面流行的大众英文歌曲，为了避免使用不恰当的环境音乐破坏整体环境，重金聘请一位名叫 Arialde 的音乐顾问，量身定制，打造一套符合该酒店品牌的环境音乐。

第二，音乐的风格以轻柔明快为主，虽然不同区域，受其主题环境的影响，音乐风格各不相同，但总体来说切莫过于伤感。特别像酒店大堂这种多功能的区域，是客人往返次数最多的地方，也是最能够体现酒店档次的地方。伤感的音乐就非常不合时宜，不仅会影响客人的情绪，也会影响服务人员的工作状态，影响酒店的整体氛围。在新云南皇冠假日酒店的采访中得知，酒店的环境音乐不是简单选择一些流行音乐，而是请新加坡著名的音乐公司为其制作，音乐风格追求"UPBEAT"，也就是乐观欢快愉悦的曲风。

2. 主体性原则

（1）依据酒店类型选择环境音乐

环境音乐的风格、类型是由酒店而定，是为酒店服务，彰显酒店主题特征的。根据酒店的建筑风格进行划分，可分为商务酒店、度假酒店、政务接待酒店、会议型酒店、观光娱乐酒店以及快捷酒店。每种酒店的类型、装修设计、客户群体各不相同，这种情况下，环境音乐的类型有所差别。

（2）依据酒店不同部门选择环境音乐

前厅是酒店的门面，前厅的设计直接告诉顾客酒店的类型、品牌特色、经营理念。因此，前厅的环境音乐很重要，优雅明快的古典音乐、恢宏大气的交响乐、浪漫温柔的钢琴曲都能够突显酒店档次。带有地域特色的酒店前厅不妨适时的播放民族风格音乐，让游客在异地他乡可以感受到家的温暖与氛围。

餐饮部是酒店重要的创收部门。它不仅要为客人提供高质量的餐饮产品，而且要为客人营造一个温馨、典雅、富丽堂皇且浓郁文化艺术色彩的就餐环境。餐饮部包括中餐厅、西餐厅、宴会厅、咖啡厅、酒吧等，场所不同，环境音乐的设计与应用也各不相同。

宴会厅承接着各种宴会、婚礼等活动，环境音乐的选择依附于活动主题，如果是平安夜的 Party，圣诞歌曲自然是主选，估计整晚会被詹姆斯·罗德·皮尔彭特的 Jingle Bells 所淹没。如果是举办婚宴，自然是庄重的婚礼进行曲为主；举办带有民俗性质的活动，则一定要以当地的少数民族音乐为背景。

与中餐不相同的是，西餐讲究六品，其中有两项便是品音乐、品气氛。走进中餐，你会感觉到热热闹闹的，人气很旺，中餐吃得是人气。而西餐，讲究优雅安静，一定要有私密的聊天环境，没有喧哗声，没有高谈阔论，只有行云流水般的轻柔音乐，淡雅温馨的花香，以及被营造的罗曼蒂克式的浪漫氛围。环境音乐在使用中就要理解这些差异，分析比较这些差异，在经营管理中巧妙地处理这些差异，这将给酒店的餐饮带来意想不到的惊喜。咖啡厅也是经由欧洲流传至中国，不论在装修装饰、用餐文化、风格定位都有别于中式餐厅。不同于宽敞明亮的前厅、舒适安逸的客房，它是以带有、略带小资的情调吸引顾客，音乐选择上适合西洋音乐中的轻音乐，如古典音乐中莫扎特轻巧明快的奏鸣曲、肖邦华丽优美的圆舞曲、现代乐坛、经典影片改编的钢琴轻音乐等。

一家好的酒吧一定要有好的装修、好的设计以及好的氛围，环境音乐是必要的营造手段。星级酒店中很注重对酒吧环境的营造，大部分的商业人士在休闲之余会选择到酒吧小憩。美妙的音乐、温馨的灯光吸引了众多注重品位与生活质量的消费者。

康乐部是酒店的休闲娱乐中心，包括身体的、各种运动娱乐场所。场所不同，音乐风格也大不相同。SPA会所属于养生场所，环境音乐的风格一定要以轻柔舒缓为主，切记播放节奏感、动感较强的音乐，这会打破宁静优雅的氛围。器乐曲、器乐与自然界音响相结合的音乐都是不错的选择。例如，新世界音乐中牧野真理子的《涓》《绿》《眠》，音乐带有一定的疗效功能，轻柔宁静并伴有流水、虫鸣鸟叫的自然界声音，让你在休闲中净化内心。娱乐性的运动场馆就要活力、动感的现代音乐。House 风、Techno 电子音乐都是不错的选择。上海富豪环球东亚酒店的国际网球中心，经常播放英国黑人女歌手 Sonique 的音乐、强劲的贝斯、动感的节奏、振奋人心的音乐，让宾客在活力中获得一种满足。

场所不同，音乐风格大不相同。但环境音乐的播放要注意几点：

（1）控制住音量，环境音乐是为了营造环境、凸显特色主题而设的，切不可音量过大影响了客人活动。

（2）掌握好风格，有研究表明，快节奏的音乐可以加快客人的进餐速度，这对于希望那个提高流动量是个很好的办法。而慢节奏的音乐会让客人停留的时间相对较长，但会提高酒水的销售量。这一点对酒店来说是一举两得，既有适宜的消费环境，又有不错的销售效益。

3. 变化性原则

环境音乐能够影响客人对环境舒适程度的感知，能够影响客人对酒店品牌的评价，进而影响到他们的消费。对环境音乐的运用也会应时间与空间的不同进行调整。

（1）音乐时间的变化性

环境音乐虽然对营造氛围有着不可替代的作用，但是如果长时间播放，没有一个适度的把握，这份潜移默化的功能性就会变成一种负担，破坏整体格局。一项研究表明，"人耳听觉能够感受从每秒钟震动 16 次到 20 000 次的音高差别，

第三章 酒店内在之美

但在音乐中主要使用的、可明显表示音高是从约每秒钟震动 20 次到 5 000 次范围内的声音"。① 也就是说，长时间的高音量刺激或是长时间的播放音乐都会降低听众的感受，引起听觉疲劳。一天之中，上午 10 点和下午 3 点以后都是一个工作的疲劳期，也是人精力最不易集中的时间。环境音乐可以在这两个时间段进行播放，每次以 15 分钟为限，两次音乐播放间歇 10～20 分钟，其风格也可以稍做变化。这样，停留的客人就会感到一种新鲜感。既不会被音乐影响，又能够在音乐的潜移默化中振奋精神，恢复活力。

（2）音乐风格的变化性

音乐的风格受主题活动、特点场所有所变化。即使是同一场所，适度的改变音乐风格也不失为一种好办法。在 20 世纪初，姆扎克音乐公司为证明音乐风格的变化对聆听者的影响，特以该公司的仪器制造者为研究对象，通过每半个小时的间隔，调查音乐播放前后，以及音乐节奏与强度的变化对其产生的影响。前半小时，工人在没有任何音乐背景下进行工作，后半小时，音乐转变为缓慢的弦乐曲，又过了半个小时，音乐转变为活泼欢快的流行曲。实验结果表明，音乐播放前后工人工作效率提高了 10%～20%，风格前后变化导致工作效率再度提升 10 个百分点。总而言之，这个实验说明，环境音乐可以缓解工作中一成不变的枯燥感，而适当的变换音乐风格，则可以刺激劳动者的肾上腺素，提高工作效率。通常来讲，上午的音乐欢快明亮，让人神清气爽，中午的音乐可以抒情缓慢，带有催眠效果。晚上，忙碌一天之后需要片刻的安宁，环境音乐不要持续播放，可以间歇性、分时段性的播放。

著名的上海波特曼丽嘉酒店就是聘请 Joy Aptes Entertainment 音乐公司，由 16 名专业演奏家，分时段现场演奏不同风格的背景音乐。清早，悠扬的民乐独奏开启一天的序幕，柔和典雅的箫声，缠绵温婉；清悦流水般的古筝，动听富有神韵；悠悠古乐弥漫在前厅，将浓厚的文人情调、书香气息与西方的辉煌华丽完美结合，烘托出前厅的非凡气质。

上海浦东香格里拉大酒店作为提供亚洲式亲情服务的酒店，力图在外观设计、内部装潢以及酒店特色方面做到极致。据资料显示，其环境音乐也是，而是根据时间的交错使用。二胡、笛子、琵琶、古筝等传统民乐开启一天的旅程，西洋古典音乐，优美的华尔兹、激情的交响乐伴你度过休闲的午后时光，怀旧色彩的爵士乐、布鲁斯弥漫酒店，"卡萨布兰卡""月亮河""my father's eyes"让人们陶醉在异乡的夜色中。

环境音乐的风格还会影响餐厅的客流量。快节奏的音乐使客人加速进餐，减

---

① 罗小平、黄虹. 音乐心理学 [M]. 三环出版社，1989。

少因为宾客滞留造成的影响。慢节奏的音乐能够延长客人的用餐时间,特别是晚间,舒缓悠闲的音乐能够放松顾客心理,享受音乐下的安逸,感受环境之美。

4. 人性化原则

酒店的经营理念是以人为本,服务的理念是顾客是上帝,一切都是以"人"作为首要考虑因素。酒店在运用环境音乐同样要遵循着人性化原则,了解主要宾客的职业构成、国籍文化、年龄性别等情况,做到区别分类播放音乐。接待外宾较多的酒店,可以选择主打西洋乐,适时地融入中国的民族乐,让游客既有回家的感觉,又不失地域性的感受。接待青年游客,音乐的选择可以活泼、轻松、流行感要强。

2006年报纸上曾登出一则关于北京燕莎商场接待西班牙皇家马德里足球俱乐部成员的报道,报道中称北京燕莎商场为了迎接这批特殊的客人,特在成员到达商城时播放了熟悉的西班牙乐曲,而当他们购物结束即将离开商场,环境音乐又变成了中国传统的民族乐曲,暗示着中国人的热情欢送和希望他们再次光临。皇家马德里的球员真切感受到这份热情,纷纷称赞说:"走遍世界,第一次在异地他乡有了家的感觉"。燕莎商场对环境音乐选择的准确定位体现出以人为本的核心思想。

5. 技术性原则

好的环境音乐也需要高品质、高效果、高端化的音响设备,更需要合理的音响设计才能发挥作用。

(1)远离环境噪音

环境噪音主要包括室外噪音、作业噪音和顾客噪音,这些噪音的存在都会影响环境音乐的效果,音响系统的设计就要考虑到这些方面,尽量远离环境噪音。酒店的前厅都是临街而设,噪音较大,音响设备就不要摆放。在前厅的服务台、收银台等与服务人员接触较多的地方,也要避免大音量的环境音乐影响顾客与服务人员之间的沟通。

如果不能远离噪音,那么作为环境音乐的音量就要随着场所噪音量的大小而产生变化。但要注意,在以环境音乐来遮蔽周围噪音时,如果噪音过大,那么尽可能将音响设备远离,否则环境音乐声音也要变大,就会与噪音一同增加了喧闹度。如果噪音强度始终,环境音乐的音量可适度增加一些。一般来讲,在噪音级80dB以下时,用比它大3~5dB的音量播送较好。

(2)采用多音箱配置

声音均匀适度是整个音响系统设置的基本要求,多音箱、小功率系统是首选。音箱位置可以安装在天花板、墙壁里或者使用悬吊式箱形反射板,都能够祈祷良好效果。如果在天花板上安置音箱,需要将音箱在固定区域的天花板上以正

第三章 酒店内在之美

六边形加圆心的方式均匀分布,六边形的边长相当于音箱到地面距离的两倍。这样设置,可以使音量分散均匀,没有明显的声源方向性。安装音箱的方法还有很多,但其音箱系统设计有其专业性的要求和制作,要考虑使用场所的噪音水平、空间大小高度、音箱的扩散角度、声压等级和额定输入功率等方面。

(3) 正确使用环境音乐系统

环境音乐系统一定要专业人员进行操作,避免由于过多的混声效果导致声音浑浊不清,破坏整体环境。再有,音量的控制也要把握到位,以不干扰宾客的正常谈话为前提,跟随环境变化进行调整。

总之,背景音乐要因"店"制宜,与时俱进。酒店重视和运用好背景音乐,不仅满足消费者的身心需要,赢得消费者口碑。而且能够提高酒店品质和形象。所以在酒店设计、装潢、营销等各个环节都必须充分考虑背景音乐的巧妙运用,发挥出背景音乐应有的功能,打造出独特的音乐文化名片,真正提升酒店的服务档次、文化品位和市场竞争力。

【小结】

纵观环境音乐,从早期在生活、工作环境中的无意识运用到后期专业化、系统性的打造,环境音乐不再是可有可无的调节剂,而是营造环境、促进经济、改善生活的重要手段。居家生活、学校生活、商业活动、旅游活动、社交场合、医疗养生等等都离不开缤纷多彩的音乐。旅游业中的酒店行业在环境音乐设计与应用方面是有其特殊原则的。前厅、客房、餐厅、康乐中心、商务中心,作为酒店业的不同部门,从整体的装潢设计到细枝末节的精雕细琢,都必须要考虑到环境音乐的运用,音乐风格的选择、音乐时间的阶段性设置、音乐主题的融合性,要将音乐自身的功能性与酒店各部门功能及客人的心理需求紧密结合,即满足客人的身心需求,加强酒店同客人的情感交流,又充分体现酒店企业的文化特色,为酒店经营带来更大利益。

【实训练习】

1. 选择一酒店分析其经营理念。
2. 为某酒店设计经营理念。
3. 选择一酒店辨别其不同区域的香型。

4. 请为下列几处场合选择合适的环境音乐。

酒店客房　　　　《梦中的婚礼》
粤餐厅　　　　　《小奏鸣曲》
西餐厅　　　　　《平湖秋月》
瑜伽馆　　　　　牧野真理子《涓》

【思考题】

1. 经营理念与经营效果的关系是什么？
2. 经营理念的设计要求是什么？
3. 简述酒店经营理念设计的程序与方法。
4. 气味如何影响人的嗅觉？
5. 不同酒店的代表香型？
6. 酒店使用香味的基本原则？
7. 环境音乐作为音乐的一种形式，它的特殊性表现在哪几个方面？与日常生活中的流行歌曲有着怎样的差别？
8. 如果你是一名酒吧的管理者，你将如何选择音乐来营造完美的环境氛围？
9. 案例分析

燕莎商场的特殊客人

2006年3月，北京燕莎商场开始一天正常的营业。商场王经理临时接到一个通知，说是上午将迎来一批特殊的宾客，这些宾客是来自西班牙皇家马德里的足球俱乐部成员。考虑到顾客的特殊性，想到既不能让宾客们在异地他乡有陌生感，又要让他们感受到中国独特的民族风情，王经理马上联系商场的音响师，对环境音乐做了一个特殊的变化。当西班牙皇家马德里足球俱乐部成员刚到商场购物时，燕莎播放的背景音乐是节奏欢快跳跃的西班牙乐曲。而后，当他们购物结束即将离开商场的时候，背景音乐又变成了中国传统民族乐曲，这暗示着中国人的热情欢送和希望他们再次光临。这种细节的变化却迎来了"皇马"全体球员的一致好评，纷纷称赞说："走遍世界，第一次在异地他乡有了家的感觉。"

请分析，北京燕莎商场是根据什么原则来设计环境音乐的？

第三章　酒店内在之美

10. 案例分析

如此播放音乐合适吗？

最近，北京某酒店前厅主管杨光比较郁闷，原本是煞费苦心，一番斟酌才定下的方案，结果最后实施却没有得到大家的好评。原来，酒店要举办新年庆典活动。为了营造春节的"年"味，前厅、咖啡吧、客房的走廊都贴着对联、挂着彩灯，24小时播放着旋律轻快激昂，富有动力的广东小调《步步高》。这一派景象真是年味十足，红红火火。可以几天下来，同事们反映"年"味火的有点过了，天天这首歌曲太闹心，有时宾客较多，音乐还响个不停，感觉影响交谈。有的宾客也反映，音乐不停地响让人心烦，有时想安静一下。

这个案例说明了什么问题？如果你是前厅主管，你该如何做？

第四章 酒店饮食之美

【案例导入】

杭州凯悦酒店中餐厅"湖滨28"

杭州凯悦酒店的中餐厅"湖滨28"是直接得名于路名,这条湖滨路也意味着酒店和西湖的关系——开门见湖。作为杭州老牌五星级酒店,占尽绝佳地理位置。因此,湖滨28中餐厅走的也是接地气的本地江南风,江南大宅,端庄含蓄,入口处一辆庞大的马车赫然矗立眼前。这辆马车从河南收集而来,有超过一百年的历史,满载着传统的绍兴酒坛,刻着各国文字写就的"茶"字的装饰柱,装饰有古董器皿的整面墙、旧时江南庭院里有才有的青石板大厅,七间包厢以主要菜式的来源地命名,分别为"宁波""绍兴""苏州""无锡""杭州""扬州"和"浙江"。

图4-1 "湖滨28"中餐厅呈现一派江南旧时大宅门景象,端庄含蓄,优雅怡人

第四章　酒店饮食之美

特色食材精粹，演绎杭州味道

凯悦餐饮的强大在酒店业众人皆知。该酒店坐镇中餐厅的各位名厨多年来都不忘强调对于原材料的把控，而材料好，料理就不用费神。宋嫂鱼羹（右图），是一道社会餐厅家家都有的杭州名菜，谁都知道它香，却没人知道绝妙的汤底是用鲫鱼、黑鱼等淡水鱼去骨熬成的奶汤。金牌扣肉（下图）和宋嫂鱼羹在杭州不算稀奇，尤其是凯悦周边的小餐馆，因为地处西湖景区，家家都以正宗杭帮菜来吸引游客，但湖滨28的扣肉着实做到了干干香香，肉、笋、粉相得益彰，融为一体，鱼羹则尤其符合鱼鲜香的原味。下图中的金牌扣肉软糯鲜香，造型似宝塔，坐在油菜对切摆成的莲花底座上，意境幽远。

图4-2　宋嫂鱼羹，颜色润白，奶香扑鼻

图4-3　金牌扣肉　摆盘极为精美，形如宝塔，油菜底似莲花，意境幽远

资料来源 http：//www.tripadvisor.cn/Restaurant_Review-g298559-d2391121-Reviews-HuBin_28_Restaurant-Hangzhou_Zhejiang.html#photos；geo=298559&detail=2391121&ff=76103455&albumViewMode=hero&albumid=101&baseMediaId=76103455&thumbnailMinWidth=50&cnt=30&offset=-1&filter=7

湖滨28的菜从不以浮夸取胜，除去上好的原料，厨师团队钻研的就是料理。江南富贵鸡的前身是叫花鸡，按传统烹制方法将鸡用荷叶包裹后，以绍兴黄酒酒坛封口泥密封烤制，端上来的除了鸡之外，附带小榔头一把，以便现场敲开泥巴，让第一道荷香扑鼻。如此一来，一方面可以保留鸡肉和荷叶最本真的原生态味道，另一方面又可以增强与客人之间的互动，可谓花足了心思。

只有在凯悦才能吃得到费神费力的茶香鸽蛋酿鹅肝，是由"三荤三素"共六道菜品搭配而成的凉菜拼盘中的一道，几乎是每桌必点，"三素"分别是"西湖藕韵""天目笋干炝双菇""酱香一口脆"；"三荤"为"龙井茶香熏鳜鱼""茶香鸽蛋酿鹅肝""嫣红嫩冻肴肉"。将杭州特色食材精粹其中，六种食材演绎六款杭州味道。茶香鸽蛋酿鹅肝别处吃不到，结合

图4-4　叫花鸡　看似粗糙，实则制法独特，用朴素的制法还原食物本真的味道

了鸽蛋和鹅肝这两样新式食材，鸽蛋用龙井茶卤制过香气十足，嫩滑可口的蛋清包着鹅肝，鹅肝的鲜滑水润，与蛋清形成完美的结合，外香里嫩。

图4-5　茶香鸽蛋酿鹅肝　鸽蛋浸以茶叶清香，凸显中国韵味；鹅肝原为西式食材，包以蛋清，口感嫩滑。与鸽蛋一同呈现，中西合璧，相得益彰

资料来源：http：//www.vccoo.com/v/600ad9？source=rss

第四章　酒店饮食之美

思考：

为什么杭州凯悦酒店中餐厅湖滨 28 几乎每次都能入选英国《餐厅》杂志 < Restaurant > "亚洲五十最佳餐厅"？

【主要内容】

本项目从酒店饮食出发，主要介绍了中西美食本身以及与餐食器皿搭配、酒店氛围美学的应用等内容，带领大家深入了解酒店餐饮之美。

【学习目标】

1. 了解酒店饮食之美
2. 思考美学在酒店餐饮的应用
3. 理解美食与器皿、餐厅氛围等因素的相关联系
4. 掌握艺术美与酒店餐饮美的完美结合

第一节　美食之美

【能力培养】

1. 能够了解西餐饮食特点
2. 能够实践餐桌礼仪
3. 能够掌握中西餐饮食之美的异同点

一、中餐美食之美

现代汉语词典中对美食的解释为"精美的饮食"，那所谓美食之美不外乎色香味形触，早在先秦时代中国人就十分重视饮食的色、香、味、形，并对其做了美、丑、善、恶的划分。如孔子曾说"割不正不食""色恶不食"，中国的饮食文化就是在真善美的和谐统一中得以延续传承的。《论语—乡党》云："食不厌精，脍不厌细。"孔子主张吃饭时，食品尽可能做得精细；烹制时，肉要切的细致。这样一来，一方面益于健康，另一方面，这与周礼中对人的言行的严格要求时极为类似的。可以说，孔子"食不厌精"的饮食观是他对中国饮食文化创建的一个理论观点。它体现了中国古代饮食文化已经总结了物质和精神的两个方面。这种要求间接地体现了孔子在对人行为规范方面的高标准。而随着科技的进

步与社会的高速发展,特别是像在北京、上海、广州等一线发达城市,快节奏的生活许是谁也无法回避的,因此外出就餐成了一项惯常消费行为,而高星级酒店则会毫无保留地把孔老先生的"食不厌精"传承并发扬光大。

1. 中餐之视觉美

中国人对美食的传统判断是从色香味形触几个方面来进行的。色排第一位,色彩可以给食客带来视觉上的强烈冲击而产生色彩情感,是人的心理及生理效应共同作用产生的结果。正所谓"秀色可餐",视觉是人接收信息的重要来源。相对于社会餐厅,酒店餐饮的菜肴是质感与口感的完美交融,加上极具心思的装饰摆设,无论从颜色的搭配还是食物的摆盘都更加精美细致。

从餐具的色彩选择上来说,没有对比会使人感到单调,对比过分强烈也会使人感到不和谐。一般来说,冷菜和夏令菜宜用冷色食器;热菜、冬令菜和喜庆菜宜用暖色食器。但是要切忌"靠色"。例如将青蔬盛在绿色瓷盘中,既显不出青蔬的鲜绿,又埋没了盘上的纹饰美。如果改盛在白底青花盘中,便会产生清爽淡雅的艺术效果。再如,将嫩黄色的蛋羹盛在绿色的莲瓣碗中,色彩就会格外清丽;盛在水晶碗里的八珍汤,汤色莹澈见底,透过碗腹,各色八珍清晰可辨。夏季适合用青花、白瓷或浅色瓷器为好;冬天宜选择花果繁茂、绘制精美的釉下彩瓷;春秋季适宜选择当令彩绘瓷器或者青瓷等单色瓷器。

图4-6 中餐摆盘 单色瓷盘,食物以中国画中树、花的形式呈现;
上桌时佐以热茶,既缓解浓厚口味,又彰显中式特色

资料来源:http://www.shangri-la.com/cn/shenzhen/futianshangrila/photos-videos/

第四章　酒店饮食之美

从菜肴的色彩搭配上看，选用蔬菜时除了要注意蔬菜的颜色深浅外，还应考虑多种蔬菜搭配及蔬菜和肉食的搭配。如深圳福田香格里拉的香乐园餐厅出品的青汁金箔官燕，用清鸡汤与泰国香米慢火熬成的粥底，只取最上层的汤水，加入鲜榨西芹汁、青瓜汁，再与官燕同煮。翠绿色汤汁铺陈盘底，官燕隐藏其中。一盏青瓜汁，雕琢出莲叶何田田的水乡意境，金箔如碟，在上面彩舞蹁跹，江南的绝美秀色，让燕窝的贵气中更带一丝温情，想一想都为之倾倒。然而如若忽视了搭配之道无疑会使美食减分不少，不仅仅是菜肴与菜肴之间的调配值得注意，菜肴与餐具之间、餐具与餐具之间都要在精心设计之下才能和谐共处，摆出一桌好席，也正如下图所示，深圳福田香格里拉的客人称之为艺术的点心摆盘，精致一词已不足以表达其对菜品之美的欣悦，也正是有了茶具的搭配才使得菜品更具完整性。炸制而成的点心摆在用巧克力做成的树上作为花朵，素雅的白色盘子如何衬托出淡色的花朵呢？厨师用艳丽的橘色做底色，下方摆满细如发丝的墨绿色发菜更显得生机盎然。仅仅这一盘已让人沉醉，在呈现给客人时，还配上了精致的长柄茶具，一来可以缓解油炸食物的厚重之感，二来和花朵摆盘所烘托出的中式意境相得益彰，可谓精妙绝伦。

2. 中餐之味道美

美味亦称作佳肴，菜品诉诸味觉和嗅觉所带来的香醇会使人产生美感，既能使人满足食欲的生理需求又能在某种程度上给人以审美享受。《吕氏春秋·本味篇》要求烹饪的高境界便是"久而不弊，熟而不烂，甘而不浓，酸而不酷，咸而不减，辛而不烈，淡而不薄，肥而不腻。"菜品的美味源于食材的高品质和厨师的精心烹调，二者缺一不可。

相对于社会餐厅，酒店的餐厅有完整的采购体系，使得菜品的出品很稳定，没有花哨的讨巧性，在食材的把控上，酒店的餐厅是无可挑剔的。如颐和安缦的餐厅——安缦馆，擅长选择最简单的食材，却采取最精致的烹饪料理手法，保证了还原自然的味道。餐厅对美食品质的自信，源自于无比新鲜的精选食材，以及独一无二的烹调秘方。香港四季酒店更是拥有两家米其林三星餐厅，壮丽的维多利亚港和迷人的天际线，都映射在餐厅的天花板上和波浪起伏的银叶装饰中。龙景轩丰盛的菜单以海鲜和点心为特色，2009年，龙景轩成为全球第一家获得三颗米其林星的中式餐厅。在米其林红色宝典《香港澳门指南》第134页上，对龙景轩的评价只有简单的8行英文和3行中文，其中一句是："食材品质上等，特别是海鲜，绝对新鲜。所有菜式都经过精雕细琢，卖相诱人，服务团队非常专业，细心自豪地向食客介绍各款菜式。"

图 4-7 皇汤花胶鸡丝羹 香港四季酒店米其林三星餐厅龙景轩菜式

资料来源：http://www.fourseasons.com/zh/hongkong/dining/

  相对于情绪表达较为直观和强烈的西方思想，中和之美是中国传统文化的最高的审美理想。"中也者，天下之大本也；和也者，天下之达者也。至中和，天地位焉，万物育焉"（《礼记·中庸》）。《古文尚书·说命》中就有"若作和羹，惟尔盐梅"的名句，意思是要做好羹汤，关键是调和好咸（盐）酸（梅）二味，以此比喻治国。《左传》中晏婴（齐国贤相）也与齐景公谈论过什么是"和"，指出"和"不是"同"，和是要建立不同意见的协调的基础上的。因此中国哲人认为天地万物都在"中和"的状态下找到自己的位置以繁衍发育。这种审美理想建筑在个体与社会、人与自然的和谐统一之上。这种通过调谐而实现"中和之美"的想法是在上古烹调实践与理论的启发和影响下产生的，而反过来又影响了人们的整个的饮食生活，对于追求艺术生活化、生活艺术化的古代文人士大夫，尤其如此。下图中的太极羹是汤羹类菜肴中的常见菜；从颜色上看乳白和翠绿反差较大，从图形上看高度符合道教中的太极图；从食材上分析，白色是以内酯豆腐为主，绿色则是蔬菜剁成的细蓉；从口味上来讲，白色豆腐部分为甜口，绿色蔬菜部分则是咸鲜口味。因此这道汤菜可以说无论从色香味形意多个方面无一不体现出了中和之美。

第四章　酒店饮食之美

图 4-8　太极羹　用豆腐、青菜塑造道教的太极图。一来颜色对比明晰，二来此二食材最为简单，符合道教所讲。"一生二，二生三，三生万物"的极简理念。从色、香、味、形、意各方面融合统一地展现了中式和谐之美

3. 中餐之厨师技能美

"连手掌一半大都不到的豆腐，在董师傅手里变成拥有 3 600 根丝的绣球！质软嫩滑的豆腐，正面 60 刀，侧面 60 刀，既要保证刀与刀之间的均匀距离和用力，还要考虑侧面下刀时候豆腐倾斜的角度，同时还要在考虑豆腐低端不能切断……"深圳福田香格里拉董玉振主厨的真功夫如下图所示，中华美食的博大精深，酒店大厨的烹饪技巧，酒店餐厅的精致美食无一不彰显出酒店人对菜品的极致追求，精益求精的精神正是美味的精妙所在。

刀功，即厨师对原料进行刀法处理，使之成为烹调所需要的，整齐一致的形态，以适应火候，受热均匀，便于入味，并保持一定的形态美，因而是烹调技术的关键之一。我国早在古代就重视刀法的运用，经过历代厨师的反复实践，创造了丰富的刀法，如直刀法、片刀法、斜刀法、剞刀法（在原料上划上刀纹而不切断）和雕刻刀法等，把原料加工成片、条、丝、块、丁、粒、茸、泥等多种形态和丸、球、麦穗花、荔枝花、蓑衣花、兰花、菊花等多样花色，还可镂空成美丽的图案花纹，雕刻成"喜""寿""福""禄"字样，增添喜庆筵席的欢乐气氛。特别是刀技和拼摆手法相结合，把熟料和可食生料拼成艺术性强、形象逼真的鸟、兽、虫、鱼、花、草等花式拼盘，如"龙凤呈祥""孔雀开屏""喜鹊登梅"

图4-9 刀功展示 绵软的豆腐在中国厨师手里可以变为"绒球",技法令人叹为观止

"荷花仙鹤""花篮双凤"等。例如"孔雀开屏",是用鸭肉、火腿、猪舌、鹌鹑蛋、蟹蚶肉、黄瓜等15种原料,经过22道精细刀技和拼摆工序才完成。刀工细巧不仅仅文学家将精艺的刀工当作完美的艺术欣赏,普通的百姓也往往是一睹为快。为了开开眼界,古代有人专门组织过刀工表演,引起了轰动。南宋曾三异的《同话录》说,有一年泰山举办绝活表演,"天下之精艺毕集",自然也包括精于厨艺者。"有一庖人,令一人裸背俯伏于地,以其背为几,取肉一斤许,运刀细缕之。撤肉而试,兵背无丝毫之伤。"以人背为砧板,缕切肉丝而背不伤破,这一招不能不令人称绝。

下图中的五彩特色拼盘就是上述刀工的综合体现,各种荤素类食材被加工成片、条、丝、块、丁、粒、茸、泥等多种形态,按照不同图案的不同颜色需求,拼摆而成,相映生辉。完美展现了厨师的刀工技法。

第四章 酒店饮食之美

图4-10 五彩特色拼盘 不同食材在厨师刀下被加工为片、条、丝、块、丁、粒、茸、泥，像画笔一样在白盘中"做画"，"技能之美"堪称"鬼斧神工"

二、西餐美食之美

西餐，这个词是由于其特定的地理位置所决定的。"西"是西方的意思，一般指欧洲各国。"餐"就是饮食菜肴。东方人通常所说的西餐主要包括西欧国家的饮食菜肴，当然同时还包括东欧各国，中海沿岸等国和一些拉丁美洲如墨西哥等国的菜肴。餐品一般使用橄榄油、黄油、番茄酱、沙拉酱等调味料。不同的主食相同的都是搭配上一些蔬菜，如番茄、西兰花等。正规西餐应包括了餐汤、前菜、主菜、餐后甜品及饮品。西式菜品的主要特点是主料突出、营养丰富、形色美观，在选料时十分精细、考究，烹饪时手法严谨，并且讲究调味，注重色泽。无论是红肉或白肉，都非常注重口感跟营养，所以常采用不完全烹熟的方法。西餐讲究生鲜蔬菜和水果的搭配，香浓的沙拉酱是主要配料，美味甜点也是西餐中非常重要的部分。同时，西餐以刀叉为餐具，非常注重进餐礼仪。

图 4-11　西餐摆盘之头盘　黄瓜削薄打成卷，内配黑色鱼籽酱，口感清爽，颜色对比强烈

图 4-12　西餐摆盘之甜点　雪花脆片的"脆"，奶油的"绵"，蛋点的"酥"三者完美结合

资料来源：http：//www.fourseasons.com/zh/hongkong/dining/

1. 西餐的五大特点

（1）选料精细

西餐选料特别精细，在原料质量和规格上都有严格要求，如牛肉要用黄牛、仔牛、乳牛的去骨无脂肪的瘦肉；鸡选用雏鸡，且应去头爪；鱼选用剔净头尾和骨刺的净肉等。

（2）调料讲究

西餐所用的调料十分讲究，除常用的盐、胡椒、酱油、番茄酱、芥末、咖喱

第四章 酒店饮食之美

图4-13 西餐摆盘之三文鱼刺身 上覆以鱼籽酱和香草叶,放于深色盘中,酱汁上点缀兰花,视觉冲击强烈,色彩鲜明。米其林三星餐厅香港四季酒店Caprice餐厅菜品

汁等调味品外,还在菜肴中添加香料,以增加菜肴香味,如桂皮、丁香、茴香、薄荷叶等。另外,烹制菜肴所用的酒类也是丰富多样的,如葡萄酒、白兰地、朗姆酒等。且不同的菜肴使用不同的调料用酒。

(3) 沙司单独制作

沙司是西式菜肴的调味汁。沙司与菜肴主料分开烹调是西餐的一大特点。沙司是西式菜肴的重要组成部分,将单独制作的沙司浇在单独制作的菜肴上面,可起到调味、增色、保温的作用。常见的沙司有:①冷沙司和冷调味汁类:主要有马乃司沙司,其主要用于鸡蛋、土豆、鸡肉色拉的调味;千岛汁,其主要适用于各式海鲜、鱼、虾类冷菜菜肴;醋油汁,其主要用于各式蔬菜色拉;芥末沙司,其主要适用于热制冷吃的冷菜,如焖、烤肉类等。②热沙司类:布朗沙司,其主要适用于各种牛扒、牛里脊等;苹果沙司,其主要适用于烤猪排、烤鸭等;咖喱沙司,其主要适用鱼虾、牛肉、鸡等。另外,还有奶油沙司、番茄沙司、黄油沙司等。

(4) 注重菜肴生熟程度

西餐中的一些食草动物的肉(如牛、羊肉)、禽类(如鸭)和海鲜一般烹制得较为鲜嫩以保持其营养成分、有的甚至生食,如牡蛎。但杂食动物类的肉及河鲜必须全熟方能食用。

烹制牛、羊肉时的生熟程度一般分为以下几种:

①一成熟:肉表面微焦黄,中间为生肉,装盘后有血水渗流出来。

②三成熟:肉表面焦黄,中间为红色生肉,装盘后无血水流出来。

③五成熟:肉表面呈褐色,肉中间为粉红色,切开时无血水流出。

④八成熟：肉表面呈深褐色，肉中间呈茶色（略有粉红色）。

⑤全熟：肉表面焦蝴，肉中间全部为茶色。

(5) 搭配丰富、营养全面

西式热菜在主料烹制好装盘后，还要在盘子边上或在另一盘子内配上少量加工成熟的蔬菜、米饭或面食，才能组成一道完整的菜肴。这样朗搭配一方面可增加菜肴的美观程度，并使菜肴富有风味特色，另一方面可使菜肴的营养搭配更为合理，从而达到营养平衡的要求。

2. 西餐的礼仪之美

西餐提供着两种美学享受，即美食和交谈。正因如此，在欧洲所有跟吃饭有关的事情都备受关注，调整和放松心态、享受这环境和美食、正确使用餐具、酒具都是进入美食的先修课。就座时，身体要端正，手肘不要放在桌面上，不可跷足，与餐桌的距离以便于使用餐具为佳。餐台上已摆好的餐具不要随意摆弄。将餐巾对折轻轻放在膝上。右手拿刀，左手握叉。切牛排应由外侧向内侧切。一次未切下，再切一次，不能向拉锯子方式切，亦不要拉扯。切肉要大小适度，不要大块塞进嘴里。猪排、羊肉吃法与吃牛排相同。关于刀叉的使用，刀、叉分为肉类用、鱼类用、前菜用、甜点用，而汤匙除了前菜用、汤用、咖啡用、茶用之外，还有调味料用汤匙。调味料用汤匙即是添加调味料时所使用的汤匙，多用于甜点或是鱼类料理。如今所使用的餐具依料理的变化而不断变化。正式西式料理的套餐中，常依不同料理的特点而配合使用各种不同形状的刀叉，并不是一开始就全部摆出来的。说到全套，很容易使人联想到在餐桌上摆满银器的画面，而如今大都是以点用2~3道单品料理的方式为主流。所以，在餐桌上摆满银器的正式用餐摆设，可能只能在喜宴上才能看得到了。使用一组的刀与叉的情况渐少，仅吃2~3道前菜的人越来越多，而刀叉也并不随之变换，大多是以一组刀叉吃接着送上的前菜。而那种在刀叉上摆着的刀与叉（或汤匙），并放置于餐盘右侧的餐厅也日渐增加。肉类料理所使用的刀的形状，不论是哪一家餐厅大致上都一样，不过鱼类料理所使用的刀，往往依各餐厅而有所不同。尤其是与肉类料理用刀的宽度相同的鱼类料理用刀有逐渐增加的倾趋势，且比这宽度更宽的也很常见，也有一些刀幅更宽并在刀刃部加上豪华装饰的鱼类料理用刀。此外，还有餐厅以调味料汤匙代替鱼类料理用刀。刀叉就像是中国的筷架一样。有时是刀与叉（或汤匙）两只为一组放置在刀叉架上；有时是将刀、叉、汤匙三只为一组，放置在刀叉架上；有时是刀与叉（或汤匙）两只为一组的放置其上，使刀的刀刃部与叉子的前部不会碰触到桌巾。优雅的用餐礼仪也是享受着环境和美食的基础，是一顿精致的西餐必不可少的一部分。

第四章　酒店饮食之美

第二节　饮品之美

【能力培养】
1. 了解酒店饮品
2. 体会色彩美及器皿搭配对饮品的美学影响

一、打破味觉极限

酒店的酒吧与社会酒吧相比，更注重尊享感，在环境及设计上来说，保证私密是最大的重心。酒是酒店酒吧的最大卖点，从前人们只爱喝单一的基酒，如威士忌等，但现在越来越多的人喜爱喝鸡尾酒。所以酒店的酒吧常常邀请国际知名调酒师给客人最纯真的品酒体验。其独特的风格、稳定的客人质量也是酒店酒吧的一大特色，同样"高端"也是酒店酒吧的一大卖点。正如位于北京国贸大酒店80层的云酷全景酒吧，这里拥有让商务人士们热衷的爵士乐、烈酒、雪茄，以及可以鸟瞰一切的高度。因其位于北京唯一能看到紫禁城全貌的酒店，是名副

图4-14　饮品盛器之"擅于伪装"　中式传统茶具盛装特色鸡尾酒，基酒里还融合了普洱茶的香醇。无论从配方到盛器，无一不独具匠心，堪称东西方文化的完美碰撞

其实的观景酒吧。这间京城最高的酒吧，由国际知名室内设计师 Adam Tihany 设计，分别用紫色及红色作设计基调，着力于体现为天空般翱翔的感觉。酒吧门口由一截螺旋楼梯连接楼下餐厅，表达阴阳相贯、天地相通的含义。418 平方米里只设置了 184 个座位，紫色丝绒面的宽大沙发搭配上暗黄色的灯光，桌上是兰花绽放，楼下是点点霓虹，大都市的奢华酒吧味道呼之欲出。酒店酒吧不仅装潢给人以视觉上的享受，酒品更是给人以美的感觉。接下来欣赏几款云酷酒吧的鸡尾酒。

图 4-15　饮品盛器之"突出特色"　高质量的透明玻璃杯，内盛颜色温暖的调制酒，毫无遮掩地呈现夏日的热情

上图所示，看上去是极为传统的中国茶。而事实上它是一款特饮——特洛伊（波本威士忌，雪利酒，苦橘酱，鲜柠檬汁，香茅草，普洱茶）：这款酒是东方和西方文化相互完美融合。普洱的香气与雪利酒的辛辣味道完美地结合，夹杂熟普的醇厚，回甘丰富，丝丝的橙皮香气更是起到了画龙点睛的作用。多种滋味交融，茶香情迷，简直是夜色里享受极致的诱惑。为了把它"伪装"成茶，出品时除了用茶具呈放之外，还用干冰来营造茶水热气腾腾的状态。另外还额外点缀了一朵明黄色的兰花来烘托中式风格，几乎可以"以假乱真"。

左图为帕勒（爱尔兰威士忌，杜本纳酒，鲜柠檬汁，木槿糖浆，鲜梨）：这款酒总是让人不经意间想起太阳照耀底下温暖的语调，慵懒地坐在泳池边，浅浅地注视不远处那个女子，会让暑热的夏日空气中突然生出点暧昧的迷乱。

杜本纳酒强烈的芳香味与自制木槿花，在威士忌的调和下会带来出乎意料的效果。

出品时选用了透明的普通玻璃酒杯，突出烈酒的芳香，纯粹而浓烈，毫不矫揉造作。

第四章 酒店饮食之美

二、色彩绚烂惊艳

——有故事的鸡尾酒

1. "玛丽女王的暴力美学"——血腥玛丽（Bloody Mary）

"玛丽"是谁？她是英国女王伊丽莎白一世同父异母的姐姐，她的妈妈是西班牙公主凯瑟琳，爸爸是英国国王亨利八世。玛丽的童年笼罩在母亲被废、父亲新妻生下妹妹伊丽莎白的阴影中，性格相当扭曲。亨利死后先是玛丽继位，成为都铎王朝的第四任君主。玛丽和她母亲凯瑟琳一样，都是极其虔诚的天主教徒，她带着对继母和伊丽莎白，以及亲生父母离异的恨，血洗了一遍新教教徒，手段残忍，人称"血腥玛丽"（Bloody Mary）。

这杯伏特加打底，加入番茄汁、辣椒面、胡椒粉、盐和芹菜根儿的鸡尾酒，传说以玛丽为名。血腥玛丽 Bloody Mary 带着食材复杂的化学反应，血腥而魅惑，那种口感，要么接受不了、要么独自暗爽。

图 4-16 饮品盛器之"简单粗暴" 猛烈的视觉感觉，浓重的味觉感受，盛器也无须再温婉，柱装透明盛器简单而粗暴

2. 暗恋者的表白神器——玛格丽特（Margarita）

这是一个关于暗恋的伤情故事。20世纪30年代的墨西哥蒂华纳海滩的酒吧店主卡洛斯·汉罗拉，对好莱坞舞星玛乔里·金一见钟情。当时，年轻的玛乔里刚刚与她的百万富翁丈夫离婚，玛乔里经常会来卡洛斯的店喝一杯。因她对龙舌兰以外的酒过敏，卡洛斯就为了他所暗恋的人，以龙舌兰为基酒进行了各种创新实验。直到有一天，三份龙舌兰+两份君度+一份鲜柠檬汁+冰沙，装入沿上再点缀盐粒的冰镇酒杯，从此成为经典。咸与酸的微妙融合，似乎是对一份质朴而

无望爱恋的最好表达，而酒的名字就以玛乔里的西班牙语名字 Margarita 命名。

所以，为了突出其清爽的特点，这款酒的颜色以浅淡的绿色系为主，不仅仅是酒浆本身，连各种杯饰也极为和谐统一。

3. 为了纪念爱与幸福——白兰地亚历山大（Brandy Alexander）

1863 年，为了祝贺英国爱德华七世与丹麦公主亚历山德拉（Alexandra）的婚礼，调酒师创制了这款鸡尾酒，并以皇后名字的谐音 "Alexander" 为酒命名。这款酒混合了白兰地、可可利口酒和奶油，甜美浓醇，仿佛向世界宣告他们爱情的甜蜜与婚姻的幸福；Alexandra 擅长舞蹈、滑雪、骑马和狩猎，堪称那个时代的时尚领袖。因她脖子上有个小伤疤，Alexandra 喜欢佩戴项圈式项链和领饰，而这也成为了当时风靡英国的风尚。Brandy Alexander 口感顺滑，有着巧克力

图 4-17　饮品盛器之"纤细优雅"　短饮鸡尾酒使用最多的杯子——马天尼杯。高脚纤细，杯型优雅，正如这款酒所表达的暗恋一样，望而不得

图 4-18　丹麦公主亚历山德拉

图 4-19　饮品盛器之柔美精巧　此款酒的命名来自于左图这位血统高贵的公主，故盛器也选用充满女性特征的塔杯

第四章 酒店饮食之美

和奶油的高贵和甜美，又有着白兰地的清冽，就像 Alexandra 皇后一样，非常女性化，柔美中见风骨。为了配合这款酒的口味特征，在酒具选取时也匠心独运。酒杯线条弧度夸张而突出，颇为类似女性的身体孤独线条，曲线突出，柔美精巧。

4. 环球探险的"功臣"——莫吉托（Mojito）

1586 年，在德雷克爵士的环球舰队向古巴哈瓦那进发的途中，船上爆发了痢疾和败血病。于是他们求助万能的南美印第安人，得到了这个"药"，这其中包括了：甘蔗酿的土朗姆酒、青柠檬、甘蔗汁和薄荷。其中青柠檬和朗姆酒是有治疗作用的，而甘蔗汁和薄荷是用来平衡味道的。似乎这个方子还是起了作用，德雷克爵士确实渡过了难关，并完成了环球探险。

现代版本的 Mojito 是把青柠檬汁、薄荷叶和糖浆放进杯中，用捣棒挤压薄荷叶，压出薄荷汁水，加入朗姆酒及冰块，最后加入少量苏打水，并以薄荷叶装饰。

图 4-20 饮品盛器之"坦白直率" 这本就是由一款"药方"改良而来的调制酒，药食同源的薄荷，青柠汁加以水和其他，盛器也多使用直布罗陀杯或相迈杯型

5. 名字重口样貌甜美——僵尸（Zombie）

关于 Zombie 这款鸡尾酒有个有趣的故事。1934 年某一天的下午，美国商人多恩·比奇的一位好友要离开从洛杉矶，临行前多恩·比奇邀请他在餐厅吃饭并特意调制一款鸡尾酒给他品尝。谁知因味道独特，多恩的这位好友喝的酩酊大醉，最后被抬着送上了飞机。后来朋友告知多恩·比奇说他在飞机上感觉自己已经变成了"Zombie（僵尸）"，Zombie 鸡尾酒就由此得名。

Zombie 由三种朗姆酒混合而成，还加入新鲜果汁，甜味中略带苦涩，酒精含量并不高，口感柔和，一般女性喝两三杯都不会醉，带有果香的口感，非常适合搭配坚果或奶酪。从外观上来看，这款酒的颜色也是女性较为青睐的粉红色，很有喜感。

酒店实用美学

图4-21 饮品盛器之"貌合神离" 此款调制酒颜色讨喜，口感温和，表面上无甚"杀伤力"，而很多人因带有果香而贪杯，也可至酩酊大醉

资料来源：http://www.vogue.com.cn/living/dining/news_155359e2d4cae816.html

第三节 盛器之美

【能力培养】
1. 掌握餐饮盛器与文化的关系
2. 能够进行简单的餐饮与器的搭配

【案例导入】
　　作为香港著名米其林星级餐厅的同名姊妹餐厅，宁波朗豪酒店虽然地处东部新城，看似地理位置不如三江口三足鼎立的香格里拉、威斯汀和万豪，但中餐厅明阁生意却一直很好，明阁由年轻的粤港澳名厨谭仕业先生料理，因此，水果和开胃菜后，紧跟的就是老醋关东参配时蔬芥味。泡发关东辽参后，用谭厨秘制酱汁浸泡，口感微辣，有别于传统的烹饪方法。吃得细心就会发现有一块像精肉一样的东西，这是海参壁，因为清洗的时候容易洗掉，很多时候是吃不到的。

第四章 酒店饮食之美

图4-22 老醋关东参 宁波朗豪酒店明阁餐厅出品的老醋关东参配时蔬芥味。关于参横陈于百瓷枕上,玻璃皿中盛放蔬菜,高低错落有致,均以碎冰镇之,佐以盘饰,既保证鲜美,又生动优美

图4-23 钱湖仙境 汤盛于紫砂茶壶中,"以假乱真",干冰垫底,打造"仙境"气氛。配以小竹屉蒸制的小笼包,充满中国特色

虽是粤菜名厨,但如果仅仅是把在广东能吃到的菜原样照搬过来就太显示不出功力了。谭师傅喜欢将菜式融入当地。钱湖仙境是一道谭师傅的创新菜,创意来源于宁波东钱湖雨后起雾的美景。老鸡汤和高山松茸隔水炖6小时,舀去浮油,呈现的是青口甜香的清汤。一壶清汤配备一盏茶杯,在雾气弥漫下,犹如步入仙境。薄皮多汁的小笼包则是用猪肉和高汤冻制成,一咬下去,口感鲜美,齿颊留香。

思考:
图示菜品在器皿的选择与搭配上有哪些让人耳目一新之处?

一、盛器与文化

中华美食源远流长,璀璨辉煌。美食的发展相伴的餐饮器皿变化。从远古时期到21世纪的今天。我们的餐饮器皿伴随餐饮经历了翻天覆地的变化。餐饮器皿与美食犹如琴与琴弦,彼此密不可分。只有器皿与饮食完美的搭配才能奏出美食的乐章,驿动我们的味蕾。中国人讲究把美食与美器有机结合,不同的食物配不同的器具，既方便食用，又相映成趣，在两者的结合中，使食物和器具本身的美都得以充分展现，优美的食物造型配上相得益彰的餐具，更衬托出菜品美的特点。

古人云："美食不如美器"，一套精美的餐具也是佐餐的视觉享受之一。而盛器之于菜，就好似锦服之于女人，虽说粗服不掩国色，但华服更可与美人相得益彰。因此器皿的选择对于精品菜肴的打造是至关重要的。餐具要讲艺术性。餐具器皿讲究是中餐烹饪的特点之一，设计考究的餐具会增添进餐的情趣和艺术美感。在餐具的选择上，餐饮经营者要避免"贵既好"的误区，餐具合分歧适主要看其跟菜肴的特性（包括外形、光彩等）、餐厅的装修、餐桌的装饰等协不协调，如果不协调，那么再贵的餐具也没用，甚至还会产生副作用，使精品菜肴流于俗气。中国饮食器具之美、美在质、美在形、美在装饰、美在与馔品的合谐。

中国古代食具之美，主要包括陶器、瓷器、铜器、金银器、玉器、漆器、玻璃器几个大的类别。彩陶的粗犷之美，瓷器的清雅之美，铜器的庄重之美，漆器的透逸之美，金银器的辉煌之美，玻璃器的亮丽之美，都曾给使用它的人以美好的享受，而且是美食之外的又一种美的享受。在物质生活日益丰富的今天，中式餐具也推陈出新，不仅有了更多的餐具种类，餐具分工也愈加细致。中式餐具主要分为传统的陶瓷餐具、高贵的金银餐具、充满现代气息的玻璃餐具、色彩夺目的水晶餐具以及古典的汉白玉餐具等，而陶瓷餐具又分为传统与现代两种流派，传统陶瓷餐具包括清丽端庄的青花瓷、镶有金边代表喜庆的满式餐具等；而现代陶瓷餐具往往用一些简约的图案或者线条体现现代风格。在这里，笔者不得不提的是金银餐具在高档宴请中的使用比例正逐渐下降，而水晶餐具则大行其道，成为了高档餐具的主流趋势。另外，用于装饰餐具的附件也越来越受重视。餐垫、餐巾等小饰物可以让进餐的氛围更加优雅，也能将进餐这个日常最普通的行为艺术化起来。

图 4-24　香港四季酒店 Caprice 餐厅甜品　树莓口味的甜品被塑造成一整颗大的树莓，深色盘子与红色甜品形成反差，盘饰是切片树莓，从形状到味道形成和谐统一

第四章　酒店饮食之美

二、人靠衣装马靠鞍

李白诗云:"金樽美酒斗十千,玉盘珍馐值万钱。"他告诉我们美酒要配"金樽",珍馐美味要用"玉盘"来装饰,正是古人所说的"人靠衣装马靠鞍"的道理。杜甫在描写到唐代宫廷餐桌上的奢侈华美时,也有诗云:"紫驼之峰出翠釜,水精之盘行素鳞。"驼峰确为美味,烧好后用翠绿的"玉釜"端上餐桌,清蒸鱼用晶莹透明的水晶盘子装盛好,呈现在达官贵人面前,真是珠联璧合,满桌生辉。美食与美器相成相济,要遵循以下原则取得整体调和统一,达到一种微妙的整体审美效果。

(一) 菜肴与器皿在色彩纹饰上要和谐

在色彩上,美术家将红、黄、蓝称为原色;红与绿、黄与紫、橙与蓝称为对比色;红、橙、黄、赭是暖色;蓝、绿、青是冷色,搭配若没有对比会使人感到单调,对比过分强烈也回使人感到不和谐。这里,重要的前提是对各种颜色之间关系的认识。

在纹饰上,食的料形与器的图案要显得相得益彰。如果将炒肉丝放在纹理细密的花盘中,既给人以散乱之感,又显不出肉丝的自身美,反之,将肉丝盛在绿叶盘中,立时回使人感到清心悦目。

(二) 菜肴与器皿在形态上要和谐

中国菜品种繁多,形态各异,用来相配的食器形状自然也是千姿百态。例如,平底盘是为爆炒菜而来,汤盘是为熘汁菜而来,椭圆盘是为整鱼菜而来,深斗池是为整只鸡鸭菜而来,莲花瓣海碗是为汤菜而来等。如果用盛汤菜的盘成爆炒菜,便收不到美食与美器搭配和谐的效果。

(三) 菜肴与器皿在空间上要和谐

食与器的搭配也要"量体裁衣",菜肴的数量要和器皿的大小相称,才能有美的感官效果。汤汁漫至器缘的肴馔,不可能使人感到"秀色可餐",只能给人以粗糙的感觉;肴馔量小,又会使人感到食缩于器心,干瘪乏色。一般来说,平底盘、汤盘(包括鱼盘)中的凹凸线食、器结合的"最佳线"。用盘盛菜时,以菜不漫过此线为佳。用碗盛汤,则以八成满为宜。

（四）菜肴掌故与器皿图案要和谐

中国名菜"贵妃鸡"盛在饰有仙女拂袖其舞的、图案的莲花碗中，会使人很自然地联想到善舞的杨贵妃就醉百花亭的故事。"糖醋鱼"盛在饰有鲤鱼跳龙门图案的鱼盘中，会使人情趣盎然，食欲大增。因此要根据菜肴掌故选用图案与其内容相称的器皿。

【小资料】

探秘皇帝的年夜饭

清代皇后用的黄瓷暗云龙纹碗，里外全黄。明清两代，黄色所具有的极为特殊的象征意义被皇室尤为看重，使用上则有更为严格的限制。黄釉瓷器属宫廷专用瓷，釉彩、胎质都要求极高，也因此成为中国古代颜色釉瓷器中最具贵族气质的一朵奇葩。

常在在清代后宫嫔妃中位级较低，她们所用的瓷器是一律的"五彩红龙"盘、碟、碗，如五彩红龙瓷碗。宫中瓷器的配额在颜色、纹饰和数量上都有严格的等级，从皇后到常在逐级递减，所以，她们用的碗又被叫作"位份碗"。

清代宫廷饮食有严格的等级制度，宴馔的品种、用餐的食器要体现吃饭的人身份、地位的高低，即使过年聚座家宴仍不能有丝毫僭越。比如皇帝要用金龙盘、金龙碗，金勺、金箸；皇后用里外全黄的暗云龙纹盘碗，金勺、金箸。贵妃以下就无权用金餐具了，要用"位份碗"来表示各自的等级身份：贵妃、妃用黄地绿龙盘碗，嫔用蓝地黄龙盘碗，贵人用酱地蓝龙盘碗，常在用五彩云龙盘碗。

中国饮食文化，不论是美食还是美器，到清代已然发展到巅峰。食与器的结合近乎完美，尤其是宫廷饮食，食物的"器"与"形"之间的调配，其核心是要体现出一个符合"礼"之规范的礼仪庄重之"美"，从食器的质地、造型、使用，到各种筵宴的规格、座次，包括食具的安排，均按森严的等级与伦理规范来操作。有意思的是，中国封建社会最后一个王朝宫廷饮食对"礼"的看重，似乎是对千年前食文化开端的呼应，是一种对中华几千年食文化的回归，抑或是一种哲学意味上的螺旋式上升？

纵观中国几千年的饮食文化史，从"吃"的本能所推动的器皿的产生，到吃的文化所促进的各类精致器物制造工艺的发展，以及先民们对吃所蕴含的天赐生存之意义的敬畏，导致中国文化核心之一"礼"的诞生——一个"吃"

第四章 酒店饮食之美

字，不简单。

图4-25 中国清代宫廷所用"位份碗" 中国古代宫廷等级分明，制度严格。"专人专用"丝毫不能出错，如皇家御用的明黄色只有在皇宫内可见，颜色、装饰图案无一不体现出森严的等级、位份。下图左上为皇后专用黄瓷暗云龙纹碗，右上为妃位以上（皇贵妃、贵妃、妃）可使用的黄地绿龙碗，妃位以下是嫔位，尚能使用黄色釉，如左下所示；位份更靠下的贵人则与黄釉无缘，如右下所示，只能用绿地紫龙瓷碗了

资料来源：《中国国家地理》2010-02-20 09：12：43

第四节 氛围之美

【能力培养】
1. 能够鉴赏用餐环境之美
2. 能够分析用餐环境

【案例导入】

盘点全球10家奢华酒店中的米其林餐厅

导语：10家全球高级精品酒店，绝对可以让你在酒店享受尊贵服务的同时，

体验随之汹涌来袭的美食诱惑。(来源：私人管家)

1. 香港旺角朗豪酒店

图 4-26　香港旺角朗豪酒店自助餐厅为明厨落地操作间，方便厨师展示技能技法

酒店明阁设有两个分别称为"明日"及"明月"的餐厅，设计风格融合现代及中国传统的特色元素，一系列仿照明朝陶器的陈设，配合四周当代著名中国艺术家的山水画，优雅脱俗。明阁更收藏超过430款餐酒的明酒窖，呈献着来自100多个不同地区的葡萄佳酿，与明阁的粤式美味相辅相成，为客人带来世界上最多元化的粤菜体验。

2. 香港 The Mira

图 4-27　香港 The Mira 酒店　设计打破传统酒店常规，用色大胆，灯光反射璀璨夺目，极富设计感

第四章 酒店饮食之美

翻新后的 The Mira Hong Kong 成为尖沙咀地区最富有时尚现代感和设计感的酒店，城中潮人趋之若鹜。国金轩粤菜餐厅是米其林一星餐厅，现代亚洲风格设计的环境内，餐厅团队精选高质量的食材，经过精心调味烹制，为客人打造出地道正宗的广东菜。

3. 法国巴黎香格里拉酒店

图 4-28　法国巴黎香格里拉酒店　大落地窗使室内用餐客人与露台客人一样能够享受巴黎迷人的夜景

拥有两家米其林星级餐厅，米其林二星餐厅 L'Abeille 提供"招牌蓝色龙虾"。酒店内的香宫餐厅是米其林一星餐厅，同时也是法国巴黎首家中餐厅，可品尝到美味的北京烤鸭及经典粤菜。

4. 法国巴黎 Le Meurice 酒店

图 4-29　法国巴黎 Le Meurice 酒店　以米其林三星级餐厅和酒窖而闻名，酒窖所藏之酒甄选严格，最具年代感。

在米其林三星级餐厅 Le Meurice 用餐是一次名副其实的美食之旅。这里的菜肴现代感十足、大胆创新，追求精致但不铺张，忠于食材的本真味道，重视精彩的最终呈现。在这里用餐也是一次美酒之旅，餐厅里的香槟吧和一个具有冷藏功能的酒窖，向餐厅客人开放，共藏有 616 瓶美酒。年代最久的一瓶是 Chateau Cos D'Estournel 1928 Saint Estèphe，最近的窖藏是 Romanée ContiGrand Cru 2004。

5. 英国牛津 Le ManoirauxQuat Saisons 四季农庄酒店

图 4-30　英国牛津 Le Manoiraux Quat'Saistons 四季农庄酒店　该酒店中的米其林二星级餐厅别看评级较为一般，可是已保持 28 年之久，且酒店菜园中的部分蔬菜，香料均为该酒店餐厅的主厨亲手种植以确保品质

四季农庄酒店坐落在风景如画的牛津达米尔顿村中，酒店内最知名的就是顶级名厨雷蒙德·布兰克 Raymond Blanc 掌勺，保持了 28 年米其林二星评级的餐厅，他亲手种植、占地超过 80 亩的蔬菜园里有多达 90 种蔬菜和 70 多种香料。来到这里用餐，有几样美食一定不能错过。上乘鳎沙和蟹肉的鲜美相互交融，配上格乌兹塔明那的特制酱料，让人欲罢不能。而布兰克独创的薄荷芒果汤和巧克力软糖配开心果冰激淋则是餐厅最具特色的甜品代表。

6. 德国法兰克福 Villa Rothschild Kempinski 酒店

图 4-31　德国法兰克福 Villa Rothschild Kempinski 酒店　坐落于法兰克福郊外的别墅型酒店。该酒店内的经营法式地中海美食的餐厅被评为米其林二星餐厅

第四章 酒店饮食之美

银行家 Wilhelm Carl von Rothschild 起初在法兰克福郊外的陶努斯山区建立起这座别墅时,只是想要一个既能欣赏城市风光,又能坐拥陶努斯美丽森林的消夏之所。酒店内的米其林二星餐厅 Villa Rothschild 提供不可错过的法式地中海美食,餐厅主厨 Christoph Rainer 更是擅长运用各类创新烹调技巧。

7. 意大利佛罗伦萨圣十字酒店

图 4-32 意大利佛罗伦萨圣十字酒店　三星级的米其林餐厅
食材均产自本地,且菜单每三个月更新一次

与酒店同在一个楼的米其林三星餐厅——Enoteca Pinchiorri,菜单严格按照每三个月做应季调整的规则,鲜活农产品每天购自 400 米之外的历史悠久的 Sant Ambrogio 集市,传统托斯卡纳烹饪法。餐厅还拥有欧洲最大的酒窖。

8. 西班牙马德里 Unico 酒店

图 4-33　西班牙马德里 Unico 酒店　其中的 Ramon Freixa Madrid 被评为"马德里最佳餐厅"。口味上传流与创新结合,服务优质酒水丰富,长盛不衰

Ramon Freixa Madrid 餐厅迄今已获得米其林 2 星餐厅的荣耀,并被最具影响力的马德里联合烹饪大会(Madrid Fusion gastronomic event)冠以"马德里最佳餐厅"的殊荣。正是这种殊荣,充分展现了富有盛誉的厨师长的聪明才智、过人的能力、创新的思维和令人赞叹的佳肴。

菜品在保留传统的同时也可使食客体验到各种不同的丰富风味。令人赞叹的外观、精良的餐厅服务、丰富的酒水单,以及不断追求卓越的高品质,使来宾能够在西班牙的首都体验独特、奢华的"味觉盛宴"。Ramon Freixa Madrid 餐厅也会精心策划在 único 酒店举办的首脑政要级的早餐会晤。

9. 温哥华香格里拉大酒店

酒店占据一座全新的 60 层地标性大厦中的 15 个楼层,是温哥华最高的建筑,在酒店内可以观赏温哥华的天际线。其中米其林三星级餐厅 MARKET by Jean-Georges 不可错过,这里的菜品十分爽口,富有创意,突出了烹饪大师 Jean-Georges Vongerichten 的"精品"理念,不拘一格的对传统菜肴进行了改造。MARKET by Jean-Georges 餐厅注重时令原料和本地配料的使用,强调突出海鲜的特色。

图 4-34 温哥华香格里拉大酒店 坐落于温哥华最高的建筑内,观赏风景的绝佳位置。餐厅菜品尊重食物本身的味道,只选取本地食材和时令原料

第四章 酒店饮食之美

10. 美国加州纳帕谷 Auberge du Soleil 太阳山庄

图 4-35 美国加州纳帕谷 Auberge duSoleil 太阳山庄　纳帕山谷本身已经享誉世界，这家拥有 30 多年历史的酒店藏于纳帕山谷传奇的葡萄酒庄园中，很多人驱车专门来一边享受小间葡萄园美景，一边享受米其林一星餐厅的美食。不过要这家提前预订露台座位

资料来源：http://fashion.sina.com.cn/l/ts/rs/2016-01-01/0941/doc-ifxmxftp5760452.shtml
思考：为什么这些奢华酒店餐厅能被评上米其林餐厅？

　　这里是加州瓦恩镇（Wine Country）最具盛名的奢华酒店，它建于 1985 年，藏匿于纳帕山谷传奇的葡萄酒庄园中，坐拥无敌美景，沿着山间步道即可来到橄榄树林、雕塑花园和林间小屋。酒店拥有瓦恩镇第一家米其林一星餐厅，餐厅提供的地中海美食融合了当地的特产和食材。推荐你在餐厅极受欢迎的露台上预定一个桌位，这样就能近距离观看葡萄园里的美景了。甚至有许多人不远万里驾车来到纳帕山谷，就为了尝一尝这家米其林餐厅的出色菜品。

一、环境之美

　　一个高档舒适的就餐环境必须具备哪些要素呢？
　　具体来讲主要有以下几个方面：

（一）装修的整体风格

　　目前，社会上高档餐饮场所较为流行的装修风格主要有两种，分别是豪华型和典雅型。前者极尽奢华之意，在色调的选择上偏向金色、黄色等亮色调，在家具的选择上偏向于布满欧式风格的真皮沙发等高档家具，在灯具的选择上偏向于光线强烈的水晶灯等豪华灯具，给人以富丽堂皇的感觉。而后者则极尽返古之意，在色调的选择上偏向暗红色、棕色等暗色调，在家具的选择上偏向于布满中国情调的红木家具等高档家具，在灯具的选择上偏向于光线隐晦的木饰灯具，给人以清新幽雅的感觉。简言之，前者体现了欧式的高档，而后者则体现出中式的高档。另外，部分餐饮经营者也会采用温馨型，餐厅内的地面、墙壁、门窗等一些装潢设计给人一种温馨、舒适的感觉，但很少有经营者会以此为主，往往作为一些个性包厢的装修，来满足家庭等部分特殊消费群的需要。

图4-36　北京王府井希尔顿酒店　豪华型装修风格彰显了该酒店的定位，坐落于北京金街王府井的希尔顿酒店装修充满中国特色，高贵奢华

图4-37　北京四季酒店采逸轩餐厅包间　色调典雅，颜色温馨，虽是大包间，但毫无压迫局促之感

第四章 酒店饮食之美

(二) 环境的舒适程度

环境的舒适程度主要包括空间的宽敞度、温度、湿度以及换气效果。空间的宽敞度一般来说是越宽敞越好,但也要讲究适度,如果过于宽敞而显得空荡荡的,就过犹不及了。温度控制的重要性在这里笔者就不多累赘了,在冰冷或炎热的空气中就餐是每个人都不希看的。而湿度的控制则需要餐饮部治理职员予以重视了,虽然许多酒店对于餐厅的湿度都有类似的要求,但在实际操纵中往往被忽视,餐厅内既没有湿度的测量设备,也没有湿度的调控设备,使湿度的控制成为了镜中花、水中月。目前市场上已经有很多对湿度进行控制的设备,建议各酒店可以考虑进行购置。最后就是换气效果了,空调的使用虽然使餐厅内的温度得到了很好的控制,但往往显得较为闷热,由于客人的吸烟等问题,餐厅内的空气也会显得比较浑浊,而新风机则能有效地解决上述问题,因此换气的效果也值得治理者重视。另外合适的背景音乐也有利于提高就餐环境的舒适度。

(三) 配套设施的完善程度

随着时代的发展,餐厅的功能也不仅仅是只有用餐这一项了(当然用餐还是餐厅最主要的功能,随着方便、娱乐、贸易等元素的加进,洗手间、可上网的电脑、液晶电视等相继被一些高档餐饮场所所采用,而这些配套设施的使用在一定程度上也代表了餐饮场所的高档程度。当然了,作为一名经营者,肯定要考虑投进产出比,如果一味地追求配套设施的豪华、齐全也是不可取的。在实际操纵中,经营者可以根据实际情况进行适当的调整,比如餐厅的总占地面积、所需的

图4-38 杭州西子湖西湖餐厅 采光充足,光影交错,通透感强,颜色温暖,装饰简洁大方

图 4-39　上海浦东四季酒店 Camelia 餐厅　布局合理，长条形餐厅两侧长边用做自助餐台，一目了然，既方便客人取餐，又节省空间，保持私密性

高档包厢数量、当地高档散客的消费水准等，建议将包厢分为低中高档，然后针对每个档次的包厢配备不同的配套设施，从而既能满足各个层次宾客的需求，又能使酒店的利益最大化。比如在一家宴宾楼里，连包厢里也布置有水景，并且独设了女性包房。品味天下、王子饭店的包房除了就餐区和独立卫生间外还设有备餐厅、休息厅。由于高端客户群体比较固定而具有局限性，他们更注重就餐环境私密性。这种环境的酒楼就自然迎合了他们的需求。

图 4-40　上海四季酒店尚席餐厅　典雅精致的装修装饰符合上海国际化大都会的特色，奢华稳重、高雅时尚

第四章 酒店饮食之美

图 4-41 香港四季酒店龙景轩餐厅 地理位置绝佳,坐拥九龙半岛的亮丽景色,仅有的 128 个座位很是难订,但依然吸引了专门打"飞的"来品尝美食的客人,餐厅环境优雅迷人,精雕细琢,菜品质量上乘,软件硬件都不会愧对"全球第一家米其林三星中餐厅"这一称号

二、感觉之美

与社会餐饮相比,消费者会感觉在星级酒店消费"感觉更好"。为什么呢?这就要提到感觉营销。所谓感觉营销,就是以产品或者服务为载体,为消费者创造出一种心理舒适与精神满足,从而达到营销目的的营销方式。

"在好些顶级的餐厅里面,或许是因为地毯够厚,侍者们可以来去无声,甚至迹近隐形。但不知道为什么,每回你有需要的时候,他都会恰巧出现在桌前微笑着等待指示;甚至于在你还没开口之前,他已经及时地满足了你的要求。举个例子,镇在冰桶里的白酒要是放得太久,喝起来度数就会低得过头。但在一家真正高档的餐厅里,当你刚刚觉得白酒入口有点冰时,一抬头或许就会发现那瓶酒已被取出,放在一旁静待。如果不是彻底地从客人的角度出发,不是真正了解酒热爱酒,又怎可能做到这种妙到毫巅的精湛演出?此时你会感到这家餐厅这座剧场对观众、对饮食的关爱,简直是达到了润物细无声的地步了。"——摘自梁文道《味道·味觉现象》

正如梁老师所讲,"餐厅如剧场,让我们好好演出",给消费者一种舒适的感觉是我们提高核心竞争力的重中之重,给客人营造这种宾至如归的归属感需要酒店从业者悉心的服务。

然而消费者就餐不仅仅在追求口味、服务，就餐感受也是消费者选择就餐时所考虑的重要因素，那么环境对就餐感受起到了直接的作用与影响。就餐环境不但包括顾客直观所能感受到的环境，还包括心理、精神的体验，如能感受的品牌价值理念等内容。环境因素，也是形成品牌个性最直观的因素。因为消费者在走进大门的那一瞬间，是不知道你的菜品，你的服务，只是单纯的被你风格所吸引。因此，环境因素，其实是构成第一次消费体验的关键所在。

随着消费者对就餐要求的不断升级，就餐感受就成为餐饮企业是否能取得市场成功的一大关键因素。餐饮企业不但要重视顾客直观上所能体验到的就餐环境，而且更要重视消费者就餐体验、心理体验，更加重视消费者情感上的感受与需求。

众所周知奢侈品的制造工艺尤其的繁复，用料讲究，制作程序严密。同理，酒店餐厅只有将底蕴深厚的历史文化、菜品文化和环境文化融为一体，用超过行业平均水平数倍的雕琢时间，极尽苛刻与完美的制作标准，让每一道菜都成为一件件高贵的艺术品和奢侈品。不难发现，酒店菜品与社会餐馆菜肴的区别，核心就是艺术美感，每一道菜都是一件高贵的艺术品和奢侈品。它出品精致大气，形象逼真，彰显贵族气派；有的菜品甚至霸气十足，富丽堂皇，大有宁尝酒店菜一口，不吃家常菜一桌的食欲效果。"一菜一点"中都体现着奢华、大气、文雅之风范，令人拍案叫绝。酒店菜品必须具有五大特点：一是选料考究；二是下料狠；三是火候足；四是慢火细做，追求香醇软烂；五是将菜品文化和环境文化融为一体。在制造工艺上的苛刻与完美，是传递奢侈美味价值与内涵的利器。

【小结】

人类学家张光直教授曾断言："达到一个文化核心的最佳途径之一就是通过它的肚子"。"吃"这一最为物质化的生存层面，可能是理解一个民族精神气质的最重要的方面。

既然如此，那么"吃"对中国人来说究竟意味着什么？"吃"是国人认知世界的一种方式。如果说西方人是用思维来认知世界的话，中国人则是用口来认知世界。鲁迅先生曾称赞第一个敢于吃螃蟹的人，我们当然会感到这人一定是个中国人。毛泽东同志曾教导人民，要知道梨子的滋味，就要去亲口尝一尝。尝是要用口去实行的，由此引申出表达探索、试验、了解等意思的"尝试"一词。"吃"与治国、平天下同出一理。中国人甚至将治国比作烹调术，说来令人难以置信。老子早就讲过"治大国若烹小鲜"。他的治国之术就是使人民"虚其心，

第四章 酒店饮食之美

实其腹,弱其智,强其骨,常使无知无欲。"古代的伊尹、晏婴、吕不韦等政治家兼美食家,不但精通烹调,而且特别善于将烹调原理用于政治运作。《史记》陈平列传中亦有如此记载:汉相陈平年少时在乡里庆会中曾主持宰肉与分配,因为分得最均匀,父老乡亲就说:"善哉陈孺子之为宰也!"并认为他将来一定也会成为一位好"宰"相。

中国人用"口"来认知世界还可以从下列日常用语中表现出来,如被人占了便宜叫"吃亏",受苦叫"吃苦",承受不了叫"吃不消",承受得了叫"吃得消",面子大叫"吃得开",面子不够大叫"吃不开",不肯就范于人叫"不吃他那一套",对某人或某事极欲得到或深恶痛绝叫"恨不得把它一口吞下""恨不得食其肉,寝其皮"。

在当下的现代社会交往活动中,我们喜欢用"吃"来维系关系,表达团聚或祝福的意思。那么"去哪吃"和"吃什么"就成了一个经常被人提及的话题。

在外就餐的场所被称为餐厅,餐厅售卖的产品主要有有形产品和无形产品两种来构成。有形产品很具体化,指的无非就是菜品本身;而无形产品看似抽象,实际上我们可以理解为服务、营销手段和就餐环境氛围。

在外就餐总体上可以分为社会餐饮和酒店餐饮。若单纯从价格上判断,酒店餐饮的价格远远高于社会餐饮。那么为什么还有人心甘情愿地为较高的价格买单呢?甚至某些知名酒店的特色餐厅还出现了"一位难求"的情况,有的更是要提前几个月预订。

事实上,无论是酒店餐饮还是社会餐饮,都是为满足客人最原始的果腹之欲。在这个基础上,商家尽己所能地提供优质的美食出品,提供让消费者满意的就餐服务。但是因为接待的客人不同,客人各自的就餐目的不同,导致了无论是有形服务还是无形服务,星级酒店能够提供给客人的是较之社会餐饮更优美、更典雅、更完善,也更协调的产品。如果我们细究一下,有形产品的区别可能远远没有无形产品大。例如,川菜中点击率比较高的一道菜宫保鸡丁,在北京常见的大众餐厅价位多为 22~28 元,而位于北京长安街上的某五星级连锁酒店的中餐厅内售价为 168 元。同样是宫保鸡丁,主料鸡丁无论如何也没有巨大的差别,那么这当中将近 140 元的差价到底是差在何处呢?

餐饮业的经营利润表里主要支出消耗较大的有如下几项:食材成本、物料成本、人工费用、办公费用。让我们来做个简单的对比:宫保鸡丁这道菜主料是鸡腿肉,辅料是大葱、花生米,因此从食材成本上来讲,差异不会超过百分之五十。物料成本指的是餐具的损耗、物流和存储的费用。一般来说,星级酒店的餐具一旦发生缺损就不允许继续对客使用了,除了不美观之外也存在一定程度的安全隐患,而以笔者在北京某知名连锁社会餐厅就餐经历来看,每一次 4 人以上的就餐过程，都可以看到各种程度不同的损毁杯盘碗筷在"超期服役"，因此单单这一项的费用差别就较大了。接着是人工费用，这一项中包含薪酬、社保、福利、培训、宿舍和员工餐。在这几项支出可能是人力资源部门最关心的问题，也是差别较大的项目。相比于社会餐饮，星级酒店可以给员工提供更高的薪酬、更完善的社保、更全面的福利、全方位的培训、温馨的宿舍和丰盛的员餐，当然，他们对于员工的综合素质要求也要比社会餐饮标准严格很多。办公费用主要是指门店房租及物业费。如果仔细观察，不难发现北京社会餐饮的连锁餐厅主要分布于各个人口庞大的小区附近，而四五星级的品牌酒店则按照经营理念的不同或设立于国贸、金融街等商务街区，或坐落在王府井、西单等人流量巨大的高端消费场所。因此，门店房租和物业费用的差别当然不可同日而语。

基于上述的成本分析，我们再看那道168元的宫保鸡丁。看似客人购买的产品只是鸡腿肉丁混合大葱段和花生米，最后以小荔枝口调了个味儿，而事实上，这168元还包括了员工的薪酬福利、酒店租金、杯盘碗筷的损耗与搭配。另外，客人还需要额外支付15%的服务费，以此来感谢带着雪白帽子的特级厨师和穿着旗袍款款而来为您上菜的服务员。

因为酒店员工的福利待遇、工作环境往往比较好，酒店的管理团队和员工队伍相对比较稳定。为打造好的餐饮品牌，五星级酒店往往都肯花重金，或聘请国外管理团队和总厨进行管理培训，或派出管理人员到国外交流深造，培训系统比较完善，国外先进的管理理念、品牌意识、出品质量都比较到位。酒店还能通过经常举办不同主题的"美食节"，邀请世界各国、全国各地的名厨到酒店交流，使酒店的厨师能够大开眼界，增长见识，从而不断提升中、西餐厨师的修养和烹饪水平。而社会餐厅员工的福利待遇比较差，流动率比较大，不少老板往往对培训工作不够重视，不肯花大钱培训员工，导致管理团队和厨师队伍的素质参差，造成出品和服务的不稳定。

食品安全问题，也一直是消费者关注的大问题。作为一家每天都要接待国际客人的五星级酒店，不可避免地也要面对这个问题。但酒店餐饮的价格一般比较高，没有太大的成本压力，一般都非常注重食材品质，从进货源头抓起，绝对不会为了节约成本，而贪便宜使用廉价的食材配料。例如广东"无鸡不成宴"，为了保证鸡的质量，白天鹅宾馆使用的"葵花鸡"进货成本，就比普通市面上的鸡贵了一倍。酒店使用的进口原材料，从芝士到牛油，从火腿、三文鱼到牛肉，也一定要使用顶级的。有了好的食材，厨师才能够创造出好的菜式，出品才能出色。而社会餐厅则往往迫于价格和同行激烈的竞争，为了在较低价格中获取利润，往往要寻找较低价格的食材或替代原材料，导致出品质量难以满意。

同样，在服务流程设计方面，酒店也尊重国际客人的进餐习惯，按照国际上

第四章　酒店饮食之美

通用的服务标准来执行。例如白天鹅宾馆无论中餐或西餐的服务流程，都作出了相应的调整，比如"餐厅服务操作规程（包括上、撤餐具右上右下）""葡萄酒服务操作规程""雪茄服务操作规程""中、西宴会操作规程"等，有基本统一的规范；从客人进入餐厅门口到离开餐厅，所有提供的细微服务，都有详细量化的指标。这些都与社会上的餐厅有较大的区别，目的是使客人能够在酒店享受到标准的国际化优质服务。

在经营管理方面，酒店的餐厅一经定位，就不能随意改变经营主题。一些酒店的餐厅盈利润情况不理想，因为要保证住客的需求，也不能随意更改主题，改变营业时间，改变经营方式，而要想尽各种办法搞促销，甚至要与客房、会议打包促销，争取酒店餐厅客源，保证酒店的餐厅能够盈利。而社会餐厅如果盈利情况不理想，则随时可以更换主题，甚至关闭或转手经营。

对比来说，社会餐饮比较"灵活、简单，随意些"，酒店餐饮则比较"正规、复杂，优雅些"。因为接待客人的需求不同，有些区别将永远存在。但酒店饮食将以它独特的美，让客人获得到更高的品质保证和消费尊严，享受到更多的惊喜和感动。

资料来源：http://blog.sina.com.cn/s/blog_ 5fa2c9c70101atf4.html。

【实训练习】

1. 参观所在城市的三个不同品牌的星级酒店，谈谈感受。
2. 参观同一酒店的三个不同餐厅，找找异同点，说一说最触动你的美的感受。

【思考题】

1. 中式餐饮和西式餐饮的显著区别和联系是什么？
2. 中餐所讲究的"色香味形"在西餐中是如何体现的？
3. 酒店餐饮为什么特别注重盛器的选择和器皿的搭配？
4. 米其林餐厅消费的仅仅是菜品本身吗？
5. 比较酒店餐饮与社会餐饮，美体现在哪些方面？

第五章　酒店服务之美

【案例导入】

索赔的语言艺术

在某高级酒店,一位客人在离店时把一条浴巾放在提箱内欲带走,服务员发现后报告大堂副理。根据酒店规定,一条浴巾须向客人索赔50元。如何不得罪客人,又维护酒店利益?大堂副理自有办法。

大堂副理在总收银台处找到刚结完账的客人,礼貌地请他到一处不引人注意的地方说:"先生,服务员在做房时发现您的房间里少了一条浴巾。"客人面色有些紧张,但拒不承认带走了浴巾。大堂副理说:"请您,回忆一下,是否有您的亲朋好友来过,顺便带走了?"客人还未明白,嘴硬地说:"我住店期间根本没有亲朋好友来拜访。"大堂副理又进一步引导他:"从前我们也有过客人说是浴巾不见了,但他们后来回忆起来是放在床上,被毯子遮住了。您是否能上楼看看浴巾是否压在毯子下被忽略了。"客人总算醒悟了,拎着提箱上了楼。大堂副理请服务员帮助开门,并指示她不要跟进房。

一会客人从楼上下来,见了大堂副理,不高兴地说:"你们的服务员检查太不仔细了,浴巾明明在沙发后面嘛!"大堂副理放心了,但不露声色有礼貌地说:"对不起,先生,打扰您了,谢谢您的合作。"并真诚地补了一句:"您下次来北京,欢迎再度光临我们酒店。"整个事件结束了,双方皆大欢喜,客人保住了面子,酒店挽回了损失。

资料来源:http://info.meadin.com/PictureNews/1954_1.shtml

思考:

1. 大堂副理如何通过语言艺术进行巧妙暗示步步引导,让客人终于"体面地"交出了浴巾?

2. 这样做的好处是什么?

第五章　酒店服务之美

【主要内容】

服务之美是酒店美学的重要组成部分，也是跟服务者关系最密切的部分，本项目主要从礼仪之美、服饰之美两大方面阐述了素质、气质、贤质、服务礼仪及服饰之美对酒店品牌的影响。

【学习目标】

1. 了解职业素质的含义及特点
2. 掌握职业素质的构成
3. 理解职业素质之美没在何处
4. 理解气质的概念、特点及差异
5. 掌握气质形成的途径
6. 理解贤质的概念及层次
7. 掌握服务的仪容、仪姿礼仪
8. 能够掌握酒店服饰文化表现的三个层面
9. 了解服饰的设计要素
10. 理解酒店制服的特性与设计原则及要点

第一节　礼仪之美

【能力培养】

1. 能够充分理解职业素质的特点构成
2. 认识自己的气质类型
3. 在学习中不断提高自身素质及修养
4. 提高听、读、写、说能力以体现自己贤质之美
5. 提高自己服务的仪容、仪姿礼仪并能影响他人
6. 提高服饰搭配的审美能力

俗话说："没有规矩，不成方圆。"所以，做任何事情，都应有一定之规。礼仪，是一种在人与人交往中的行为准则和规范，是互相尊重的需要。比尔盖茨曾讲过，企业竞争，是员工素质的竞争，进而到企业，就是企业形象的竞争。教养体现细节，细节展示素质，可见一个人的礼仪素养高低对企业的发展是多么重要！礼仪简单点说可以归纳为素质、气质、贤质、品质的复合体，素质又包括行、站、坐、让，即站姿、坐姿、行姿、蹲姿、鞠躬礼、握手礼、介绍礼等，主要是行为方面的训练；气质主要是形象塑造，包括韵、神、魅、雅等；贤质主要是指一个人的基本功，包括听、读、写、说等能力；品质主要讲人的做人原则，

包括信、利、和等。通俗点说礼仪就是精神文明与行为规范，即做人做事的质量到位了没有。

一、素质之美

【案例导入】

优秀职业素质成就酒店总经理

1. 林咏顺先生——宁波东港喜来登酒店总经理

他来自马来西亚，拥有30年多年的顶级国际酒店管理经验。曾任职于上海外滩中心威斯汀大饭店、北京金融街威斯汀大酒店、吉隆坡威斯汀酒店等国际知名酒店。精通多种语言，马来语、英语、普通话、粤语、客家话、闽南话和法语；多才多艺的运动员，喜欢旅行。同事和朋友对他的评价是能吃苦，善交际，平易近人以及善于自我激励。

2. 彭博先生——武汉汉口泛海喜来登酒店总经理

他毕业于加拿大魁北克省满地可的酒店及旅游学院。酒店工作资历丰富，曾于加拿大、贝宁、摩洛哥、美国、墨西哥、俄罗斯、保加利亚及中国各地工作，拥有近30年的酒店营运经验。曾担任沈阳凯宾斯基酒店总经理8年，其后获调派为西安凯宾斯基酒店筹建及开业时出任总经理，曾先后担任富豪香港酒店、香港富豪荟以及长沙运达喜来登酒店总经理。

3. 盖博思先生——西安香格里拉大酒店总经理

他来自德国，拥有23年酒店管理经验，除了精通法语、英语、西班牙语外，还能讲一口流利的印度语。自1990年开始酒店职业生涯，足迹遍布法国和埃及。在酒店餐饮方面，具有十分丰富的经验及独特的见解，他曾在餐饮管理方面获得过多种奖项，是这一领域的成功标杆。曾在孟买JW万豪酒店担任总经理一职。

4. 刘征先生——凯悦集团首位中国籍总经理

他具有长达20年的凯悦酒店集团服务史，使这位专业而富有激情的职业经理人一步步迈向成功。曾在西安凯悦酒店、北京东方君悦酒店、宁波柏悦酒店担任重要职位。在沈阳万象城君悦酒店任驻店经理时，带领团队圆满完成开业。

资料来源：http://info.meadin.com/PictureNews/1954_1.shtml

思考：

从上述酒店总经理的职业生涯中总结出他们具备的优秀职业素质有哪些？

第五章 酒店服务之美

（一）拨开职业素质的面纱

职业素质犹如希腊神话中的命运女神摩伊拉，她决定着一个人事业前途的起点和高点。当求职者面临酒店选聘，渴望摘得那份自己心仪的工作时，职业素质便成为了酒店人才选拔的"首位面试官"，它会通过自身深邃的眼神去洞察求职者的内心世界，然后举起"合格录用"或"不合格淘汰"的命运牌；当求职者凭借面试官的青睐进入酒店开始职业生涯时，他在工作中能够获取多大的成就，在升职的道路上能够爬上多高的山坡，也很大程度上依赖于自身职业素质的高低，职业素质越高的员工，在职场上获得成功的机会就越多。

1. 职业素质的含义

职业素质是满足职业生涯需要的一种（或几种）特定素质，严格来讲，是指从业者在一定生理和心理条件基础上，通过教育培训、职业实践、自我修炼等途径形成和发展起来的，在职业活动中起决定性作用的、内在的、相对稳定的基本品质。

2. 职业素质的特点

（1）专业性

职业素质和职业息息相关，不同的行业、不同的职业对员工所要求的知识、能力和素质是有差异的，比如医生需要医德高尚，医术高明；教师需要德高为师，身正为范；而酒店服务人员则需要具有正确的服务意识与娴熟的服务技能。从业人员的职业素质应该具有相关的专业知识和技能，体现出专业性。

（2）内在性

职业素质强调通过知识学习、技能掌握、自身修炼形成从业者个体内在的意识和品质，因而具有内在性，其决定着从事不同职业人员的外在行为，即主体职业活动及其形成的效果。例如酒店服务人员需要不断提高自身修养，把职业素质内化于心，才能形成视顾客为"上帝"的职业服务意识与服务行为规范。

（3）稳定性

职业素质一旦形成，便会在从业人员的内心产生相对的稳定性，影响个体的态度和行为。职业素质的稳定性有助于从业人员保持一定水平的恒定的职业行为规范。当某个劳动者形成从事某一职业的职业素质时，会促进其职业发展，并促使其持续在该职业领域表现出一贯的职业行为。

（4）综合性

职业素质的一个重要特点就是综合性，它不是单一地指员工所具备某项素质，比如思想政治素质，或职业道德素质，或科学文化素质，或专业技能素质，或身体心理素质，而是要综合所有这些素质，一个从业人员的职业素质高低体现出个体综合素质的高低。

（5）发展性

社会的职业与岗位需求随着社会发展不断地发生着变化，职业素质的要求也随之发生变化，所以职业从业人员应具有与时俱进的态度持续提高自身职业素质，才能满足新职业、新岗位对职业素质的要求。例如，今天的信息技术进步需要服务员不能只满足端茶送水的职业要求，还需要掌握 POS 机刷卡，IPAD 点菜等。

3. 职业素质的构成

社会存在的职业各式各样，每种职业对从业人员的素质要求各有不同，但是通过归纳分析，研究者们发现社会各种职业对员工的职业素质要求也存在一些共性，主要表现在以下七个方面。

（1）思想品德素质

思想品德素质要求从业人员具有正直的信念和品德，正能量的世界观和价值观；忠于自己的国家、以民族大义为重；遵守国家或地区的法律法规，依法实施职业行为；从业人员通过自身的职业行为扬善惩恶，关爱他人，奉献爱心；职业行为表里如一、公私分明、正直诚实；以积极的人生态度实现自我的人生价值与社会价值。

（2）职业道德素质

职业道德素质指从事某一职业时个体应具有的道德认识、道德情感、道德意志、道德行为、道德修养、组织纪律观念等方面的素质。它是从业人员从事某一职业活动中应体现的最基本的职业规范与道德行为准则。进入酒店工作的人员需要具备积极的职业态度，应该爱岗敬业、诚实守信，积极进取、不断进步。

（3）科学文化知识素质

职业岗位除了要求员工踏实肯干、积极努力，更要求具备高水平的科学技术知识，形成合理的知识结构，达到基础知识牢固且范围广泛，专业知识先进且可延伸性强。科学知识素质还包括良好的文化修养素质和语言素质，以便于在个人的职业工作开展时提升个人职业行为和职业态度，对工作起到促进作用。

（4）专业技能素质

专业技能素质包括从事某一职业的人员在工作时所需掌握的基本专业知识和专业技能，二者相辅相成，缺一不可。从业者要形成上述素质，需要具备基本的科学知识素质，还必须在此基础上发展与该职业相关的科学知识，通过知识迁移形成针对该职业的专业知识，再在具备专业知识的基础上开展实际运用与职业技能训练，通过反复训练形成专业技能。

（5）职业能力素质

职业能力包括学习能力、观察能力、表达能力、沟通协调能力、自我调控能

第五章 酒店服务之美

力、决策计划能力、分析研究能力、执行能力等。从业人员需要在职业岗位上合理利用与支配各类资源，分析事物规律并运用规律解决问题，处理好人际关系，作为集体的一员参与工作并与背景不同的人共事，学习并掌握新技术，并发展创造性思维。

（6）身体心理素质

身体心理素质指从业人员的身体健康状况与心理承受能力状况两个方面。良好的身体素质要求职业从业人员具备健康的体魄，身体能够快速适应各种工作环境，动作敏捷、反应迅速；心理素质包括认知、感知、记忆、情感、意志、兴趣、能力、气质、性格、习惯等方面的素质。在现实的工作中，面对失败和挫折，需要培养积极、奋发、乐观的心态。

（7）知法守法素质

从业人员在工作中行使职业权利与义务时必须以法律为基准，因此有必要具备相关的法律知识。只有了解相关的法律知识，才能明确本职业或本岗位工作应遵守的法律法规，避免职业行为与法律法规冲突。培养知法守法素质，才会使我们在工作中学会懂法、用法，充分发挥法律法规的规范、保障、制约作用。

【小资料】

从杜拉拉的故事读懂职业素质

1. 工作是个人职业品牌的"说明书"

杜拉拉的聪慧、干练、职业，都不如她的忠诚与敬业给人的印象深刻。

"职业素养点评"作为超越国度和文化的一种品质，忠诚、敬业、责任，已然跨过了时间的鸿沟，成为世界各国企业界历久弥新的主题，也是企业文化培训建设中不可或缺的基石。

2. 职业道德 & 个人恋情

当职业道德遭遇个人恋情，杜拉拉没有犹豫地选择了前者。

"职业素养点评"大企业签署劳动合同一般都会行使相关法律赋予的权利，签订有关保密协议及保密条款。尊重规则、承担责任，是职场人士非常重要的两项职业素质，人在职场，遵守企业的有关规定，对企业负责，这是每个职场人士应当具备的职业操守。

3. 和公司一起升值

建立与上司的一致性，使其觉得你的领悟符合他的预期。

"职业素养点评"与企业共命运。这是世界500强企业增强企业凝聚力和向心力的理念。企业的命运是所有企业中人共同努力的结果，无论你是企业的高层管理人员还是基层员工，都应具备这样的"觉悟"。

4. 沉默不一定是金

不要认为什么事情自己默默干了，不给老板添麻烦，老板就会喜欢你。重要的是让老板知道你的重要性。

"职业素养点评"不能"只埋头拉车"，还要经常"抬头看路"有必要了解老板最关心的事情，了解自己在公司业务中的分量。在现代职场中，智商高，决定你被录用；情商高，决定你的升职。

资料来源：作者收集整理。

（二）描绘职业素质之美

职业素质的面纱揭开，看见了秀外慧中的、特点突出的、多元的职业品质要求，归纳到服务、气质、爱心、诚信、责任、团队六个方面描绘职业素质"外化于行，内化于心"的行为之美、魅力之美、心灵之美、品德之美、担当之美和合作之美。

1. 服务——行为之美

拿破仑·希尔说："人类之中最伟大的人，是那些能为最大多数人服务的人"，"提供更多超过所获报酬的服务，你的回报就一定会加倍。你所播撒的每一颗种子，也都会成倍地增加，并给你带来惊人的丰富回报，这是必然的。"

服务是酒店向顾客提供优质产品，让顾客满意的核心之一。没有良好的服务，酒店就失去了吸引顾客的主要资本，很难维持其生存之道，而优质服务的体现是通过服务主体——从业人员的一举一动、一颦一笑、一言一行反映出来的。酒店工作人员是与顾客接触最密切的人，直接为顾客提供服务，顾客对酒店服务质量的感受和体会也来源于享受酒店员工服务的经历，比如丽兹卡尔顿酒店顾客描述自己对酒店的印象——"我在丽思卡尔顿酒店的体验相当完美！因为这里的门房人员都非常人性化，他们可以记得我和我家人的姓名！每次我的车在酒店门口一停，他们就会走过来帮我们开门，并逐一称呼我们的姓名问候我们。"

【小资料】

行动起来，以服务为本

1. 美国西南航空行动纲领：西南航空致力于为客人提供质量一流的服务。您将感受到我们热情的服务、友好的态度、员工的自豪感和公司的精神。

第五章 酒店服务之美

> 2. 沃尔玛的行动纲领：客人对于我们来说是第一位的，如果你不为客人服务，或者不支持那些为客人服务的人，那我们就用不着你。
> 3. 丽兹卡尔顿酒店格言：我们承诺将为我们的客人提供一流的服务和设施，使他们在此永远感受到温馨、安宁和高雅的气氛。
> 4. 迪士尼海豚酒店的远景目标：不仅外观造型独一无二，还将通过自己"令人叫绝"服务使客人得到无可比拟的享受，使它成为世界上独一无二的酒店！
>
> 资料来源：作者收集整理。

服务的英文单词是SERVICE，它的内涵可以用其单词开头的七个字母加以诠释，S–Smile（微笑），E–Excellence（出色），R–Ready（准备好），V–Viewing（看待），I–Inviting（邀请），C–Creating（创造），E–Eye（眼光）。其中位于首位的服务要领是微笑，微笑是人们内心喜悦情感的自然外露，它是自信的表现，是礼貌的表示，是对顾客最有吸引力的行为。微笑是酒店服务中一种特殊的"情绪语言"，它可以在一定程度上代替语言的更多解释，有时往往起到无声胜有声的作用。在酒店对客服务中，微笑几乎成了调和剂和润滑剂，成了制胜的法宝，它能迅速地缩小彼此间的心理距离，创造出和谐、融洽、互尊、互爱的良好氛围。

微笑反映出酒店员工的职业道德。酒店员工对自己从事的职业有了肯定的认识，从心灵深处具有微笑服务的意识，在服务的过程中对其从事的职业有较深刻的情感和情绪体验，认识到微笑服务的意义和作用，才能以强烈的责任感和饱满的热情全身心地投入到工作中去，自觉地为客人提供微笑服务，只有真诚的微笑才能打动人、感染人，令客人感到满意和愉快。

2. 爱心——心灵之美

世上的每个人都有对爱和善意的需要。如果今天出门没有奇遇，却碰到别人报以友好的微笑，于是会觉得这一天十分美好。如果知道世上有许多人喜欢你、肯定你、善待你，那么你一定会觉得人生十分美好，这个世界十分美好。即使是一个内心很独立的人，也没有人会独立到不需要来自同类的爱和善意的关心。因此，对于周围的人来说，这个世界是否美好，在很大程度上取决于我们是否爱他们、善待他们，并且把爱和善意表达出来。

爱心在心理学中属于一种情感体验，主要是指对人或事物表现出来的较复杂而又稳定的、以关心他人为重点的积极的态度体验。世间有多少种爱，就有多少个幸福的理由。也许一句善意的言语、一个关注的眼神，都可以触动爱的神经，让你体验幸福。看看我们生活中有多少镜头为幸福定格：孩童依偎在父母的怀抱是幸福的，坦然享受天伦之爱；恋人朝思暮想是幸福的，心中充满甜蜜爱情；朋友间患难相助是幸福的，真情见证友谊之爱；夫妻相濡以沫是幸福的，爱和忠诚铸成理想婚姻……幸福从不为贫富左右，不与名利和物欲同流。

  作为服务行业的酒店重视以人为本，强调顾客就是上帝，这就更加需要从业人员富有爱心，把对宾客的关爱当成职业素质的必然要求。在激烈竞争的市场环境下，对客人冷眼相待会让他们体会到不被需要的感受，从而把他们拒之于千里之外，酒店也就失去了客源。酒店要求员工用无私的爱心去和客人一起成长，事实上，当帮助他人成长为最出色的人时，自己也会被爱，最终也会成长，比如在酒店的亲情服务中，有服务员看见下雨天顾客到酒店餐厅就餐，由于雨很大，顾客的西装上已沾满雨滴，于是先拿了一块干毛巾递给顾客，让顾客把身上的雨点擦掉，然后才领位入座；还有服务员将顾客看作自己的亲人，表现出对客人的关心，看到住店客人生病，没有胃口，为他准备了热气腾腾的白粥和咸菜。酒店员工在施爱中获得理解与尊重，在关爱中化解矛盾，通过爱让客户感受到积极的关怀，赢得顾客满意的微笑。

【小资料】

歌曲《爱的奉献》

- 爱是 Love　爱是 Amor
- 爱是 Rarc　爱是爱心
- 爱是 Love　爱是人类最美丽的语言
- 爱是我们无私的奉献
- 我们都在爱心中孕育生长
- 再把爱的风帆撒播到我四方
- 我们要在爱心中大声的歌唱
- 再把爱的幸福带进每个人的身上
- 爱会带给你无限温暖
- 也会带给你快乐和健康

3. 诚信——品德之美

  《哈佛商业评论》通过调查发现商业企业对员工职业道德素质的要求体现在诚实、正直、守信、忠诚、公平、关心他人、尊重人、追求卓越、承担责任等多个方面，而诚实守信是用人单位对所招聘员工具备素质的首要要求，因为诚信是拥有至上人格的基础，没有诚信，会影响一个人的其他美德，诚信永远是其他任何品质或个性特征所无法替代的。

第五章　酒店服务之美

什么是"诚"？"诚"是儒家为人之道的中心思想，立身处世，当以诚信为本。宋代理学家朱熹认为："诚者，真实无妄之谓"。肯定了"诚"是一种真实不欺的美德。要求人们修德做事，做到真实可信，说真话，做实事，反对欺诈、虚伪。什么是"信"？《说文解字》认为"人言为信"，程颐认为："以实之谓信。""信"不仅要求人们说话诚实可靠，切忌大话、空话、假话，而且要求做事也要诚实可靠。"信"的基本内涵也是信守诺言、言行一致、诚实不欺。"诚"主要是从天道而言，"信"主要是从人道而言。《说文解字》阐述到"诚，信也"，"信，诚也"，所以诚信的基本含义都是诚实无欺，信守诺言，言行相符，表里如一，这是做人的基本要求。

中国古代圣人孔子曰："信为人之本，人无信不利，人而无信，不知其可。"孟子曰："是故诚者，天之道也；思诚者，人之道也。至诚而不动者，未之有也；不诚，未有能动者也。"荀子曰："天地为大矣，不诚则不能化万物；圣人为知矣，不诚则不能化万民；父子为亲矣，不诚则疏；君上为尊矣，不诚则卑，夫诚者，君子之所守也，而政事之本也。"《礼记·大学》的八目则为格物、致知、诚意、正心、修身、齐家、治国、平天下。宋理学家周敦颐说："诚乃五常（仁义礼智信）之本，百行之源也"，他的弟子程颐说："吾未见不诚能为善也"。从古人的言行中不难看出诚信是一个道德范畴，体现个体或群体的精神和物质的利益

人之交在于诚，世之安宁要靠信，国有诚信必兴，家有诚信必和，人有诚信必贤，诚信是市场之基和行业之命。诚信是诚信者的信条，是对不诚信者的命令！诚信是诚信者的利益，是对不诚信者的惩罚！

4. 责任——担当之美

作为社会的成员，每个人都要承担各种责任，小至对家庭、亲戚、朋友，对自己的职务，大至对国家和社会。歌德说"责任就是对自己要求去做的事情有一种爱。"因为这种爱，尽责本身就成立生命意义的一种实现，能从中获得心灵的满足。责任是爱心素质的延伸，是诚信素质的支撑。负责任的爱才是真正的爱，负责任才能讲诚信。

责任是指个人分内应该做好的事，如履行职责、完成任务等；同时责任还包括如果没有做好自己工作，所应承担的不利后果或强制性义务，如担负责任等。责任伴随着人类社会的出现而出现，有社会就有责任。责任是身处社会的个体成员必须遵守的规则和条文，是必须去履行的职责。责任的基本内涵包含责任意识、责任能力、责任行为、责任制度和责任成果。

职业责任是企业对员工的基本要求，与能力相比，企业更看重员工对待工作的责任。酒店职业责任要求从业人员对自己的工作做到积极主动，严格遵守职业规章制度，主动提升业务能力和水平，不推卸责任、勇于承担工作职责。酒店服

务工作成败与否不仅关系着经营活动的水平高低，还会影响宾客的权益，关系着企业的信誉与利益，也会影响一个国家或地区的酒店形象。酒店服务工作涉及多个部门，多个群体，只有拥有强烈的责任心才能以担当的精神及时提供令宾客满意的服务。

比如，在2006年中非合作论坛北京峰会，北京饭店参与接待非洲贵宾，针对非洲国家的文化、风俗习惯和接待国领导人的个人喜好，酒店落实环境、餐饮等方面的个性化服务措施，给非洲国家领导人在下榻酒店为其量身定制贴身管家实施贴心服务。酒店为让客人适应北京的干燥气候，特别在房间准备了加湿器、空气清新器，以及转换插头、变压器等，为领导人和夫人准备了印有名字的浴袍、拖鞋等物品。餐厅为客人准备了精致的菜单，封面是非洲地图，对酒店员工进行了专门细致的培训，要求在服务过程中体现责任意识，仔细观察顾客的用餐习惯，及时调整菜点、酒水的品种。会后，北京饭店的接待工作获得了一致的好评。

担负责任使人能获得更多的信任和自由，一个负责任的人会尽力履行自己的职责，从而得到别人的信任，也因此可能享受到更多的行动自由；担负责任使人赢得自尊自信，一个负责任的人更易于被别人接受和认可，能从成功和别人的赞赏中收获自尊和自信。担负责任使人增长才干，一个负责的人能获得更多机会参加各种实践活动，从多方面获得知识、技能和经验；担负责任使人获得实际的利益，一个负责任的人，会赢得更多的荣誉、奖励，有更多的机会获得更好的工作和更高的收入。

【小资料】

责任的箴言

门肯：人一旦受到责任感的驱使，就能创造出奇迹来。

丘吉尔：高尚、伟大的代价就是责任。

林肯：每个人应该有这样的信心：人所能负的责任，我必能负；人所不能负的责任，我亦能负。

维克多·弗兰克：每个人都被生命询问，而他只有用自己的生命才能回答这个问题。

5. 团队——合作之美

团队精神是大局意识、协作意识和服务意识的集中体现。团队精神的基础是尊重个人的兴趣和成就，核心是协同合作，最高境界是形成全体成员的向心力、凝聚力。任何组织群体都需要一种凝聚力，团队精神通过对群体意识的培养，通过团队成员在长期的实践中形成的习惯、信仰、动机、兴趣等文化心理，来达到

第五章 酒店服务之美

沟通思想，引导团队成员产生共同的使命感、归属感和认同感，从而逐渐强化团队精神，产生强大的凝聚力。如果没有团队合作精神，个人的计划即使再精彩，也可能难以得到完美演绎，正如柳传志说："中国有很多优秀的人才，这些人才好比一颗颗珍珠，需要一根线把它们连接起来，组成一串美丽的珍珠项链。"

酒店服务的顺利开展有赖于各相关部门的密切配合和精诚合作，因此酒店从业人员的团队合作精神显得尤为重要，他们只有具备良好的合作能力，与上下级、同事相互支持、密切配合，相互协作、相互尊重，团结合作，顾全大局、彼此信任，才能获得良好的整体利益。要成为优秀团队成员，需要把握时机，以最适合的团队角色介入团队事务；需要积极参与，为团队做好各项准备，并积极倾听和发言，不做旁观者站在一边；需要在不同的团队角色之间灵活地转换，因势利导，适应不同的形式；需要自我克制，给团队中的其他成员创造更大的发展空间，从而充分发挥所有成员的潜力；需要建立信任，优秀的团队成员是值得信任的可靠的人，他们会完成所分担的那部分工作以及履行的承诺；需要建设性沟通，把自己的想法、观点明确直接而且坦诚地表达；需要合作与帮助，可以想方设法共同努力合作解决问题，完成工作；需要维护团队利益，优秀的团队成员关注他们自己的工作以及整个团队和团队的工作。他们希望贡献自己最大的努力，为了维护团队的利益，他们可以牺牲自身的利益。

【小资料】

世界 500 强麦当劳青睐怎样的人才
—— 热情的工作态度

对于那些希望加入麦当劳大家庭的人员，麦当劳的要求是："热情，开朗，能主动关注顾客的需求，认可麦当劳的企业文化。"

——全面的工作能力

在招聘人才时，对于那些具有良好教育背景和大公司经历的人员，麦当劳并没有另眼相看。相比这些条件，麦当劳更注重个人的价值观、对服务理念的理解、实际工作能力等综合能力。

——良好的团队精神

麦当劳特别青睐具有团队精神的员工。给顾客提供优质服务是麦当劳的追求，要提供好的服务，员工必须具有良好的人际沟通能力。麦当劳员工的年龄跨度很大，从 18~45 岁，员工只有学会互相信任、互相配合、融洽相处并团结一致，才能更好地完成工作。

二、气质之美

在美学意义上,气质是一种感觉,难以言传,但又是形之于外的。

气质的美要奠定在健康的心理之上。善良、爱心和同情心都是健康气质的基础。虽然我们通常意义上所认为的"好气质"有很多共性,但是就像一棵树上没有两片一样的树叶,世界上也不存在两个气质完全相同的人。气质是有差异的。气质的培养是多方面多途径的,而且是一个长期的过程,要从现在做起,从说每一句话做每一件事做起,从一个点头、一个微笑做起,从看一本书、看一部电影、听一首音乐做起。

在酒店行业,每天都能目睹洋溢着魅力的个人气质所发挥的重要作用,比如酒店从业人员温文尔雅的天性、待人友善的品行、宽宏大量的德行,以及亲切的态度、热情的服务、一视同仁的礼貌吸引着宾客的芳心。对于酒店来说,工作人员具有落落大方的举止、迷人而富有吸引力的外表、礼貌而深得人心的做事方式,要比只有高等教育文凭更有职业含金量。

【小资料】

"我们是为淑女绅士服务的淑女绅士"座右铭由来

丽思卡尔顿第一任总裁霍斯特·舒尔茨先生14岁那年准备到酒店工作,母亲领他走到酒店门前时说:"我们永远也不能进这样的酒店,这是为地位显赫的大人物和杰出人士所准备的,而你很幸运,行为要规矩些,手要洗干净。"面试时经理说:"永远不要嫉妒顾客,因为这是为淑女绅士——权重人士所提供的。"

但是,舒尔茨先生工作几个月后发现,他的餐厅领班也很有地位,当他和顾客们交谈时,顾客都觉得很骄傲,因为他是一流的专家,他为顾客创造了卓越的服务。后来在舒尔茨先生去酒店学校就读时写下题为"淑女绅士为淑女绅士服务"的文章,他写道"任何时候,我们这些提供贴心服务的人就是淑女绅士,和顾客的地位一样重要。我认为,这是我们这个行业的优秀人士所必须认同和理解的规矩。"

资料来源:作者收集改编。

气质美是职业素质的魅力所在,体现着个人的文化和文明程度。气质是在长期的社会实践和自我修炼过程中形成的,超越了人的容颜之美、服饰之美,成为

第五章　酒店服务之美

人们完美自我形象的首要关注的目标。非凡脱俗的气质之所以具有令人瞩目的黄金般珍贵的价值，是因为它在整个人的形象体系中占据"核心""灵魂"的地位，能使人真正华彩焕发、气韵生动。

正如美国演说家比彻说，"能够在不知不觉中让人们更好、更快乐是多么可贵啊！玫瑰和康乃馨让我一整天都很开心，然而它们却在我的陶罐里默默无闻地挤在一起，似乎从来也不知道我在想着他们，也不知道自己给他人带来了什么样的快乐。更为重要的是，他们甘愿悄然地奉献出自己甜美的芬芳，给人以勇气、希望和快乐。而这一切正是一个心胸开阔、个性分明的人应具有的优良品质之一，让自己快乐的同时，也让他人快乐。这样的人是用心歌唱的人，天性宽厚却有很大影响力的人，沉着、乐观的人，在不经意间就能帮助到他人的人。周围的每个人都受益于他！"

（一）气质的概念

我们在日常生活中经常听到这样的说法："这个人好有气质"。然而，到底什么是气质？

1. 心理学概念

"气质"本来是心理学上的概念，心理学认为气质是个人生来就具有的心理活动的典型而稳定的动力特征，是人格的先天基础。按照气质的不同特征的不同组合，可以把人的气质分成几种不同的类型。希波克拉底是最早划分气质类型并且提出气质类型学说的人，早在2 500多年以前，他就根据自己的观察将人划分为胆汁质、多血质、黏液质和抑郁质四种气质类型，但我们日常使用它时，更多的是在审美的意义上使用它的。

【知识拓展】

气质的四种类型

- **多血质**

多血质是人的气质类型之一。多血质的人表现出这样的特点：容易形成有朝气、热情、活泼、爱交际、有同情心、思想灵活等品质；也容易出现变化无常、粗枝大叶、浮躁、缺乏一贯性等特点。这种人活泼、好动、敏感、反应迅速、喜欢与人交往、注意力容易转移、兴趣和情感易变换等。这种人适宜于做要求反应迅速而灵活的工作。

外向，活泼好动，善于交际；思维敏捷；容易接受新鲜事物；情绪情感容易产生也容易变化和消失，容易外露；体验不深刻等。

多血质合适的职业：

职业多面手、专长多、能力强，精于调整、调和各类关系，有经营管理、分析设计和规划能力，会推销商品。适于经济规划、统计、设计、商业推销、节目主持、相声演员等。

- 黏液质

人的气质类型之一。黏液质人的表现特点：黏液质相当于神经活动强而均衡的安静型。这种气质的人平静，善于克制忍让，生活有规律，不为无关事情分心，埋头苦干，有耐久力，态度持重，不卑不亢，不爱空谈，严肃认真；但不够灵活，注意力不易转移，因循守旧，对事业缺乏热情。

- 胆汁质

胆汁质（bilious temperament），人的四种性格类型之一，其特点是"情感发生迅速、强烈、持久，动作的发生也是迅速、强烈、有力。属于这一类型的人都热情，直爽，精力旺盛，脾气急躁，心境变化剧烈，易动感情，具有外倾性。反应迅速，情绪有时激烈、冲动，很外向。

- 抑郁质

抑郁质是人的一种气质类型，抑郁质特点：抑郁质的人神经类型属于弱型，他们体验情绪的方式较少，稳定的情感产生也很慢，但对情感的体验深刻、有力、持久，而且具有高度的情绪易感性。抑郁质的人为人小心谨慎，思考透彻，在困难面前容易优柔寡断。

抑郁质表现：

抑郁质的人一般表现为行为孤僻、不太合群、观察细致、非常敏感、表情腼腆、多愁善感、行动迟缓、优柔寡断，具有明显的内倾性。

此外，抑郁质适合的职业：校对、打字、排版、检察员、雕刻工作、刺绣工作、保管员、机要秘书、艺术工作者、哲学家、科学家等。

2. 美学概念

换句话说，审美意义上的气质这个范畴，更接近于我们日常生活中的范畴。气质就是"魅力"，就是美。魅力与美，在西方美学里本来是被区别开来的，从古罗马的贺拉斯到康德都说魅力和美是不同的。他们可能更多地从形式的角度看人的五官和身材的比例。比如，黄金分割的比例让人觉得很美，很舒服。维纳斯据说是个对眼，但五官和身材的比例好，就是美的，就是美神。但在中国，无论是古代还是现代，无论是在市民阶层还是学院派，一般都会承认魅力就是美。没有人说一个人很有魅力，但是不美丽。因此，气质又是一个美学的评价。中国古代文学当中，强调"增之一分则太长，减之一分则太短，着粉则太白，施朱则太赤"的外在形式美，也有类似杨贵妃"回眸一笑百媚生"通过外在神态传达内

第五章 酒店服务之美

在魅力的神态美。

有一个男孩总结了一套讨好女孩的说话方式：如果一个女孩长得漂亮，你就说她很漂亮；如果一个女孩不漂亮，你可以说她有气质；如果她没有气质，你可以说她很可爱；如果她不可爱，你可以说她很有个性；如果她没有个性，你可以说她很亲切；如果她连亲切都说不上，那你只能说："欢迎你来到地球！"

这是一个笑话，同时也说明，漂亮并不是一个人能给他人留下深刻印象的唯一条件，气质其实也很重要。日常生活中的"有气质"，常常是指举手投足、谈吐等很优雅，让人很舒服。体姿是心态的表现，可以反映一个人的涵养和气质，气质的关键在于内在的涵养。有些外形漂亮的女孩，常常显得很平淡，让人感到少了些什么，就是缺少气质。气质是内在的，常常更为重要。

在美学意义上，气质是一种感觉，难以言传，但又是形之于外的。气质应该是以形显神，在身心素质的基础上，体现在外在神态、眉宇之间、动作步调和谈吐着装等方面的独特风采，包括风度、风格、气势、气度等。人的气质就像是作品的神韵和风格，优雅的气质使人像一件艺术品。

3. 中国传统文化中"气质"的含义

中国传统文化中，气质主要指通过后天习染而焕发出魅力的仪态风采。北宋理学家张载说："为学大益，在自求变化气质。"是说通过后天的学习可以改变和完善原有的素质。宋代理学分为天地之性和气质之性，天地之性是先天的，气质之性是后天的，随环境的变化而变化。清代大学者颜元说："人皆可以为尧舜，其灵而能为者，即气质也，非气质无以为性，非气质无以见性也。"

4. 广义的气质的含义

广义的气质还应该包括"味道"，一个有气质的人也应该是有味道、有趣味的。古人就常常用味觉的快感来比拟和形容视觉和听觉的快感。我们今天还常常说人有味道，说人的美就在于"可爱"，这可爱就是有味道；它表现为神情和仪态中透露出来的独特魅力。它是先天的基质和后天的熏陶。人生的经历影响着气质的培养，气质的形成是终身的。神闲气定、仙风道骨都是气质的表现，是多年历练的结果。

有气质的人往往是聪慧的。聪慧不是天生就有的，而是日积月累在你身上发挥作用的，时间久了这种东西就沉淀到你的身体里脑子里，潜移默化一个人的修养和举止谈吐，甚至包括他的人生观世界观和道德品格。所以，一个人要想具备所谓的非与生俱来的气质，除了外貌之外最重要的就是学识，再下来就是情趣，还有就是善良的本质和良好的道德情操。只要具备这些东西，再难看的人也会给人留下难忘的美好印象，也会有人愿意去接近，愿意去给他机会，愿意给他发挥的空间。

（二）气质的特点

1. 建立在健康心理之上

气质的美要奠定在健康的心理之上。首先，善良、爱心和同情心都是健康气质的基础。其次，自信是气质的基础。自卑、敏感不利于气质的表现，主要是一个良好心态的问题。在纷繁的世事中保持独立和自信，是培养气质的第一步，而寄生于权势之上的人，是谈不上什么气质的。

2. 气质可以与美丽的容颜相辅相成，但气质可以不拘限于容颜而发出光彩

美丽的容颜像划过夜空的流星，耀眼闪亮，却时光短暂，而优雅的气质却像陈年的老酒，越久越醇。

3. 气质包括性格和性情方面的内容

气质与个性的关系很紧密，气质是个性的延伸。个性应该具有可接受性和可爱性才有魅力。优雅、儒雅是一种气质，刚毅、果断和无畏精神同样也是一种气质。一般说来，个性鲜明的人虽然可能有些缺点，但比起没有个性的人更有魅力。个性在气质之中的体现最重要的是讲究"度"，我们每个人都有自己独特的个性，但并不是说，个性就等于气质；适度地体现自己的独特个性，让他人能够接受并欣赏，才能称之为"有气质"。例如有的人喜欢表现自己，如果这种个性与自身的职业相结合，比如说演员在舞台上表演，这种时候他就是有气质的，但如果在生活中也如此扭捏作态，那就让人倒胃口了。所以说，有时候"过犹不及"，说的也是这个道理。

4. 气质具有社会性的特点，使它成为文化符号

气质是共性与个性的统一。文化的造就带有共性，气质可以看成艺术品的一种风格，是在个体基质的基础上被社会雕塑而成的。气质是气之质，一种表现形态，它要体现在动态交往之中，不是静止的。而这种动态表现中所体现的气质，必须有最本质的东西来支撑，否则就成了无源之水，流而不远。说到动态交往，不能不提到社交场合。我们生活中离不开各种各样的社交场合，出于人际交往的需要，我们必须遵守其中的礼仪规范以满足社交需要。很难想象一个不遵守礼仪规范，不注意场合的人，能够称之为有气质。相反，那些在各种场合中既能遵守礼仪规范，又能够体现个人魅力风度的人，往往看起来气质非凡。

中国文化中，儒家所倡导的独立不迁的人格及自强不息的进取精神，乃是气质的社会性内涵。唯有独立不迁，方能超尘脱俗，不与时尚同流合污。"三军可夺帅也，匹夫不可夺志也"，孔颜乐处，不堕落，不懈怠，积善成性，因性成德，从而超迈流俗。孔子赞颜回："一箪食，一瓢饮，在陋巷，人不堪其忧，回也不改其乐"，强调精神生活独立于物质生活。到了孟子，这种思想得到了深化，提

第五章　酒店服务之美

出"富贵不能淫，贫贱不能移，威武不能屈，此之谓大丈夫"，这种独立的人格体现了气质的社会规定性。

5. 气质体现自然的特性，反对矫揉造作

如魏晋时代力倡通脱，崇尚自然率真。书圣王羲之洒脱随意、不修边幅的气质，一般俗人很难接受，但是其岳父东晋抗胡名将、政治家郗鉴却很喜欢。《世说新语·雅量》载郗鉴派门生到王家求婿，诸郎皆矜持做作，只有王羲之"坦腹卧，如不闻"。自然率真，受到郗公的激赏。同时，为了传达自然人格的内在风貌，魏晋名士们还常常以自然景观比况人格神采。《世说新语·赏誉》中就有"世目李元礼'谡谡如劲松下风。'"的记载，说东汉人李元礼挺拔清逸如松下清风。通过自然景物的风采传达人物内在性情之神，使得对象自然的神韵和情趣得以贴切地表述。在人格与自然生机的贯通中让人们领悟到了内在的丰富蕴涵。

6. 气质体现一种理想，具有超凡脱俗的特点

具有崇高理想信念的人，往往能够体现出非凡的气质。电影里的江姐，面对酷刑镇定自若，坦荡浩然，是什么让她具有了如此震慑人心的气质？是坚定的革命理想。气质给人一种精神性的享受。具体角色也有群体对角色的期待，这种角色期待也是长期以来人们对一些崇高美好的理想的理解认识积累而成的。比如说，无私奉献，诲人不倦，是教师应有的气质；果断坚毅，是军人的气质；酒店从业人员的气质是……

（三）气质差异

虽然我们通常意义上所认为的"好气质"有很多共性，但是就像一棵树上没有两片一样的树叶，世界上也不存在两个气质完全相同的人，也就是说气质是有差异的，差异是怎样形成的呢？

1. 个体生理和心理差异

一个人不能完全违背自己的个性特点去培养气质，像东施效颦、邯郸学步，丢掉自己的本性。气质首先是个性化的独特的。林黛玉敏感多愁，家庭的遭遇固然是一个因素，但先天因素也是无比重要的。

2. 性别差异

气质也有男女的性别差异，气质的魅力在异性间尤其有吸引力。"阿里山的姑娘美如水，阿里山的少年壮如山"唱出的也是这种差异。一般说来，男性的气质多坚毅、刚强、劲健；女性的气质多温柔、体贴、耐心。男女的气质魅力是相对的、互补的。细腻温柔的女性容易被具有豪放气质的男性所钟爱；沉稳、端庄、恬静的女性对开朗、好激动的男子具有很大的吸引力。

3. 角色差异

角色差可表现为职业、社会等级、社会阶层等。如白领气质，学生气质。"学生气"实际上也是一种气质；说某个人学生气，有天真、幼稚、嫩的一面，但也说明其淳朴、不世故。模特的气质，也是职场的需要。改革开放刚开始的时候，我们看到模特走台，很不习惯，觉得很夸张，忸怩作态。时间长了，也习惯了，知道那是为了增强表现力，正如器乐表演艺术家在表演过程中常常有身体的摆动，也是为了强化表达的情感。这是从仪式和表演的层面上看的。换个场所，一个模特如果在大街上走猫步肯定是不行的。其他还有如文人气质、侠客气质……

4. 民族差异

对于黄种人来说，我们有我们的气质，有奠定在黑头发、黄皮肤基础上的气质，符合我们人种的自然原则，有东方人特有的韵、雅，如旗袍及其改良装就特别适合我国女性，我国酒店服务员的着装也基本以此最美。同时，在不同民族面前，对气质的评价也是不同的。有一位女模特说，在中国表演要酷一点，到日本去表演要甜一点，"卡哇伊"一点。女模特气质的不同定位，也是根据她面对的观众，也就是我们文学当中常说的受众的审美要求进行调整的，为的是让别人更好的接受她的表演。

5. 时代差异

气质的评价也非常具有时代性。魏晋人喜欢飘逸，唐代人喜欢丰腴，所以气质也有时代差异。对于传统，我们要一分为二地看，在每一个时代，尊敬师长、尊老爱幼都是应该的，是人性和人道的必然要求和体现。有人把气质与时尚等同起来，气质确实会有时代烙印，但时尚并不等于气质，只有那些和自身特点相和谐的时尚，才有可能为自己平添气质。

6. 地域差异

气质的地域差异同样是很明显的，如北方人多豪爽，南方人多温柔。酒店再用人时也会充分考虑不同人的地域特点加以选择，以使得其更符合服务内容的要求。

（四）气质形成的途径

气质对于我们每个人来说是如此重要，那么我们到底应该怎么让自己成为一个有气质的人？

1. 在符合本性的基础上培养气质

俗话说，江山易改，本性难移所以要在符合本性的基础上培养气质。后天培养一般要符合先天的基质，以我的本来面目为基础，要因势利导地培养，但依然

第五章　酒店服务之美

具有可变性。教而化之，切忌矫揉造作。

2. 内修外养

气质是要内修外养的，要内外兼修的，要在呵护素质的基础上，有文化的积淀和能动的追求，包括礼仪和文化氛围。增长见闻，提高自信，是培养气质的基础。社交场合，人际交往，技巧、风度。现在气质更多的是外在赋予的，场合、环境、职业。环境的熏陶，这也是一种修养。

当然气质的培养是长期的，循序渐进，潜移默化，厚积薄发的，不是一朝一夕，一蹴而就的。后天修养对于气质来说，尤其重要。气质可以通过氛围的影响、接受艺术的熏陶和阅读等方式提高或提升的。琴棋书画不必样样精通，学了一门，能有灵心妙悟，使精神气度获得陶冶，也会有无限的韵致。除了氛围外，运动对于气质的形成也很有作用，如瑜伽、舞蹈之于形体。气质是一种流动的状态，体现在你待人接物的态度上，体现在你的举手投足间，体现在你的言语措辞当中。由内而外的流露过程才是气质的最本然的体现。所以，对气质的培养，更多的是学习怎么将自己的学识修养外化成言行举止的具体行动，这个过程需要时间的积淀。

3. 有自觉的、健康的意识

气质的熏陶与培养要有自觉的、健康的意识。现在摆酷，装腔作势都不是正确的培养气质的做法。气质容易受到潮流的影响，打上时代的烙印，但潮流未必都是好的。

中国人要培养气质，应该有更多的民族文化修养。金庸提倡中华民族培养君子，东方气质，儒雅，饱读诗书，要提倡民族精神。现在很多年轻人哈韩、哈日、哈美，其实大可不必。并不是说韩国、日本、美国的东西就不美，就没有气质，而是说，现在我们可能更需要有民族特色的东西。很多的西方人喜欢中国文化，喜欢中国的东方气质。如果有一天我们的同胞站在国外的土地上，金发碧眼的老外能够　眼看出这个人有东方气质，中国气质；那么，我们中国人的气质培养才是真正到了一定境界了。林徽因是学建筑的，而且是在西方学的。但她的人文素养很好，尤其是中国传统的人文素养很好，所以很有气质。我们说，民族的也就是世界的，可以超越民族特性。中国的巩俐和章子怡等可以被欧美国家接受，很多好莱坞明星的气质也得到了东方人的认可。

4. 受服装、礼仪等形式的影响

气质的养成，会受服装、礼仪等形式的影响，形式带来特殊的感觉，也就是我们文艺学里经常说的"有意味的形式"。形式本身也是有审美内涵的，形式的限制长时间会形成自己的风格。比如说中国的旗袍、日本的和服、西方的比基尼等，长时间的穿着会影响气质的风格的形成。比如说，穿上高跟鞋，就必须挺胸抬头，这样就让人看起来很自信。穿上正装西服，就不能乱动肩膀手臂，这样就让人看起来庄重稳健。在条件许可的条件下，不妨选择一些"有气质"的服饰，这样对自己的气质培养也是有好处的。但是切不可以此为制胜法宝，因为气质最根本的还是来源于自身，否则"穿起龙袍不像太子"，也是很尴尬的。

5. 读书是最基本的

"腹有诗书气自华"，书读得少其他练得再多，也还是没有内涵。四季酒店要求每一位员工都是酒店服务的图书馆，即宾客有问必答，并且要准确无误，这就意味着作为一名酒店员工，不仅要上知天文，还要下知地理，小到穿衣吃饭，大到古今中外都要知晓，如果你能做到，就必然会使客人觉得是非常有气质和内涵的人，也必然会赢得宾客的尊重。

6. 好的生活环境，好的心态

有一个好的生活环境，好的心态，才能培养出好的气质。"心中有天堂，处处有阳光"，酒店行业是一个阳光和充满朝气的行业，所以作为其行业的从业者，必须向宾客展示一种阳光、向上、充满朝气的气质。

三、贤质之美

（一）贤质的概念

百度百科认为"贤质"即才德兼备，作风朴实，也有人认为是"有道德的，有才能的"，包括贤明、贤德、贤能、贤良、贤惠、贤淑、贤哲、贤人、圣贤、礼贤下士等。

（二）贤质修养的层次

从美学的角度讲，贤质修养主要体现在四个层次上，即听、读、写、说。听读写说的礼仪修养是人际沟通的主要路径，运用得体会给人以美的享受。

1. 听

中国有句古训：人长着两只耳朵却只有一张嘴，就是为了少说多听。倾听他人谈话是获得信息的主要手段。在一般的交谈活动中，听，往往比说更重要。但听绝非仅仅是一个简单的利用双耳去接受声音信息的生理功能，而是牵涉到诸多方面的一个综合的复杂过程。所以，如何学会倾听，做好倾听，从倾听中获得最多的有用信息，并以之来指导我们的行为，确实是一门很有讲究的应用艺术，值得深入地研究、讨论。

第五章 酒店服务之美

（1）倾听的本质及意义

倾听是一种素养，它的内涵足够丰富。只有学会了倾听，我们才能更好地与人相处；只有学会了倾听，我们才能提高自己的修养；只有学会倾听，我们才能得到更多的收益；只有学会倾听，我们才能学会更好地表达；只有学会倾听，我们才能明辨是非。

倾听需要一种正确的姿态。当你专注地看着对方，用心地捕捉他所表达的信息时，对方会感到说不出的愉悦。在那一刻，流露出你的真诚，你的专心，当时的你，是为他而存在的，你或站或坐在那儿，就是对对方的最大的尊重。

倾听会给你带来意想不到的收获。郁结在心中很久的一个问题，会由于对方一句话的触动而找到答案；处于迷途找不到方向，会因为一句话而恍然大悟；心情郁闷，无所排遣，会因为一席真挚的开导而豁然开朗。通过倾听，你可以收获许多闻所未闻的故事；你会知道有一本见所未见的书里深含动人心魄的哲理；你会理解面对什么事应该采取怎样的态度；你会懂得生活中有许多事情并不是你想象的那么浅显、那么无味；你会明白这个世界是由许多心灵组成的，而每一颗都有着它跳动的节奏和追求的梦想；你会知晓有些你拥有的别人未必拥有，有些你丢弃的别人却悄悄地捡起。

倾听是一种理解。我们渴望别人的理解，这种理解表现的最普通的方式就是倾诉。当别人对我们深沉的痛苦与忧虑表现出一副不耐烦的样子里，我们不但会对那个人绝望，甚至有时对这个人世也升上绝望。在我们的意识里，世界是由他人的心灵构成的，他人的心灵是冰冷的，那么，这个世界也就是冷漠的。相反，有了一份真诚的倾听，哪怕他什么也不说，只表现出一种专注，一种分担，也足以让我们感到温暖，感到解脱。

倾听也是一种同情。这里的同情并不一定的悲悯，许多的人并不喜欢我们将一般意义上的同情加在他们的头上。但他却渴望我们能设身处地地为他着想一下。这也是一种同情，一种基于自己内心的感受并认真地体察他人感受的情感。在这种态度下，我们听到的每一句话都在内心激起波浪，我们会变得丰富，变得宽容。

倾听同时也是一种提醒。有的人在说一件事情的时候，我们往往会惕然心境：他是这么倒霉，只因为他采取的方式不当，而回头观看我们，幸亏发生同样的事情的时候我们没有那么做；他是那么不幸，因为他走了不该走的路，而我们似乎现在也处于这样一个岔路口，何去何从也就有了方向。在倾听中，我们获得了许多有益的生活方式，同时，当轮到我们表达的时候，我们知道该如何选择。倾听，让我们变成了生活的智者，控制了生活，而不会被它引入泥淖。

（2）倾听应注意的问题

倾听需要虚怀若谷。善于倾听别人讲话是一种高雅的素养。倾听能使人聪明，在倾听中能够拓宽思路，探寻解决问题的方向或路径。倾听的心态决定倾听的效果，需要在接纳的基础上保持一种"空壶"心态，在倾听中迎接、容纳、消化、识记。

倾听需要集中精力。倾听是凭借听觉器官接受语言信息，进而通过思维活动达到认知、理解的过程。倾听属于沟通的组成部分，只有做到眼到、耳到、心到，才能够实现有效倾听，以求思想达成一致和情感的通畅。倾听需要专注，专注来源于听者的虚心、耐心与诚心。

倾听需要适时互动。倾听时要多听少说，甘当配角，主动融入到对方的思想情绪之中。在倾听中要适时介入交流，体察对方的感受，善于抓住对方陈述的主要思想或主要内容，及时交流自己的想法。在倾听中要通过运用眼神、表情、短语等方式来表达自己正在认真倾听的姿态，使自己的思维、语言、行动紧扣谈论的话题，通过交流互动拉近与对方的心理距离，做到"问答相宜""答即所问"，避免"有问不答""答非所问"或"非问非答"。

（3）有效倾听的基本技巧

①充分接收信息。

第一，一定要带着目的去倾听，"我为什么要与对方沟通""我希望从对方那里了解哪些信息？"

第二，要适应对方的谈话风格。要压制自己急躁情绪，给自己一些积极地心理暗示来帮助调节自己的接收频率，使其与对方谈话的频率相同。

第三，要全身倾听。仅仅用耳朵倾听是远远不够的，还需要全身上下积极配合，共同来捕捉和解读对方传达的信息。

第四，要寻求理解对方。他为什么会这么说？他这样说是为了表达什么样的信息、思想和感情？

②适时适度地提问。

第一，提问要适时。如果提问的时机不当，很可能会使沟通中断，或者达不到最终的沟通目的，同时也会影响到对方对你的印象。

第二，提问要适度如果提问超出了一定限度，容易使对方产生反感，从而影响到沟通效果，所以提问时要掌握下面几点技巧：

一是，提问的内容要适度。

二是，提问的数量要适度。

三是，提问的语气要适度。

四是，提问的方式要适度。

③正确倾听"弦外之音"。

注意说话者的神态、表情、姿势以及声调、语气等非语言符号的变化，尽量

第五章 酒店服务之美

"听懂"这类非语言符号传递出的信息,以便能比较准确地了解对方的弦外之音、话外之意。

④集中注意力,全神贯注。

不做无关的工作,把自己的知觉、情感、态度全部调动起来,投入地听,用心去体验对方谈话所及的情景。

⑤恰当地提出问题和插话。

表明你对对方所谈内容的关心、理解、重视和支持,但不要打断对方的谈话。

⑥注意检点自己的体态语言,并给对方的谈话以适当的反馈。

2. 读

(1) 阅读是一种修养

梁实秋先生曾经说过:"以一般人而言,最简便的修养方法就是读书。"对于每个人而言,阅读不只是一种习惯养成,阅读更应当是一种修养。我们应当自觉地、主动地阅读,通过阅读吸收知识和信息,在阅读中坚持问题导向,不断提高发现问题、分析问题、解决问题的能力,自觉培养法官的修养。当今是一个知识爆炸、信息聚合的时代,在茫茫书海和海量信息之中,需要正确把握阅读的目的、方法与范围,解决好为什么阅读、怎么阅读、阅读什么三个问题。

(2) 阅读的目的

阅读是人们积累知识、丰富思维、拓展思路的必然路径,阅读能力是提升专业技能和综合素质的基础能力。一个人获取知识有两种渠道:一是亲身实践获得感性认识,通过思考上升为理性认识,经事而长智;二是通过阅读继承前人在实践中积累的知识和经验,览往而治今。

(3) 阅读的方法

阅读的核心是理解,阅读能力实质上就是理解能力。阅读并非只是记住文本本身,而是要通过理解文本的含义,抽丝剥茧,打开文字内核,寻找隐藏的在文字表象里的实质意义,进而吸收、加工和运用。阅读应当抓住两个关键,一是坚持问题导向;二是梳理知与不知。前者重在把握阅读的方向,后者重在对新旧知识与信息的整合与重构。正如爱因斯坦所说:"在所阅读的书本中找出可以把自己引向深处的东西,把其他一切统统抛掉,就是抛掉使头脑负担过重和会把自己诱离要求的一切。"阅读的基本要求是廓清思路,准确理解,提出问题,精确表达。

合理把握阅读范围。阅读不可投机取巧,但必须学会选择取舍。除了在阅读内容方面有所甄别选择外,在阅读平台方面也要与时俱进。随着科学技术进步尤其是网络技术、数字技术的发展,除了要勤于阅读、善于阅读纸质书籍材料外,还需要善用电子书籍资料，使阅读和工作习惯符合时代发展要求。但也需要克服"网络依赖""屏幕依赖"等不良习惯，避免只注重阅读过程而弱化理解记忆。

总之，阅读要有目的与计划，区别阅读对象采取不同的阅读方法，处理好博览与精读之间的关系。基础类书籍应细读、慢读，深入理解，融会贯通；专业类书籍应通读、精读，联系实际，举一反三；兴趣类书籍可以粗读、泛读，充实自己，陶冶情操。阅读过程中要善于与人分享阅读的感受与快乐，通过相互交流、撰写心得等方式，强化对知识的掌握与理解，注重对知识的转化与运用，记录和见证自己心智成熟的历程

3. 写

写，又称书面表达，就是把自己心里想说的话用文字表达出来，看似简单，可是写起来却很费脑筋，它不会像平时说话那样想到什么说什么，而是稍不留神就出现用词错误，语句不通等各种毛病。

（1）写是综合素养的体现

写是人们有意识使用语言文字来反映客观事物、表达思想感情、传递知识信息的创造性脑力劳动过程。写作能力综合反映了一个人的心理、思想、文化素质和智力结构。写作是人类生活的重要内容，是人类创造性表达自我的思考、探索问题的有力武器，是人类相互沟通、融合生存的重要方式，是创造人性美丽的基本手段。美国未来学家约翰·奈斯比特在其著作《大趋势》中曾断言："在这个文字愈来愈密集的社会，我们比以往任何时候都更需要读写技巧。"现代人才必须具备较高的写作能力，才能从容应对日常工作生活中的诸多问题。对酒店美的使者员工而言，写作是听、说、读、写这些最基本的技能中需要掌握的一项。在语言教学中，听与读是对信息的吸纳；说与写是对信息的表述。相较于随意性更大的"说"，"写"是整理思维、组织思路、进行分析和比较的过程，更严密全面，它不单体现了作者的语言素养，也体现了作者的思想及文化素质、逻辑思维能力、思想深度等。可以说写作能力是一个人知识水平、思想认识水平、思维判断能力和综合表达能力等综合素养的体现。通过写作，他们可以训练思维方法，提高对客观事物的观察能力、认识能力和把握能力，加强思维的严密性和逻辑性，并为创新和创造性思维打下良好的基础。

（2）怎样能写得更好

第一，明白自己想表达什么？具体说就是你想告诉对方什么事情？

第二，学会理清思路，即该事情的逻辑顺序；

第三，用简练的语言将你要表达的事情写下。需注意信息接收人的身份，选择相应的措辞。

（3）提高书面表达能力的途径

第一，养成写日记的好习惯。好的书面表达能力离不开长时间的锻炼，写日

第五章 酒店服务之美

记无疑是一个好方法，不仅可以记录下自己的成长岁月，还可以锻炼自己的语言组织能力。

第二，多读书看报。多读文章看报纸学习写作方法技巧，在完整表达句意的同时也可以积累更多词汇和素材，让自己的书面表达更丰富更生动。古人说过：读书破万卷，下笔犹有神。

第三，随时带上小本记录生活。随身带个小本，把看到的听到的有意思的事情记录下来，再记录下当时自己内心的感受。日积月累，不但能提高语言组织能力，更能够让内心的想法变得丰富，充满灵感。

第四，开阔视野，多方面观察、感受生活。文章是现实生活的反映，要想写好作文，首先要注意观察和感受生活。古往今来，凡是写文章有所成就的人，都十分重视这一点。汉朝的司马迁说：读万卷书，行万里路。这"行万里路"，就是指要从多方面观察和感受生活。

第五，要重视修改文章。多多练笔固然是关键的一环，但每次练习之后，还应该进行认真的修改，这对书面表达水平的提高，也是有着很重要作用的。

4. 说

说，即语言沟通，也是贤质四层次的最后一个层次，表达得体，可以"兴邦"，否则轻则显素质低，重者则可以"毁邦"

（1）语言沟通的要求

酒店服务人员接待客人离不开语言表达。服务语言是一个酒店服务人员的知识、阅历、智慧与教养的真实体现，在服务宾客过程中尤其重要，因为它是交流思想情感、增进友谊的重要纽带，是建立良好人际关系的重要途径。语言沟通不仅讲究语言的准确，内容的意境，态度的诚恳，更讲究表达方式的技巧。具体要求见表5-1

表5-1　　　　　　　　　语言沟通时的要求

语言准确	对国内宾要讲普通话,在对外国宾客服时,要尽可能使用外语;语音要清晰,吐字要标准;语速要适中,每分钟以80~100字为宜;语调要抑扬顿挫,给人带来舒适欢欣之情
话题恰当	选择一个好的话题,会使双方找到共同语言,预示着交流成功了一半。要选择双方共同关注的话题、高雅的话题和对方感兴趣的话题
避免禁忌	不谈论个人隐私的话题,不谈论令人不快的话题,不谈论评品他人的话题,不谈论失敬于人的话题

(2) 礼貌用语

礼貌用语在酒店服务过程中具有体现礼貌和提供服务的双重特性,是酒店服务人员完成服务工作的重要手段。

①礼貌用语的基本特点。

第一,敬语。

敬语是表示尊敬、恭敬的习惯用语。酒店服务人员与宾客交流时,一定要注意"请"字开头,"谢谢"收尾,"对不起"常挂在嘴边。敬语一般有"您""您好""请""劳驾""麻烦您""能否代劳""有劳""效劳""拜托""谢谢""请稍后""对不起""再见"等。

第二,谦语。

谦语也称谦辞,它是自谦的一种习惯用语,通常在对客人使用敬语的同时一起使用。在进行自我称呼、自我评价、自我要求时,适于用谦语表达。在交谈时的自评,常常用"一点儿小事不足挂齿""承蒙夸奖,不敢当""招待不周,请多多包涵"等。

第三,雅语。

雅语是指一些比较文雅的词语和俗语,是一种比较含蓄、委婉的表达方式。在酒店服务工作中,雅语往往用于那些在公共场合或社交活动中需要避讳的情况。例如,用"我去一趟化妆间"代替"去上厕所",用"需不需要加一些主食"来代替"要不要饭",用"不新鲜"代替"臭了",用"发福"代替"发胖"。

第四,征询语。

征询语就是指服务接待人员主动、适度使用的征求客人意见的语言。征询语可以使客人感觉到受尊重,因而对服务人员产生较好的印象。常用的征询语,如"我能为您服务吗""您有什么事""您需要什么""我可以进来吗""先生,需要我为您做些什么吗"等。

第五,赞誉语。

出于真诚,发自内心的赞美,不能简单地等同于取悦他人的方式,而应当作为一种语言交流的调味剂,在运用时要以诚为本,以实为要。赞美内容针对性强,明确具体。要取得赞美的效果还必须相机行事、适时而为。在众多客人在场的情况下,不能只赞扬其中一人。

②礼貌用语的基本内容。

礼貌服务用语作为酒店行业的职业语言,有以下几种类型,见表5-2。

第五章 酒店服务之美

表 5-2　　　　　　　　　　　礼貌服务用语类型

类型	表达举例	注意事项
问候用语	"您好""各位来宾,早上好!""大家好!""晚安"等	主动向宾客问候,采取"统一问候""由尊而卑"和"由近而远"的原则进行问候
迎送用语	"欢迎光临!""欢迎您的到来!""再见""慢走""走好""欢迎再来""一路平安"等	宾客再次到来时,应记得对方,以使对方产生被重视之感;同时伴以主动行见面礼
请托用语	"请稍候""拜托""劳驾""请您帮我一个忙"等	接待人员不管是需要理解,还是寻求帮助,都要诚恳地使用请托用语
致谢用语	"谢谢""谢谢大家!""非常感谢!"等	获得宾客帮助、得到支持、赢得理解、感到善意、婉言谢绝、受到宾客赞美时使用
征询用语	"需要帮助吗?""您有什么事吗?""您在这儿休息一会儿好吗?"	主动提供服务、了解对方需求、给予对方选择、启发对方思路时、征求对方意见时使用
应答用语	"好,明白了""随时为您效劳""这是我的荣幸""没有关系"等	随听随笑,有问必答,灵活应变,热情周到,尽力相助,不失恭敬
赞赏用语	"太好了""十分漂亮""您的观点非常正确"等	使用赞用语时,应少而精,恰到好处
祝贺用语	"祝您一路平安""身体健康""新年好""节日愉快""生日快乐"等	祝贺用语应因人而异,同时要注重其时效性
推托用语	"很抱歉,我无权这么做""我们这里规定,不能乱开发票"等	讲究方式方法,做到语言得体,态度友好,理由充分,以淡化宾客失望情绪
道歉用语	"抱歉""对不起""请原谅""不好意思""多多包涵"	表示歉意要及时,使用道歉语言规范,切忌做得过分

四、服务礼仪之美

服务礼仪是一种与周围环境相协调的美,要综合考虑个体的相貌、身材、职业,并结合服饰、妆容、语言、姿态,塑造出和谐之美。自然大方的礼仪能使人产生平易近人、亲切友好的感觉。

(一) 服务仪容礼仪——形象之美

在英国的酒店常常能看到这样的场景,代表尊贵服务的英国管家,身穿燕尾服、斑马裤、扎起黑色领结、戴着白色手套的中年男士，彬彬有礼而举止文雅，一派绅士风度，笔直地站立在酒店门口恭候客人的光临。仪容是指个人的容貌，它由发式、面容以及肌肤构成。在个人仪表美中，仪容起到举足轻重的作用。

1. 头发的修饰

头发是仪容修饰的重中之重，"在一个人身上，正常情况下最引人注意的地方，往往首先是他对自己头发所进行的修饰。"酒店员工头发修饰的要求有以下几方面：

（1）头发要保持清洁

头发要适时梳理，不可有头皮屑。应养成周期性洗头发的习惯，一般每周洗1~2次。应定期修剪头发，一般一个月修剪一次，并使用发油保护头发，使其富有弹性和活力。不可染黑色、棕色以外的颜色。

（2）发型要与体型相配

①高瘦型：比较适宜留长发、直发，头发长至下巴与锁骨之间较理想。

②矮小型：不适宜留长发，烫发时应将花式、块面做得小巧、精致一些。盘头也会给人以身材增高的错觉。

③高大型：以大方、简洁为好的直发为好，或者是大波浪卷发。头发不要太蓬松。

④矮胖型：不要留披肩长发，让头发向高处突，显露脖颈以增加身体高度感。头发应避免过于蓬松。

2. 手的清洁

手是酒店员工的"第二枚名片"，无论是握手寒暄、交换名片、递送文件、献茶敬酒，还是垂手而立，置之桌上，它都处于耀眼醒目之处。一双保养良好、干净的手，给人以美感。一双"年久失修"、肮脏不堪的手，则会使人大倒胃口，甚至会影响别人的总体评价。

手的清洁反映一个人的修养和卫生习惯，要随时清洗双手，使之处于干净状态。要经常修剪和洗刷指甲，保持指甲的清洁，不得留长指甲，不要涂有色的指甲油。

3. 面部清洁

每日早晚洗脸，清除附在面颊、颈部的污垢、汗渍等，使人容光焕发，显示活力。男子胡须要净，鼻毛应剪短，不留胡子；女子化淡妆，不浓妆艳抹，避免使用气味浓烈的化妆品及香水。做到勤洗头、勤洗澡、勤修指甲、勤修面，忌讳身体有异味、皮肤表层或指甲内有污垢。

4. 口腔卫生

保持口腔卫生是与宾客交际的先决条件，要做到每日早晚科学地刷牙，饭后

第五章 酒店服务之美

漱口,以便清除牙缝内的饭渣,防止牙石沉积。上班前不可饮酒,忌吃葱、蒜,防止口腔异味。在工作前,不要饮酒,不要食用葱、蒜、韭菜、酒等有异味的食物,以免引起他人反感。

5. 美容与化妆

(1) 化妆的原则

①化妆的目的是突出自己最美的部分。
②色彩的选用取决于肤色和服装的色彩。
③化妆要因人、因时、因地制宜,切忌千篇一律。
④化妆创造新意时,不失自己的基本形象。
⑤化妆要寻找统一和谐的美。

(2) 化妆的步骤

女性服务人员上岗前的化妆,大体上可分为洗面部、打粉底、画眼线、施眼影、描眉形、上腮红、涂口红七个步骤。

①洗面部:洁净面部,用中指和无名指指腹轻轻按摩揉搓,整个清洗过程不能超过3分钟,然后用清水洗净。注意选用适合自己皮肤类型的洁面乳。

②打粉底:调整面部肤色,使之柔和美化。选择粉底霜;用海绵取适量的粉底,细致涂抹,使之均匀。粉底霜与肤色反差不宜太大;可以在脖颈部打上粉底。

③画眼线:使眼睛生动有神,并且更富有光泽。笔法先粗后细,由浓而淡;上眼线从内眼角向外眼角画;下眼线从外眼角向内眼角画。注意一气呵成,上下眼线不可在外眼角处交会。

④施眼影:强化面部立体感,使双眼明亮传神。选择对个人肤色适中的眼影;由浅而深,施出眼影的层次感。注意眼影色彩不宜鲜艳,工作妆应选用浅咖啡色眼影。

⑤描眉形:突出或改善个人眉形以烘托容貌。拔除杂乱无序的眉毛;对逐根眉毛进行描眉形,使眉形具有立体感;注意两头淡,中间浓;上边浅,下边深。眉笔颜色不宜过深过黑,选用棕黑色为好。

⑥上腮红:使面颊红润,轮廓优美,显示健康活力。选择适宜腮红,延展晕染腮红,扑粉定妆。注意使腮红和唇膏或眼线属于同一色系;腮红与面部肤色过渡要自然。

⑦涂口红:改变不理想唇形,使双唇更加娇媚。以唇线笔描好唇形,涂好唇膏,用纸巾吸去多余的唇膏;先描上唇,后描下唇,从左右两侧沿唇部轮廓向中间画;描完后检查一下牙齿上有无唇膏的痕迹。

(二) 服务仪姿礼仪——姿态之美

人的基本体态可分为站姿、坐姿、走姿和卧姿四大类，通常呈现在公众面前的是站、坐、走三类。优美的站、坐、走的姿势，是发展人的不同质感的动态美的起点与基础，同时也是一个人良好气质与风度的展现。古语所说的"站如松，坐如钟，行如风"，就表明了对体态的严格要求。

1. 基本站姿

站姿应注意保持挺直、典雅、均衡，基本规范要求是：

（1）站正，双腿并拢立直，两脚跟相靠，脚尖分开成"V"形，开度一般为"45°~60°"，身体重心落在两脚中间。

（2）胸要微挺，腹部自然地收缩，髋部上提，挺直背脊。

（3）双肩舒展、齐平，双臂自然下垂（在背后交叉或体前交叉也可），虎口向前，手指自然弯曲，中指贴裤缝。

（4）头正，颈直，双眼平视前方，嘴微闭，面带微笑。

站立太累时，可变换为调节式站立，即身体重心偏移到左脚或右脚上，另一条腿微向前屈，脚部放松。无论哪一种站姿，均应注意：双手不可叉腰，不可抱在胸前，不可插入衣袋；眼睛不要东张西望；身体不要抖动或摇摆，更不应东倒西歪。

2. 酒店员工的服务站姿

在酒店工作中，许多岗位需要站立服务，在为客人服务时，站姿一定要规范。酒店服务人员在工作中的站姿常有以下几种：

（1）垂臂式站姿（同基本站姿）

头正、颈直、双眼目视前方；下颌略收，微笑；双肩放松并打开；挺胸、双臂自然下垂；收腹、立腰、提臀。双腿并拢、两膝间无缝隙。

（2）丁字步腹前握指式站姿

一般适用于女员工，在基本站姿的基础上，两手握于腹前，右手在上，握住左手手指部位，两手交叉点在衣扣垂直线上。两脚尖略展开，右脚在前，将右脚跟靠于左脚内侧前端，两手握指交于腹前，身体重心可在两脚上，也可在一只脚上，以通过两脚重心的转移减轻疲劳。

（3）后背握指式站姿（双臂后背式站姿）

一般适用于男员工，在基本站姿的基础上，两臂后摆，两手在身后相握，右手握住左手手指部位，左手在上，置于髋骨处，两臂肘关节自然内收。左脚向左横迈一步，两脚之间距离不得超过肩宽，两脚分开平行站立，身体重心在两脚上，身体直立，注意不要挺腹或后仰。

第五章　酒店服务之美

（4）左或右单臂后背式站姿

在基本站姿的基础上，左（右）脚前移，脚跟靠于右（左）脚内侧中间位置，两脚尖展开90°，成左（右）丁字步。左（右）手后背，右（左）手自然下垂，身体重心在两脚上。

（5）左或右单臂前曲式站姿

在基本站姿的基础上，右（左）脚前移，脚跟靠于左（右）脚内侧中间位置，两脚尖展开90°，成右（左）丁字步。左（右）臂肘关节弯曲，前臂抬至横膈膜处，左（右）手手心向里，手指自然弯曲，右（左）手自然下垂，身体重心在两脚上。

3. 基本走姿

走姿是人们行走时的姿态，能直接反映出一个人的精神面貌，性格特点等。优美的走姿属于动态美，它要求稳健、轻盈、大方、有节奏感。走姿的基本规范要求是：

（1）头正、颈直、下颌微收，目光平视前方（约4米处），面带笑容。

（2）挺胸收腹，直腰，背脊挺直，提臀，上体稍向前。

（3）双肩平齐下沉，双臂放松伸直，手指自然弯曲。摆动两臂时，以肩关节为轴，上臂与小臂呈直线前后摆动，摆幅（手臂与躯干的夹角）不得超过30°；前摆时，肘关节略屈，前臂不要向上甩动。

（4）提髋，屈大腿带动小腿向前迈步，脚尖略微分开，脚跟先触地，身体重心落在前脚掌上。前脚落地和后脚离地时，膝盖须伸直。

（5）步位直。步位即脚落地时的位置。女子行走时，两脚内侧着地的轨迹要在一条直线上。男子行走时，两脚内侧着地的轨迹不在一条直线上，而是在两条直线上。

（6）步幅适度。步幅，即跨步时两脚之间的距离，是前脚跟与后脚尖之间的距离，通常步幅是1~1.5脚长。

（7）步速平稳。行走的速度应当保持均衡，不要忽快忽慢。一般步速标准为女士每秒两步，男子稍快。

行走时切忌弯腰驼背，摇头晃脑，探颈前窜，大摇大摆，步子太大太碎，脚蹭地面，脚尖向内形成"内八字"步或脚尖向外形成"外八字"步。

4. 酒店员工的服务走姿

（1）变向走

第一，后退步。

与人告别时，应当先后退两三步，再转身离去。退步时脚轻擦地面，步幅要小，先转身后转头。

第二，引导步。

引导步是用于服务员走在前面给宾客带路的步态。引导时要尽可能走在宾客左侧，整个身体半转向宾客，保持两步的距离。遇到上下楼梯、拐弯、进门时，要伸出左手示意，并提示请客人上楼、进门等。

第三，前行转身步。

在前行中要拐弯时，要在距所转方向远侧的一只脚落地后，立即以该脚掌为轴，转过全身，然后迈出另一脚。换言之向左拐，要右脚在前时转身；向右拐，要左脚在前时转身。

（2）穿不同鞋子的走姿

第一，穿平跟鞋的走姿。

穿平跟鞋走路比较自然、随便，走起路来显得轻松、大方。穿平底鞋行走时，步幅可稍大些，手臂的摆动也可稍大一些。但行走时由脚跟到脚掌用力要均匀适度，身体重心的推送过程要平稳，不可脚掌过度用力，使身体上冲升高，造成步态上下颠动的不平稳状态。因此，要脚跟先落地，脚跟不要提起过高，行走力度要均匀，使身体重心平稳地向前脚转移即可。另外，穿平底鞋行走时还需注意抬腿不可过高，否则往前行走时会给人一种往前甩小腿的感觉。

穿平跟鞋不受拘束，往往容易过分随意，步幅时大时小，速度时快时慢，容易给宾客以松懈的印象。因此，酒店员工穿平跟鞋时要注意行走的姿态。

第二，穿高跟鞋的走姿。

穿上高跟鞋后，脚跟被垫高了，为了保持平衡，身体重心前移至脚掌上。穿高跟鞋行走时一定要注意将踝关节、膝关节、髋关节挺直，要立腰收腹、提臀挺胸，直颈、头微上仰，从脚到头要有一种挺拔的感觉。行走时步幅不宜大，手臂摆幅也不宜大。

穿高跟鞋走路，步幅要小，脚跟先落地，不强调脚跟到脚掌的推送过程。但在前脚着地、后脚离地时，膝盖一定要挺直。两脚落地时脚跟要在一条直线上，脚尖略外展，走出来的脚步像一枝柳条上的柳叶一样，这就是所谓的"柳叶十步"。

（3）不同着装的走姿

穿着不同的服装，应有与之相协调的举止步态，这样才能显得美。若一个人的举止步态不能与所着服装相协调，那举止或服装也不能给人以美感，因此穿着不同服装时的走姿应有所不同。

第一，穿着西装的走姿。

西装以直线条为主，其特点：舒展、挺拔、庄重、大方。因而在仪态举止方面也要以直线为主，穿着西装时身体要挺直，后背要平正，两腿直立，走路的步

第五章 酒店服务之美

幅可略大些。行走时,女子髋部不要左右摆动。

第二,穿着旗袍的走姿。

旗袍以曲线为主,其特点:柔美、妩媚、典雅。中国的旗袍能反映出东方女性柔美的风韵,富有曲线韵律美。一些大宾馆的服务员,尤其是餐厅、前厅和领位小姐等,宜身着旗袍,在仪态和举止上要充分体现出柔和、含蓄、妩媚、典雅的风格。穿着旗袍要求身体挺拔、胸微含,下颚微收,注意不要塌腰撅臀。行走时,髋部可随脚步或身体重心的转移,稍左右摆动,而步幅和手臂前后摆幅宜小一点,不宜过大。

第三,穿着一步裙的走姿。

一步裙,无论长短,因其裙摆小,行走时最大限度只能跨出一步。着一步裙时,应注意保持平稳,两手臂的前后摆幅、步幅也要小一点。

第四,穿着大摆裙的走姿。

穿着大摆裙使人显得修长,大摆则使人显得飘逸潇洒。穿大摆裙走动时可一手提裙,步幅可稍大些,手臂的摆幅也可随之大一些。

第五,穿着短裙的走姿。

穿着短裙,要表现出轻盈、敏捷、活泼、洒脱的特点,行走时步幅不宜大,步速可稍快些。

5. 基本坐姿

(1) 入座和起座

坐姿应给人以端庄、文雅、稳重之感。坐姿不仅包括坐的静态姿势,同时还应包括坐的动态姿势。入座和起座,是坐不可分割的两个部分。"入座"作为坐的"序幕","起座"作为坐的"尾声"。

入座时,从座位左边入座,背向座位,双腿并拢,右脚后退半步,使腿肚贴在座位边,轻稳和缓地坐下,然后将右脚与左脚并齐,身体挺直。如果是女士入座,若穿的是裙装,应整理裙边,用手沿大腿侧后部轻轻地把裙子向前拢一下,并顺势坐下,不要等坐下后再来整理衣裙。

起座时,右脚向后收半步,用力蹬地,两手撑椅子两侧起身站立,右脚再收回与左脚靠拢。

(2) 基本坐姿

坐立时,头正、颈直,双目平视前方,或注视对方,嘴微闭,面带微笑;身体自然坐直,挺胸收腹,腰背挺直;双腿并拢,小腿与地面垂直,双膝和双脚跟并拢;双肩放松下沉,双臂自然弯曲内收,双手呈握指式,右手在上,手指自然弯曲,放在腹前双腿上或座位扶手上。

端坐时间过长,会使人感觉疲劳,这时可变换为侧坐。无论哪一种坐法,都应娴雅自如,切忌坐时弯腰驼背,含胸挺腹,前俯后仰,摇腿跷脚或双膝分开、跷二郎腿。入座与起座时应舒缓、自然大方,动作不可迅猛。

(3) 坐姿中手的摆放

坐姿中两臂两手的摆放有两种姿势:除两臂自然弯曲内收、两手握指放于腹前双腿之上外,还可根据坐姿的变化两手呈握指式放于一腿上。

若椅子有扶手,女士可将两手重叠或呈握指式放于扶手上;也可将一手臂放在扶手上,掌心朝下,另一手臂横放于双腿上,不要把双手同时放在两侧扶手上。

男士则可双手掌心向下放在扶手上。若前有桌子,也可将两臂弯曲,双手相握放在桌子上。

(4) 坐姿中脚的摆放

两脚两腿不可过于前伸,也不可过于外展。交叉的脚也不可分得太开或上跷,交叠在上的脚和腿也不可上跷或把一小腿搭架在另一大腿上形成十字形。不可不停地抖动或晃动脚和腿;也不可将脚和腿放在椅子或沙发的扶手上,或者放在桌子或茶几上。女士两膝始终要相靠,不可分开;双臂不可交叉抱于胸前,手不可把握脚颈、抱小腿、抱膝盖、置于臀下、摊放在桌子上、扳弄手指、摆弄其他东西、抠鼻子、掏耳朵等。

(5) 坐座椅的位置

入座时应根据情况坐满凳椅的1/3或2/3。如与德高望重的长辈、上级等谈话时,为表示尊重、敬意,可坐凳面的1/3;如坐宽大的椅子或沙发,不可满座,坐满2/3即可,否则会使小腿靠着椅子边或沙发边而有失雅观;若坐得太少太靠边则会使人感到在暗示随时都会离开。若对方不是对面相坐,而是有一定的角度或坐于一侧,那么上体和腿应同时转向一侧,面对对方。

6. 酒店员工的服务坐姿

(1) 双腿垂直式坐姿

同基本坐姿,有时根据情况,上体可稍稍前倾。这种坐姿是正式场合最基本的坐姿,它给人以诚恳、认真的印象。

(2) 开膝合手式坐姿。

在基本坐姿的基础上,双脚向外平移,两脚间距离不得超过肩宽,两小腿垂直于地面,两膝分开,两手合握于腹前。此坐姿仅适于男士。

(3) 前伸式坐姿

在基本坐姿的基础上,女士左脚向前伸出,全脚着地,小腿与地面的夹角不得小于45°,右脚跟上,右脚内侧脚弓部靠于左脚跟处,全脚着地,脚尖不可上翘。男士双脚前伸并拢,小腿与地面的夹角不得小于45°。

第五章 酒店服务之美

(4) 双腿左(右)斜放式坐姿

在基本坐姿的基础上,左(右)脚向左平移一步,左(右)脚掌内侧着地,右(左)脚左移,右(左)脚内侧中部靠于左(右)脚脚跟处,右(左)脚脚掌着地,脚跟提起,双腿靠拢斜放。两膝在整个过程中,始终相靠。

无论左斜放式,还是右斜放式,大腿与小腿都要成直角,小腿不要往回屈,要充分显示小腿的长度,两脚、两腿、两膝一定要靠拢,不得分开,避免露出缝隙。未着地的双脚掌内外侧切不可上跷,否则会有失雅观。双腿斜放式坐姿仅适于女士。采用双腿斜放式坐姿时,若左右两边有人,不得将腿伸向他人,而应将膝部朝向他人。

(5) 双脚交叉式坐姿

第一,前伸交叉式坐姿。

在基本坐姿的基础上,左小腿向前伸出45°,右小腿跟上,右脚在上与左脚相交,两脚交叉于踝关节处,膝部可略微分开。

第二,后收交叉式坐姿。

在基本坐姿的基础上,双脚后收于椅下,两脚掌着地,脚跟提起,两腿靠拢。后收交叉式适于座椅凳下为空者,沙发类椅子则不宜采用此坐姿。

第三,左(右)斜放交叉式坐姿。

在基本坐姿的基础上,左(右)脚向左平移,左(右)脚掌及脚跟内侧着地,右(左)脚在上与左(右)脚相交,右(左)脚掌外侧着地,脚跟提起,两脚交叉于踝关节处,双小腿成斜放,两腿靠拢。此坐姿适于女士。

双腿交叉式坐姿也适宜于座椅低矮时采用。但需注意,无论是前伸交叉式,或者右斜放交叉式,都不得将双脚伸得太出去。

(6) 双腿交叠式坐姿

在基本坐姿的基础上,左小腿起支撑作用,右腿交叠于左腿上,小腿内脚尖向下,交叠的两小腿紧靠呈一条直线。

(7) 双脚点地式坐姿

第一,后点地式坐姿。

在基本坐姿的基础上,两脚后收,脚掌着地,脚跟相靠,双腿并拢。此坐姿适于凳椅下有空间者。

第二,左(右)侧点地式坐姿。

在基本坐姿的基础上,两脚向左(右)侧伸出,左(右)脚跟靠于右(左)脚内侧中部,左(右)脚掌内侧着地,右(左)脚脚跟提起,脚掌着地,双腿两膝并拢。此坐姿适于女士。

双脚点地式坐姿适于较矮的凳椅。

(8) 开并式坐姿

在基本坐姿的基础上，两脚外移分开，两脚间分开的距离不得超出肩宽，两脚尖略向外，两膝并拢，两腿呈下开上并之态，此坐姿适于坐在低矮的凳椅或不起眼的地方。

(9) 屈伸式坐姿

在基本坐姿的基础上，右脚后收，脚掌着地，右脚呈后曲状。左脚前伸，全脚着地，左腿呈前伸状，膝部靠拢，两脚在一条直线上。

7. 酒店员工的服务蹲姿

酒店员工有时会有捡掉在地上的东西，或取放在低处的物品的动作。如果不注意蹲姿，可能会显得不雅观，也不礼貌。常见的下蹲基本规范要求是：

(1) 高低式蹲姿

下蹲时左脚在前，全脚着地，右脚稍后，脚掌着地，后跟提起；右膝低于左膝，臀部向下，身体基本上由右腿支撑；女子下蹲时两腿要靠紧，男子两腿间可有适当的距离。

(2) 交叉式蹲姿

下蹲前右脚置于左脚的左前侧，使右腿从前面与左腿交叉。下蹲时，右小腿垂直于地面，右脚全脚着地。蹲下后左脚脚跟抬起，脚掌着地，两腿前后靠紧，合力支撑身体；臀部向下，上身稍前倾。女士较适用这种蹲姿。

下蹲时，无论采取哪种蹲姿，都应掌握好身体重心，避免在客人面前滑倒的尴尬局面出现。

第二节　服饰之美

【能力培养】

1. 能够掌握酒店服饰文化表现的三个层面
2. 明确酒店服饰的文化功能
3. 明确酒店制服的可识别性
4. 了解服饰的设计要素
5. 理解酒店制服的特性与设计原则及要点
6. 掌握酒店员服饰着装礼仪

第五章 酒店服务之美

一、文化之美

【案例导入】

中国彝族服饰文化主题酒店

2006年,西昌市顺华大酒店结合凉山地域特点,以挖掘和展示彝族服饰文化为核心,升华酒店的文化主题,全方位打造出中国首家彝族服饰文化主题酒店,并于2007年顺利挂牌四星级酒店。酒店将彝族服饰的300多种款式,1 000多种图案花纹融入酒店的装饰设施、人员着装、环境色彩中传递给酒店顾客,使客人不断受到吸引,并获得高品质的入住享受。酒店以服饰文化为纽带,以艳丽多姿的彝族服饰为载体,依托富有特色的服务项目,凭借个性化的服务替代刻板服务,让顾客徜徉在独特的中国彝族服饰文化中,领略传统民族文化与现代时尚生活相融合的无限魅力。这种特定的文化氛围让顾客获得富有个性的文化感受,让顾客收获了欢乐、知识和非同寻常的体验。

图5-1 彝家玲珑头饰 彝族头饰作为一种文化符号,让宾客感受到彝族文化的绚丽多彩

资料来源:http://smt.114chn.com/Webpub/513401/091116000013/ConTP091118000157.shtml

思考:
1. 服饰在酒店的经营管理中扮演什么样的角色?
2. 酒店服饰的重要性表现在哪些方面?

(一) 文化的含义与特征

1. 文化的含义及构成

人类和动物的区别在于前者的行为主要是由文化决定的,而后者则取决于本能。文化是人类在适应自然或社会环境的发展过程中逐步积累起来与自身生活息息相关,并且可以传承的知识或经验。总的来说,文化是一种社会现象,文化是多元化的,是人们长期创造形成的产物;同时又是一种历史现象,是社会历史的积淀物。具体来看,文化涵盖一个国家或民族的历史地理、风土人情、传统习俗、语言文字、行为方式、思考习惯、价值观念、宗教信仰、文学艺术等包罗万象的内容。

一直以来,很多哲学家、社会学家、人类学家、历史学家和语言学家都在尝试从各自学科的角度来界定文化的概念,然而,迄今为止仍没有获得一个公认的定义。据统计,有关"文化"的各种不同的解释至少有两百多种。如果仅从"文化"的字面上理解,"文"是花纹花样的意思,"化"则是改变的意思,所以文化是指不用蛮力而能改变别人的东西,其中体现出一种软实力。如果从社会学和文化人类学的角度理解,"文化"一词不再局限于类似音乐、绘画、文学、舞蹈等高雅的活动,而是要广泛得多,正如文化人类学家林顿阐述的"文化是社会的全部生活方式";"一种文化是习得的行为和各种行为结果的综合体,构成文化的各种要素是为一定的社会成员所共有的"。

一般来说,文化由三个方面构成,即物质文化、社会文化和精神文化。

(1) 物质文化是指人类为满足物质需要而创造的文化,它包括人类创造的各种有形的物质实体,如建筑物、交通工具、通信工具、服饰品、各种日用品等。物质文化融合了人们制作实物的方式以及制作过程中的空间意识和审美意识。

(2) 社会文化也称为行为文化,是社会成员共同遵守的社会规范和行为准则中所表现出来的文化。社会规范包括风俗习惯、道德禁忌、宗教、法律等内容,对社会成员的日常行为起约束作用,协调人际关系及维护社会的正常秩序。

(3) 精神文化是指通过精神活动和精神产品表现出来的文化。例如,文学、艺术、科学、哲学等都是人类的精神产品,其中为人们共有的、比较稳定的思考方式是精神文化的代表。

构成文化的各个部分是相互联系的,物质文化是基础,它在人们生活中留下的文化痕迹,有声有色,有形有状,深刻地影响着人们的美感和性格,物质文化也可以说是社会文化和精神文化的物化表现。社会文化是人们在物质生产活动和生活活动中所结成的各种社会关系中起作用的文化。精神文化体现了一个民族的

第五章　酒店服务之美

素质和文明程度，是最高层次的文化。

2. 文化的特征

文化具有三个显著的特征：

（1）文化是共同享有的

也就是说，一种被看作是文化的思想和行为必须是一个民族或一群人共同享用的，或者是某一社会的大多数人认为合理的并予以接受的思想或行为，也可以看作是文化的一部分。例如，在我们的社会里，妇女穿裙子、留长发，女孩扎蝴蝶结都被认为是正常的行为，是我们社会中的文化观念。

（2）文化是后天习得的

一个民族或一群人普遍享有的事物并不都属于文化这一范畴。如一个民族的肤色就不是文化，吃的本能反应也不属于文化。前者由遗传决定，后者由生存的本能需要驱使。但通过化妆改变肤色，通过烹饪变生食为各种熟食都是后天习得的行为，在不同的文化中有不同的表现。一个社会或民族的道德观念、风俗习惯、基本生活技能都是在社会化过程中习得的。通过文化的习惯，而使其不断积累和继承。

（3）文化是建立在象征符号之上的

文化的存在依赖于人们创造和运用符号的能力。语言是最重要的符号系统，对人类文化的传承有着重大意义。人类创造的各种物质形态也是象征符号，代表着一定的意义。

（二）服饰的文化表现

服饰本身是文化现象，它是人类在自然环境、社会环境相互作用中所发生、发展、变化的。在长期的社会实践中，人类不仅发展了丰富的服装材料和服装的加工制作技术，而且还形成了一整套关于穿着方式和穿着行为的社会规范。酒店的服饰要求虽然在不同区域、不同民族关于服装的社会规范有所不同，但都对生活于该文化背景之下的人有一定的约束作用，同时服饰也是人们装饰审美意识的反映，是人们表达思想感情的方式。酒店服饰文化表现为三个层面：

（1）物质文化层面

酒店服饰是使用不同形态和色彩的面料设计加工制成的物质实体。物质是我们可以通过五官感受到的东西，就服饰而言，采用什么材料，通过何种方式加工而成，都是与物质有关的。我们能看到，无论是古代的驿站，还是今天的客栈，无论是洲际酒店，还是如家酒店，酒店工作人员的服饰本质上是一样的，都是经过裁减、缝制后可以遮体避寒的衣物。

早期人类使用自然界的树叶、草或者动物的毛皮制成人类最早的服饰。后来，人类服饰材料主要来自动植物的加工产品，像棉、麻、丝、毛等。再后来，科学技术的进步带来了人造化学纤维，但从物质实体的角度讲，这些服饰就是在不同的文化环境下，由于人们的价值观、宗教信仰、风俗习惯的不同而形成的，可以看作是人类物质文化的组成部分。

服饰加工缝制技术的发展也改变了人类的穿着方式。人类最早使用骨针缝制衣服，以后发明了纺纱织布的技术。工业革命中纺织机、织布机的发明，使纱线和布的生产实现了机械化，机器大生成替代了手工纺纱织布和衣服缝制。之后缝纫机的诞生，服装的加工制作效率大大提高。服装材料的染色、整理等加工技术的迅速发展，使服装面料的色泽、外观、质感等发生了很大的变化，它们为服饰的大规模生产的奠定了坚实的基础。

（2）社会文化层面

穿着服饰既是一种个人行为，也是一种社会行为。从某种意义上说，人们穿着服装扮演各自的角色，在群体中生活、工作、与他人交往，衣着本身表明了他的身份地位，反映了他在社会交往中对礼节、礼仪的重视程度，并且也可以说是受到他所在的"社会规范"和"行为准则"的制约。人们的穿着方式不可以任意地完全地自由选择。一个人的服饰穿着处了受到风土气候、经济发展水平的影响外，还受到风俗习惯、道德、禁忌、法律等社会规范的约束。

（3）精神文化层面

作为精神文化的服装，人的着装一方面受到社会规范的制约，另一方面也是人自身存在价值的反映。人们通过服装的创造、变革，表现个性的解放和自由的愿望，表现对美的追求。服装也同其他艺术形式一样是表现美的手段。现代社会尊重个人生存权力和存在价值的思潮，对人们的穿着行为也产生了一定的影响。人们从传统思想的束缚中解放了出来，思考方式和行为方式都发生了深刻的变化，服装作为一种自由的表现个性的方式，而成为满足自我表现欲求和偏好的对象，是生活愉悦和更加美好的象征。

（三）酒店服饰的文化功能

酒店企业具有强文化特征。作为旅游者在旅游过程中居留的场所，酒店提供的产品和服务不仅要满足客人住宿的物质需求，更要满足客人探索和感受异地文化的心理需求，这种精神享受主要来自于酒店文化的魅力和影响力。酒店蕴涵的文化主要通过两个方面体现出来，其一是在酒店"看得见，摸得着"的部分，包括建筑物造型、外观、外环境及外装修，酒店的内部环境布置和装饰设计，室内设施设备及用品物品的形状、材料、款式、色彩图案，酒店的品牌图案，服务中的形象设计，工作人员的服装服饰等；其二是在酒店"听得见，悟得着"的

第五章　酒店服务之美

部分，包括酒店的服务理念、文化理念、管理理念，服务程序、产品及业务顺序，服务过程的语言文字，对客服务礼仪礼貌，服饰设计的美感等。酒店的文化内涵使酒店产品和服务升华成为一门艺术，陶冶着旅客的精神世界，感染着宾客的内心情感。所以，酒店满足人们的不仅是住宿和餐饮反映出的物质文明，更体现出提升生活品位，追求精神文明的需要和愿望。

　　服饰是酒店文化的一种具体表现形式，酒店员工的着装反映出酒店的实力、风格、理念、涵养、气质和审美情趣等特点。不同的酒店服务于不同的目标客户群体，而入住同一酒店的宾客有着相似或相同的经济状况、兴趣爱好，品味习惯和审美观念，酒店可以通过员工服饰塑造企业视觉识别形象，将酒店的经营理念与精神文化传达给客户、社会公众和企业内部员工，并使其对企业产生一致的认同感。此外，酒店可以鲜明的个性特征和独具一格的特质吸引并培养忠诚客户，实施差异化的策略以便在竞争中脱颖而出。服饰作为现代社会发展的产物，对酒店的经营管理、市场推广、品牌打造、文化构建起到了很重要的作用。

图 5-2　适体而美丽的酒店服饰经过改良的中式服装，左图是偏襟斜开领，右图是对襟 V 形立领，体现东方文化特点，区分不同岗位的差异

1. 酒店服饰反映特定的社会经济与文化内涵

社会经济是一切上层建筑的基础，服饰的发展也是以社会经济为物质基础的。服饰美的三大要素——材料、色彩和式样，是以制作工艺的进步、印染业的

发展、纺织业的兴旺为基础，而这些又都与社会经济的发展息息相关。经济发展有明显的时代性，服饰创作也具有这一特性。纵观历史就不难发现，中国古代客栈内的店小二和现代酒店中的服务员，其服饰显然发展了好几个时代。所以说酒店服饰的发展反映着社会经济的发展。其次，酒店服饰还具有丰富的文化内涵。适体而美丽的服饰，不仅使穿者神采奕奕，精神焕发，而且使见者赏心悦目，心境开阔。由于服饰所引起的美感，能呼唤人们对艺术的热爱。比如中餐厅的旗袍，就是为融合中餐厅的气氛而设计的。旗袍是最具代表性的中国传统服饰，它充分展现了东方女性婀娜多姿的体态和温柔娴静的个性，让中国客人感受到一种返朴归真的怀旧情趣，也让外国客人体会到一种浓烈的中国民族文化气息。

2. 酒店服饰成为酒店形象的重要组成部分

酒店产品最主要是一种服务产品，宾客购买到的酒店产品不是可以带回家的实物，而是一种效用的满足。这不仅是生理上的满足，主要是心理与精神上的满足。这种满足来自于酒店总体形象给他们的感受。当今社会，人们称"形象"是企业在人、财、物之外的"第四资源"，企业的 CIS 设计（Corporate Identify System 企业形象识别系统），其中一部分内容就是建立一个系统有序的制服体系，树立酒店独特的形象，吸引更多的"回头率"和更广的公众"关注度"。现在许多酒店都有自己独特的服饰系统，如希尔顿旅馆集团以黑色为标准色的服饰系统，就是希尔顿酒店集团的"整体形象"。一个合理有序的服饰系统是酒店形象外化的、直接的组成部分，会给大众营造一种统一的视觉秩序，从而展示酒店作为一个整体的健康形象，体现管理酒店的水平和层次，一方面给员工一种无形的约束力，另一方面给宾客一种真切的踏实感。

3. 酒店服饰标志出员工不同身份和岗位

酒店员工服饰之所以要制服化，就是为了方便宾客识别各种不同的身份和不同的工种。一般而言，不同的部门的服务人员所穿着的服饰是不同的，或是表现在款式上的不同，或是表现为色彩上的区别，或是表现为用料上的差异。如果您在酒店员工餐厅用餐，就会像观看一台时装表演：穿白衣黑裤、戴白帽的厨师、穿制服的保安，穿各式民族服装的民族餐厅服务员，服饰色彩鲜艳的现场演员等。借助不同的服饰，可以一目了然地了解酒店员工的身份。服饰系统也体现了酒店的管理层次。酒店一般实行四级垂直领导制，上至总经理，下到服务员，这四级人员的服饰呈现一定的层次性。总的说来，总经理的着装无一定标准，但要代表酒店；部门经理穿西装；一般的服务员则按工种、岗位穿不同的服装。这样也便于宾客辨别并监督酒店人员的服务工作。

第五章 酒店服务之美

图 5-3　酒店员工服饰特点　酒店不同部门员工的
着装款式和色彩均有区别，有利于辨识

4. 酒店服饰体现了酒店精神面貌

服饰反映着一个民族的文化素养和精神面貌，有人称服饰为"第二语言"，如苏格兰人热爱花格子短裙，反映了他们民族独立的理想。酒店服饰更是如此，它体现的是酒店文化、酒店精神。如果说酒店服饰的美观大方让客人产生悦目的感觉，那么服饰所体现的酒店精神给客人的则是一种悦心的感受，这是审美的更高层次，达到了这个层次，宾客就会受到感染，从而对酒店产生好感，对能够享受到优质的服务充满了信心，最终使饭店达到增加客源，增加收益的目的。从员工角度来说，一套得体、美观的服饰不仅能起一定的规范作用，加深他们对自己"角色意识"的认识，从而使他们的行为趋于规范、统一、合理，而且还能增强他们的自信，促使他们保持最佳的状态投入工作，为宾客提供最佳的服务，从而体现了一种积极向上，团结一致的酒店精神。

（四）酒店服饰的制服化

1. 酒店制服含义和类型

酒店制服是指为达到统一形象、提高效率或安全劳动的防护目的，按照一定的制度和规定要求酒店员工穿用的一定制式的服装。

酒店的制服种类繁多，首先，管理人员与服务员服饰一般是不一样的；其次，一室九部的总经理与副总经理办公室、客房部、前厅部、餐饮部、商品部、工程部、保安部、人事部、财务部、康乐部的工作服饰要求也不一样。酒店制服类别主要有礼宾制服、门童制服、接待制服、餐厅制服、厨师制服、客房制服、保安制服、保洁制服、工程制服、经理制服等。酒店制服的选择主要是根据酒店所处的地理位置、酒店的文化以及酒店的装修风格，还有制作制服的材料来决定的。

2. 酒店制服的可识别性

酒店制服的可识别性体现在三个方面。

（1）不同部门不同岗位员工服饰的可识别性

比如前厅部服饰与客房部服饰的区别，又如同为厨师服饰，其帽子的形状和高度，衣扣的颜色和数量，就分别代表了厨师们在厨房里的不同的身份和地位。

（2）员工服饰与客人服饰的可识别性

任何一个进入酒店的人都可以从服饰中区分出酒店员工与进店客人。这就要求酒店员工服饰不能过于时装化。当然，酒店服饰需要与环境相融合的美，为酒店总体形象增添光彩的美，但不要是突兀的、引人注目的、独立的美，绝不可让客人觉得你的光彩盖过了他（她）。

（3）管理人员和操作人员服饰的可识别性

酒店的组织结构、管理层次比较清晰，通过服饰识别员工的身份有利于区分各自的职责和权限，提高工作服务效率，比如经常见到领班的着装会结领结，而主管通常穿斑马裤（裙），部门经理要求穿着深色西装等。

3. 酒店制服的作用

酒店制服蕴含着巨大的价值和动力，主要体现在以下几个方面：

（1）酒店制服展示出酒店整体形象

酒店制服是酒店企业形象设计中重要的组成部分，在酒店企业形象识别系统（CIS）中属于视觉识别（VI）的范畴。相比酒店的建筑装潢，设施设备，广告宣传，企业形象最能生动和随时随地被体现的窗口首先是员工的形象，制装是穿在人身上，员工的精神风貌反映出酒店的整体形象。所以，制服一定是和酒店所

第五章 酒店服务之美

处的地域特点、人文精神、经营定位、消费群体、硬装和软装的风格相吻合，相统一，通过制服与酒店总体风格、装修布置、环境氛围的协调美来展示突显酒店鲜明的形象。

（2）酒店制服增强企业凝聚力

酒店制服能够从一个侧面加强企业自豪感和体现企业对员工利益的关心。在今天酒店管理系统开始分工细化和企业营销理念不断向更深层次发展也全面形成了酒店制服的多样性。作为诠释酒店文化和酒店整体形象的重要组成部分，它不仅体现了员工岗位的识别功能，更体现了企业精神，能把制服的实用性．艺术性和企业精神融合在一起。

（3）酒店制服创造独特的企业文化

酒店制服体现出一种企业的文化内涵，设计独特的制服能展现企业的价值观，比如深色调和保守的酒店制服能够体现企业的稳健作风，而颜色和款式设计大胆的酒店制服则能体现企业的创新精神等等。酒店员工的着装能够看到企业领导的影子，能窥探到企业文化。酒店制服内容繁多，全面形成了酒店制服的多样性，不仅是服饰文化的一种表现，而且也成为酒店文化和酒店整体形象的重要组成部分。

（4）酒店制服规范员工行为

无论下班时员工在干什么，只要上班穿上制服，就能使员工马上意识到自己已经进入工作状态，酒店制服能够恰如其分地将服饰与员工的行为联系起来，穿制服的过程就相当于一次"岗前会"。酒店制服对员工是一种规范和鼓励，这也是酒店企业员工行为管理中很重要的方法。

【小资料】

高端酒店服饰文化如何创新与突破
——采访高端酒店服装设计大师的陈宇浩先生

作为高端酒店服饰文化的倡导者，被业界誉为最低调的服装设计大师的陈宇浩先生，是国内最早一批从事服装设计专业并涉足高端酒店服饰文化研究的代表。服装设计对于他来说更多的是对美的一种执着，一种发自内心的创造力的释放，对于中国职业装十大名师这一殊荣，他一直谦虚地说："这个荣誉是团队的荣誉，是整个公司努力的荣誉，我不过是个使者，把优秀的服饰设计带到高端酒店中去，为中国的高端酒店文化尽点绵薄之力。"秉承这一理念，他与他的团队所创立的创潮服饰品牌在2010年的全国旅游饭店服务技能大赛上设计的"荷塘月色"系列服饰获得全国第一的奖杯。

记者：作为中国最早的一批服装设计师代表人物之一，是什么促使你把高端酒店服饰文化作为研究领域的？

陈宇浩：现代中国服装业的发展已经有30多年，而中国高端酒店的产生、成型、发展过程则只有短短的十几年。在十几年之前的中国酒店也产生过高星级酒店，但那时候占领市场的更多的是舶来品，舶来的酒店品牌，舶来的职业经理人，甚至舶来的服饰模式，当时的酒店服饰千篇一律，模式化痕迹明显。我也是偶然的一个机会被当时国内第一家五星级酒店的老总邀请，设计他酒店的整体制服，结果酒店整体制服着装后在整个业界引起巨大反响，邀请设计的酒店老总纷至沓来，这样也就无心插柳柳成荫了。项目做得多了，对高端酒店服饰文化的兴趣也日趋浓厚，这个领域是真正考验一个设计师的综合素质的领域，既要保证整体服饰与酒店文化恰到好处的交融，又要体现高端酒店服饰的独创性，同时要兼顾使用过程中的可操作性。所以，对于这样有挑战性的工作，我怎么能不热爱呢？

记者：在你从事高端酒店服饰设计十几年的时间里，你认为现阶段酒店服饰在整个酒店中起到什么作用？

陈宇浩：伴随着中国经济的高速发展，中国的高端酒店也如雨后春笋般一个个拔地而起，酒店的个性化设计，豪华品质，服务的贴身化，细节的极致化等，各放异彩，同时，高端的国际品牌也加快了在国内的发展脚步，如国际知名的 Starwood Hotels（喜达屋酒店集团），2011~2012 年在国内即将开业的酒店达到十几家之多。在这种情况下，高端酒店的硬件比拼也日趋激烈，然而酒店服饰作为酒店的软实力，却还并未得到应有的重视。高端酒店服饰的个性、独特性、文化底蕴性是酒店人精神面貌的最直接体现，属于酒店软性服务的范畴中最吸引眼球的一项。曾经有位酒店老总在看我为他设计的整体服饰着装后，诚恳地跟我说："看来我们酒店服饰整体设计的效果很好，现在当顾客穿行在酒店的各个部位，随处可见穿着得体的酒店人热情的微笑，这真的为酒店加分不少！"所以，如果酒店服饰能跟酒店的整体文化相辅相成，就更能体现出酒店人周到细致的服务的高端性、独特性，在细节中展示高端酒店的文化理念，更好地体现酒店的软性服务。

记者：在去年全国旅游饭店服务技能大赛中斩获多个第一名的浙江代表队的整体服饰是你亲自设计的，作为总设计师，是怎样定位这个系列的服装设计思路的？

陈宇浩：我们代表浙江省旅游局参加全国大赛的系列服饰设计，是以杭州

第五章　酒店服务之美

西子宾馆作为情景酒店而进行构思的，西子宾馆又名"汪庄"，作为浙江省的代表队，以前一直以接待国家元首和国外领导为主，开放后成为浙江省知名高端酒店。我在构思设计的初期，徜徉在汪庄优美的建筑中，对浙江的文化、汪庄的文化进行了一次全面梳理，秉持"开放的浙江、时尚的浙江欢迎您"这一服务理念，确立了整体服饰设计要在立足浙江的同时要具有国际性、民族性、地域性的整体设计思想。再结合汪庄独有的文化底蕴，历史人文气息，时尚靓丽的新时代定位，最终确定了这个系列服饰的名称——"荷塘月色"，本系列服饰设计打破了当今酒店服饰固有的框架模式，不是一味地强调单一服饰的形式美，而是立足整体，突出整体服饰设计的完整性及可延续性，表现了整体服饰文化独特个性与唯一性。最终，这个系列的服饰设计在比赛结束后得到多方赞赏，并应邀作为西子宾馆新的整体服饰设计展现给更多的宾客。现在，当宾客流连在汪庄的楼台亭榭中时，扑面而来的正是"荷塘月色"这个系列服饰的丰富艺术感受。

记者：在未来的酒店服饰设计中，你和你的设计团队将用什么样的设计构思来更好地体现高端酒店服饰文化？

陈宇浩：用发现的眼光做设计，用探索的手法表现设计，尊重每个酒店自身独特的文化，这样的服饰设计才会有无法取代的魅力，才能真正体现酒店服饰作为酒店软实力的重要性，也才无愧于我和我的设计团队作为高端酒店文化使者的身份。就像我经常跟我的设计团队说的，如果高端酒店服饰没有原创，没有改变，没有突破，就永远提升不了中国的酒店的软实力，就永远不是真正的高端。因为未来的酒店竞争强在软实力，弱在软实力，之所以说创潮服饰是酒店高端服饰设计的弄潮儿，关键在于我们愿意用发展的眼光陪伴中国的高端酒店共同成长，在不久的将来中国的高端酒店必将华丽转身，展露各自独特的文化魅力。

资料来源：www.sjfzxm.com

二、设计之美

【案例导入】

彝族服饰以厚重（崇尚黑色）、艳丽、多彩而著称，彝族服饰以厚重、朴实、艳丽、多彩而著称，其款式、制作都保持了数千年的传统和文化，不仅有性别、年龄、盛装、常装的区别，还有婚服、丧服、祭司服、战服等。彝族服饰作为一种物质文化，它集中体现了彝族的社会特点、历史文化、生活环境、审美情趣和宗教信仰等文化生态内容。"千古一衣"指的就是现今的披毡。时光如梭，岁月流逝，历史的印痕却被勤劳尚美的彝族人民深深地刻在了服饰上，被誉为穿在身上的历史，彝族服饰是彝族的缩影和百科全书。

思考：
1. 色彩在酒店服饰设计中的重要性？
2. 酒店服饰的色彩如何和环境相协调？

（一）服饰的美学特征

服饰与大众的生活紧密相连，从外表看有材料质美、缝制工艺美和式样造型美这些最为直观的外在表现，但是真正能推动服装业发展并满足人们对时尚化、个性化要求的服饰是不能一直停留在这一层面上的，它必须在此基础上有所超越，即将静态转变为动态，和谐转变为有机，必然转变为自由。

1. 静态到动态

当服装挂在墙上、放在衣橱内，或者印在书刊变成图片，都属于静态的。当服装穿于人体之后，不仅仅是能用，而且必须具有合理性、舒适性、立体性、时尚性和个性，这样才会令人感到它是有生命力的动态形式。

2. 和谐到有机

传统美学告诉我们，形式美的最高要求是和谐。一般裁缝会认为，和谐就是处处协调一致，于是做出的服饰四平八稳，没有什么变化。然而，有机的和谐是在服饰设计中加入更多的对比、变化，并使其达到多样化统一，是在不协调之中求得和谐，将和谐升华到有机的形式。

3. 必然到自由

服饰的必然形式是十分普遍的，如两个前身片、一个后身片、两只袖子、一个领子组合起来就是一件衣服。然而，动态、有机的服饰形式应当是自由的，有生命力的。服饰大师的设计是一种创造，对于创造来讲，自由的形式是介于可预知和不可预知之间的。

（二）服饰的形式美法则

什么是形式美？客观事物与艺术作品在形式上的美称为形式美。如绘画中的线条、形体、色彩，音乐中的旋律、节奏、调式，文学的语言、体裁、结构等都构成各自形式美的因素。服饰的形式美不是纯形式，它是服饰内容的外在表现。

第五章　酒店服务之美

服装内容是社会生活，而服饰形式美的外延就其具象而言，应当包括社会生活美、环境协调美、缝制工艺美、材料色质美等，此外就是服饰抽象形式美。

1. 有机和谐是服饰美的最高形式

一件服饰是否完美，取决于是否达到有机和谐，而和谐的本质是多样性的统一。

（1）多样性的统一

和谐包括多样性和统一性两个方面，这是两个对立面，在完整的服饰构成里，他们总是共存的。

多样性是绝对的，统一性则是相对的。多样性就是不一致，从微小的差别到完全不同。如我们所熟悉的圆形，它是最单纯、最统一的几何形，看上去没有什么变化，但是组成圆圈这根线上的每一个点，其位置、方向都是不一样的，可见统一是相对而言的，多样性是绝对的。

服饰设计就要在多样性的元素中寻找统一性，使单调的丰富起来，复杂的一致起来。

（2）统一的多样性

统一并非是一种面貌，统一具有多样性的本质。统一的多样性包括调和与对比、均衡与对称、节奏与韵律等形式规律。

第一，调和与对比。

以相似、相同、相近的因素有规律地组合，把差异面的对比度降到低限度称为调和，调和形式构成的整体有很明显的一致性。如色彩方面，同种色、临近色相配合；面料方面，质地相同、相近的面料相配合。这些配合都能达到十分调和的效果。

以相悖、相异的因素组合，各因素间的对立达到可以接纳的高限度成为对比。对比是一切艺术品的生命力所在。在服装上，款式的长与短、宽与窄相组合；色彩中的对比色、互补色相组合；面料中质地相反、物理性能相异的面料相组合都能产生对比效果。

第二，均衡与对称。

在视觉艺术中，均衡中心两边的分量是相当的。可以相等，也可以相近。均衡可分为规则均衡与不规则均衡两大类。

规则均衡即轴中心两侧等形、等量，通常也称为对称。对称在设计中用得较多，这可能与人体本身基本属于对称形有关。对于对称的设计物，人的视觉经过反复扫描观察以后，总是停留在中心以求安定。所以，"突出中心"这一原则便由艺术家们提出。不规则均衡就是平衡。即轴两边并非等形、等量，而是靠视觉感受获得平衡。比如通过肩部的花卉打破对称设计。

第三，节奏与韵律。

节奏和韵律在原理上与音乐、诗歌有许多相通之处。节奏即一定单位的元素有规律地重复出现。从形式法则的角度来描述，可以分为重复节奏和渐变节奏两类。

重复节奏是由相同形状的元素等距离排列形成。这是最简单、最基本的节律，是一种统一的简单重复，周期性较短。如有定型褶的裙子，每个褶的间隔都一样，形成了最简单的重复节奏。渐变节奏是每个重复的单位包含逐渐变化的因素，周期性较长。像音乐的渐强渐弱一样产生柔和、界线模糊的节奏而有序的变化。这是一种流畅和有规律的运动形式。如果将重复节奏比喻为"跳跃"，那渐变节奏就是"滑翔"。

韵律是既有内在秩序，又有多样性变化的复合体，是重复节奏和渐变节奏的自由交替。其规律性往往隐藏在内部，表面则是一种自由表现，是较难把握的一种形式美。在构成中，吸引目光的元素、曲线、运动轨迹都可产生韵律，如流线型轨迹、抛物线轨迹等。

（3）比例和尺度

比例和尺度都与数字有关，但能转为可量化的美。

人体各部位的尺寸应符合一定的比例，如果以人的头长为测量单位，一般欧洲人为8头身长，中国人为7~7.5头身长。服装穿着于人体，因此也必须符合一定的比例。那么什么样的比例符合和谐美的标准呢？这就是黄金分割比例。

第一，黄金分割。

古希腊人很早就发现了黄金分割比，并认为这是最美的比例。黄金分割是用数学方法获得的比例，即将一个线段分成A（长段）和B（短段）时，A：（A+B）＝B：A＝0.618。人们充分认识到黄金分割比在造型艺术中的美学价值，在建筑、雕塑、印刷、钞本、摄影等设计中被广泛应用。标准人体本身的模数系统就基本符合黄金分割比。

第二，服饰的比例

服饰是按一定的比例尺寸制作而成的，如领子与全身大小的比例、衣袋与纽扣等的大小比例、配件与整套服饰之间的比例等。不讲求比例的设计会使服饰失去协调性，失去艺术美，同时也失去实用价值。

服饰的比例又有分割比例与分配比例之不同。分割比例是一件服饰与各个衣片之间的尺寸关系，是为了构成完美的整体而分割成不同个体，因此要优先考虑整体性特征的统一。然后考虑可以变化的个体，它是依据人体的不同体型来确定分割线位置与形状的。分配比例是形态之间的关系，有了整体的服饰形态之后，再分配涉及个体。如在分割线上放量纽扣、上衣袋内安排饰帕、衣襟上方佩戴胸针、胸花等，而这种安排应当符合一定的比例。

第五章 酒店服务之美

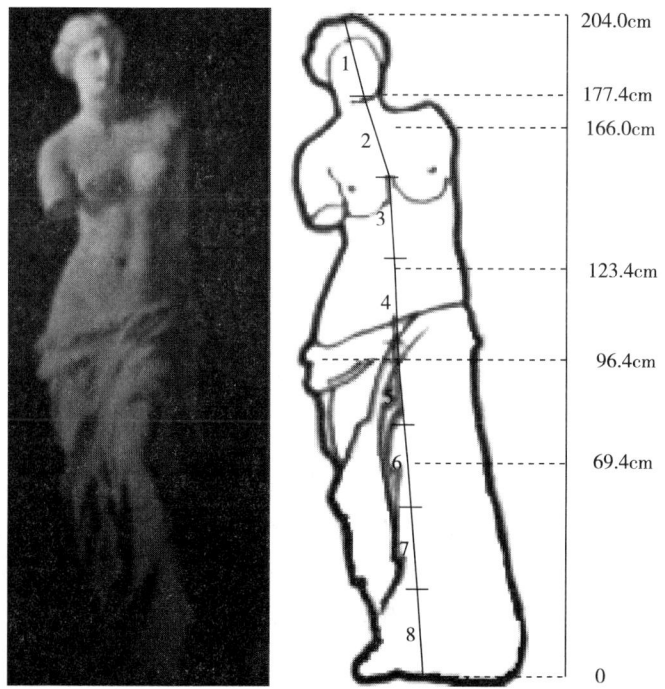

图 5-4 人体黄金分割比例

（4）重点强调

服饰中的重点是最吸引人视线的视觉中心，也是服饰的出彩之处。有了被强调的重点，服饰便像音乐一样有了高潮。

强调视觉中心的位置与形状，根据服饰整体构思来进行艺术性的安排。当然，当服饰本身并没有什么重点可强调时，则可以以配件、首饰等饰物作为设计的视觉中心。

2. 新颖是服饰美的终极目标

作为创造性的活动，无论是艺术创造、科学创造，还是技术创造，其共同特点应当是新颖、创新。服饰设计也是一样，而且由于消费者的喜新厌旧心理，使服饰的流行性极强，对新颖的要求就更加迫切。

新颖的服饰首先建立在科学、合理的基础上，要考虑生产的可行性、穿脱的合理性、人体的舒适性等科学因素；同时创新不能保守，不是对前人或他人的重复，要具有与众不同的艺术魅力，要吸引人。可以说，新颖、创新是服饰设计的灵魂。

(三) 服饰的设计要素

服饰是由面料、款式和色彩三要素组成，这三要素必须通过设计才能形成服装，因此，通常将其作为服饰设计的三要素。

1. 面料设计

面料是服饰的载体，设计师往往是在面料的肌理、花纹和情感氛围的启发下产生灵感而设计出服饰的，从20世纪80年代起，面料在服饰设计中的作用正在逐步加强，在组成服饰的三要素中，面料的重要性已经超越了款式而上升为第一位，所以许多服装设计师也开始进入面料设计领域。

面料的元素包括肌理、性能、色彩、纹样等。色彩会在后面加以阐述。

（1）面料的肌理

面料的肌理是指材料表面所呈现出的纹理、质地。不同的素材本身就有相异的天然品质，如羊毛的柔软、皮革的光韧、亚麻的坚爽、棉纱的温厚、蚕茧的滑顺等，当他们被制成面料后自然会产生不同的肌理效果。而且，同样的素材由于织造方法各异，也会出现不同的肌理效果，如同样是用蚕丝织成的面料，缎子的表面就十分光滑，几乎看不出任何纹理，而且有比较强烈的反光；而双绉则不同，双绉的表面呈凸凹不平的细微颗粒状，手感不光滑的，因此是绝对不会反光的。

面料的肌理能给服装带来出人意料的美好效果，为此科学家在天然素材的基础上又不断开拓创造，在20世纪初到中叶陆续发明了品种多样的人造纤维、合成纤维，它们与天然纤维交织、混纺，出现了质感上的粗与细、厚与薄、闪光与无光、平面与浮雕、粗糙与滑爽、柔软与挺拔等对比效应，更加丰富了服装设计师的设计思路和灵感来源。

（2）面料的性能

面料因其有不同的纤维织就，各种纤维有着相异的物理性能和化学性能，因此产生了面料"性格"的多面性，它们体现在不同的表现形态、视觉效应、触觉效应等方面。

第一，表现形态。

由于纤维的比重和表面张力不同，因而使衣料产生向横向扩张和向纵向变形等不同的表现形态，一般将面料因自重而向纵向变形称为悬垂，其表现形态就是悬垂感。早期的一些化纤织物，如腈纶、尼龙、丙纶等缺乏悬垂感，制成衣服有向横向扩张的效果，后来经过改性处理，与天然纤维或悬垂感强的粘胶纤维混合较之，甚至比天然织物的悬垂感还强。

针织面料和机织面料具有不同的悬垂形态。针织面料是由纱线弯曲成线圈相互套串而形成的织物，分经编与纬编两种工艺，品种也很丰富。由于针织工艺的

第五章 酒店服务之美

特殊手段,使针织面料具有较强的伸缩性和弹力;又因为线圈结构的易变性,使其具有较强的悬垂感,这是机织面料所望尘莫及的。

织物由于厚度、纹织结构、纤维比重与纤维粗细等差异,形成了不同的飘逸感,这是面料的另一种表现形态。飘逸感强的面料包括轻薄、透明的丝绸、绡类等,而厚重的呢料、毛料、绒料则不具备飘逸感。

第二,视觉效应。

不用手去触摸仅用眼睛感知的效应称为视觉效应。通过眼睛可以得知面料的透明与不透明,挺括与柔顺,反光与吸光、厚重与轻薄等视觉效应。

第三,触觉效应。

触觉效应也称作手感,以手触摸可以得知面料的柔软与硬挺感、光滑与滞涩感、褶皱感、毛感、绒感等多种触觉效应。

(3)面料的纹样

面料的纹样即面料表面所显示的花纹,这些花纹主要有织、印、绣、绘等工艺方法加工而成的。在面料交织成形过程中就显示出的花纹称织花纹样,如织锦缎、金玉缎、色织条格布等均属于此类;在面料成形过程中既出现花纹又产生镂空效果,这种面料称为"蕾丝",是从花边逐步演变成面料。在面料形成后由印花厂在面料表面印出的花纹称为印花纹样,如印花双绉、印花布等,蜡染、扎染产生的花纹是由手工染成的,也属于印染花纹的一种;在面料表面用彩色或无彩色线刺绣而成的纹样是刺绣纹样;用人工画上去的纹样是手绘纹样。

2. 款式设计

服饰款式设计是用面料特性和工艺手段,塑造一个以人体和面料共同构成的立体的服饰形象。款式由外部廓形和内部结构共同组成的。服饰的外部廓形进入人们视觉的速度和强度远远高于内部结构,决定了内部结构的变化,但外部廓形又依赖于服装内部结构的支撑,因此它们是相辅相成、相互制约的。

(1)服饰的外部廓形

服饰廓形以英文字母表示比较常见,比如最基本的 A 廓形、H 廓形、T 廓形、X 廓形、O 廓形、S 廓形等。

表5-3　　　　　　　　　　服饰的廓形类型

廓形类型	特点	流行时期	图示
A 廓形	服装上部小,下摆大,整体外形像 A 字,广泛应用于大衣、连衣裙的设计中。	20 世纪 50 年代	

续表

廓形类型	特点	流行时期	图示
H 廓形	服装不夸张肩部，不收缩腰部，也不夸张下摆，形成类似直筒的外形。线条简洁流畅，男女服饰常被采用。	20世纪60年代，80年代再度流行	
T 廓形	夸张肩部，收敛下摆，服装整体形成上宽下窄的倒三角效果，是具有男性体态特征的外形线，大方洒脱。	第二次世界大战后由军服演变而来的服装在欧洲妇女中流行	
X 廓形	根据女性体型的自然曲线所形成的，以稍宽的肩部、紧收的腰部、自然的臀部形成优美的曲线，是自然美的造型风格，突出女性窈窕的身材，在礼服中常采用。	20世纪90年代	
O 廓形	似蛋形，一般在肩、腰、下摆等处，无明显的棱角和大幅度的变化，丰满圆润。		
S 廓形	侧视的外部轮廓，前身加胸垫，后身加臀垫，夸张地凸显女性的魅力。		

(2) 服饰的局部设计

服饰的局部时指与主体服装相配置和相关联的部分，一般包括领子、袖子、口袋等。

第五章 酒店服务之美

表 5-4　　　　　　　　　　　　服饰的领子、袖子类型

局部	类型	图示
领子	无领、有领、立领、翻折领、贴肩领、连身领、衬衫领	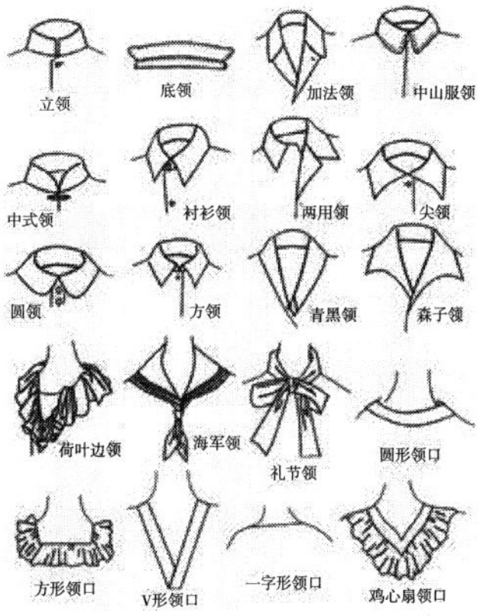 立领　底领　加法领　中山服领 中式领　衬衫领　两用领　尖领 圆领　方领　青果领　燕子领 荷叶边领　海军领　礼节领　圆形领口 方形领口　V形领口　一字形领口　鸡心扇领口
袖子	连身袖、衬衫袖、圆袖、插肩袖	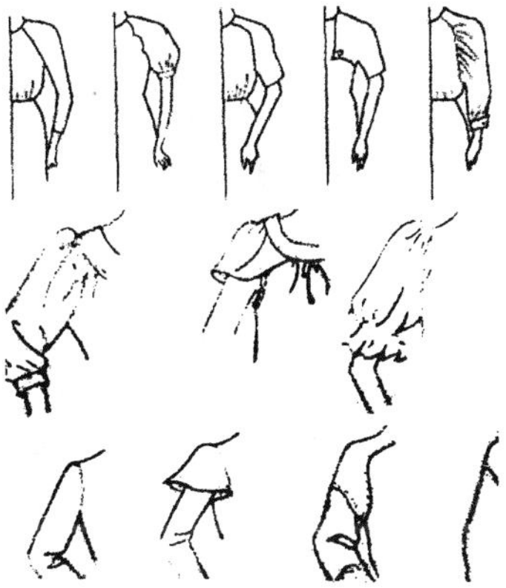
衣袋	贴袋、挖袋（西装上衣口袋）、插袋（西裤口袋）	

（3）服饰的细节设计

服饰款式确定后，需要一些细节来进行修饰，如缉明线、滚边、镶边；绗缝、三角针缝、双线缝；采用富有特征的拉链、金属扣，盘中国扣或加一些具有个性的刺绣、珠片绣、荷叶边、花边；缝坠装饰性商标等。这些细节相当重要，能起到画龙点睛的作用，并能凸显服装的品质和档次。

3. 色彩设计

色彩是服饰设计中的重要因素，是穿着者以及观赏着对服饰产生的第一审美

感受，而这种审美感受是通过人类特有的视觉所接受到的。人眼不仅有判别明暗的"明暗视"、识别活动物的"运动视"、识别形态的"形态视"，而且具有识别色彩的"色彩视"。

（1）色彩的基本常识

色彩学称红色、蓝色、黄色为三原色，是无法由其他色彩混合产生的。而其他由它们之间相混合产生的色彩称为间色，比如，红色和黄色相混合成为橙色，蓝色和黄色相混合呈现绿色，蓝色和红色相混合产生紫色。

色彩有五彩色和有彩色之分，无彩色是指黑、白以及由它们混合产生的各种明度的灰色，有彩色是指色相环上的原色和由其相互混合所产生的所有间色。

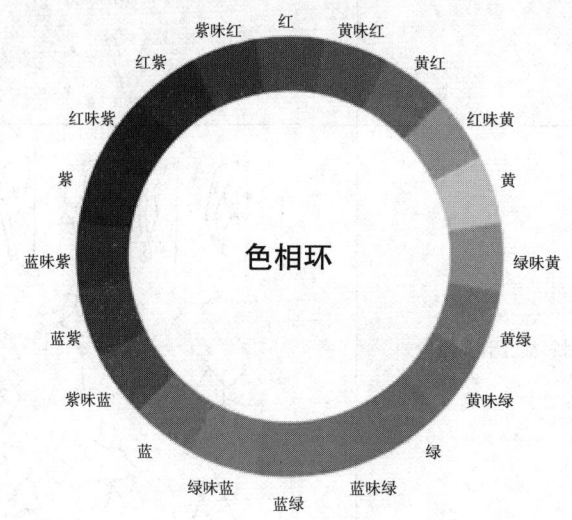

图5-5　色相环　对比色、补色和调和色在色相环上可以通过位于不同角度的颜色进行组合搭配

色彩有色相、明度、纯度三大属性，色相即色的相貌，如红色、蓝色等；明度是指色彩的明亮程度，如黄色亮、蓝色暗；纯度及色彩的饱和程度，如正红的纯度高、粉红的纯度低。

（2）色彩的审美特性

色彩的审美特性是人类所赋予的。由于人类有着发达的头脑，当色彩进入眼帘后，传入大脑经过思维，与经验产生联系，同时引起情感、意志等一系列心理反应，于是使色彩产生了独特的审美特性。它们是联想性、表情性和象征性等。

第一，联想性。

当人们看到色彩时，总会想到一些与其相关的事物，这就是联想。不同的人对色彩的联想会有所不同，就是同一个人在不同的心情和背景下，对色彩也会有不同的想象，但是马克思曾经说过：色彩的感觉是一般美感中最大众化的形式。所以色彩的两项对于人类来说应当具有更多的共性。如红色能使人联想到热情、红日、红旗等，绿色使人联想到草地、树木、和平等，蓝色使人联想到大海、天空等。

第二，表情性。

色彩的表情是大多数人共有的色彩感觉之心理反应。如色彩的冷暖感、轻重感、软硬感、强弱感、华丽质朴感、兴奋忧郁感、明快沉静感、活泼庄重感等，都属于色彩为人类提供的表情特征。

【小资料】

色彩的内涵

红色：热烈、喜庆、激情、避邪、危险、热情、浪漫、火焰、暴力、侵略

橙色：温暖、食物、友好、财富、警告

黄色：艳丽、单纯、光明、温和、活泼、明亮、光辉、疾病、懦弱

绿色：生命、安全、年轻、和平、新鲜、自然、稳定、成长、忌妒

青色：信任、朝气、脱俗、真诚、清丽

蓝色：整洁、沉静、冷峻、稳定、精确、忠诚、安全、保守、宁静、冷漠、悲伤

紫色：浪漫、优雅、神秘、高贵、妖艳、创造、谜、忠诚、稀有

白色：纯洁、神圣、干净、高雅、单调、天真、洁净、真理、和平、冷淡、贫乏

灰色：平凡、随意、宽容、苍老、冷漠

黑色：正统、严肃、死亡、沉重、恐怖、能力、精致、现代感、死亡、病态、邪恶

第三，象征性。

由于传统习惯、宗教风俗、国家团体等的特定需要，使色彩在一定的地区有特定的表情和语言，从而形成了色彩的象征性。如红色在我国象征喜庆，是节日里或结婚场合常用的色彩；绿色象征和平、环保等。古代中国还以色彩代表方向：东方式青龙的青色，西方是白虎的白色，北方是玄武的玄色（黑里带微赤），南方时朱雀的朱色。而在美国，黑色代表东方，黄色代表西方，青色代表南方，灰色代表北方。

（3）服饰的色彩组合

服饰色彩是悦目还是刺激，取决于色彩的色相、明度和纯度组合是否符合规

律，合规律的属于调和，否则不调和、不悦目。那么，怎样才能使色彩达到和谐悦目的审美效果呢？

第一，对比色的调和搭配。

这里的对比色主要是指色相对比，即指在色相环上相距120°的色组，如黄色和蓝色、红色和青色、紫色和淡绿色等色组。这类色彩组合在一起，容易产生比较醒目、丰富、引人注目的效果。但处理不当，也容易出现杂乱、刺激的不良后果。为此，可以采取一些方法降低色彩的对比度，比如拉开对比色的面积差、纯度差、明度差，利用黑、白、灰做间隔等。

第二，补色的调和搭配。

所谓补色，就是色相环上180°的色组，如红色和绿色、黄色与紫色、橙色与蓝色等色组。补色的调和搭配可以产生华丽、跳跃、浓郁的审美感受。为了使补色能相互调和，可以将对比色和补色搭配使用。

第三，调和色的搭配。

调和色是色相环上90°以内的邻近色以及一个色彩的深、中、浅。由于这类色彩的相互搭配并不带有刺激性，容易产生统一的色调，因此可以统称为调和色，包括邻近色、同种色、彩色和无彩色组合、黑白灰单独搭配、金属色组合。

（四）酒店制服的特性与设计原则及要点

制服是职业装饰服装范畴中一种较为特殊的类别，在具有一般服饰的基本特点的同时，因其穿着场合和目的性的特殊要求，具有与其他类别服饰的明显区别。酒店制服基于特殊环境和行业特征，对于装饰性要求比其他行业更高更显著。它的装饰性表现为富于装饰美的独立个体，以及在整体环境中起到烘托和配衬装饰的一部分，要求做到服饰与环境是和谐与呼应的高度统一。

1. 酒店制服的特性

在酒店制服设计中，首先要考虑酒店制服的特性。

（1）实用性

制服的穿着目的有明确要求，所以具备突出的实用性能。制服的实用性主要是指其与工作环境、工作对象的适应。工作环境的适应性指穿着制服在工作时对所处的室内外的温湿度、气候等方面条件感觉舒适，能够满足作业要求，提高工作效率。工作对象的适应时指穿着制服能够满足穿着者的工作要求，起到劳动保护的作用，一方面保证人身安全，另一方面保证劳动的效果。比如，客房清扫员就不宜穿裙装，这会影响其清扫房间的质量和效率。又如维修工服装就得配有多个口袋，以方便摆放一些小型修理工具。

第五章 酒店服务之美

(2) 科学性

科学性是制服最为突出的特性之一。它是指制服应工作环境的需要而具有的各种物理性能和化学性能，同时这些性能与人体心理、生理之间发生相互作用时要达到舒适的状态，主要表现在职业装的材料选用、成衣结构和人机工程学方面。当然，与人体生理特征和劳动行为之间的舒适关系也是制服不可忽视的一个重要特征，因为它不只决定了防护效果，还对劳动效率有着重要的影响。比如，一般酒店制服采用化纤面料，其优点是耐用，可水洗，不用熨烫，但也不能绝对化。纯棉面料由于其吸汗、透气，宜于做厨师制服，但挺括性能差且易变旧。高档毛料多用来制作高层管理人员的西服，体现气派和风度。

(3) 标示性

标示性是制服另一个最为突出的特性之一，它代表着穿着者的职业身份和归属团体。标识性对于制服的作用体现在两个方面：其一，通过统一而独有的群体服饰形态，构成强烈而鲜明的团体视觉形象，以区别于其他企业、团体，从而强调企业、团体的职业性质和精神理念；其二，在同一企业、团体内部，制服是不同工作身份和工作岗位的最为明显的区别，如酒店的门童、大堂经理、总台服务员、客房服务员和餐厅服务员等人员不同的着装，明确了他们的服务范围和职责，既便于组织管理又便于对顾客开展服务。

(4) 艺术性

制服的艺术性是指酒店员工的着装在满足使用功能、符合职业基本要求的基础上，具有一定的形式美感。制服的艺术性在于结合职业特点、行为规范、服务质量与工作环境和精神面貌一起，构成企业、团体的整体外部形象，从而反映其文化内涵。企业、团体的标准色在服装配色中的合理应用、服饰搭配与职业特性的合理性、款式造型都能够正确反映企业、团体的精神理念，是提高职业服装艺术性的重要手段。比如，在酒店中餐厅，服务员若西装革履，难免大煞风景，体现不出中国饮宴美学的特有风韵。若穿旗袍，则服饰与环境在风格上统一协调，会让客人得到一种原汁原味的中国文化的艺术享受。

2. 酒店制服的设计原则

根据对制服特性的分析，酒店制服的设计总体上要符合安全，适用、美观和经济的基本原则，可以将其简单地概括为目标性、经济性和审美性三个方面。

(1) 目标性

酒店制服的设计要有明确的目标，这个目标或者是针对一个行业中的不同企业和团体，或者是针对一个企业、团体中的不同岗位，或者是针对一个岗位的不同身份、性别等。制服对其目标性的表现主要体现在社会意义上的标识作用和功能意义上的防护作用两个方面上。所以，支付设计的首要任务是要对其目标性的深入了解，包括企业、集团的性质，生产的组织，服务的特征，工作的状态等资料，从而提出符合目标性要求的设计方案，包括服装材料、制作工艺、穿着方式、服饰搭配等方面的内容。

（2）经济性

制服的经济性包括两个方面的内容。其一，是由服装材料和加工成本所决定的服装价格，物美价廉永远是需求方对于批量生产的制服的要求，供给方则必须在满足制服性能、品质等的要求下，尽量通过材料采购渠道、降低加工难度和品质控制等手段降低成本，追求合理的性能价格比，实现利润的最大化。比如，酒店员工服饰采用无袖或短袖可以减少用料。其二，实用和耐用也是经济性的重要内容，从款式设计的角度，"一衣多穿""一衣多用"等用途的延伸和对于易损部位的补牢设计，都是增强职业装经济性的主要措施。比如，酒店服饰要按季节变化有冬夏装区别，由于在空调环境工作，可以省去春秋装。

（3）审美性

制服除了要遵从形式美法则的制约，在工作环境的协调性是制服审美表现的一个重要方面。这种协调性的审美包含了着装个体与整体之间、整体与特定的工作环境之间的审美，这种审美性可以最大限度地提高企业、团体的文化品位，是企业形象的一个重要组成部分。酒店服饰既然是酒店形象的组成部分，那么在设计时就要注意它的美观性和协调性。这种美不光来自于服饰本身的美，更重要的是来自于服饰与酒店总体风格、装修布置、环境氛围的协调美，要让酒店服饰成为酒店一道亮丽的流动的风景。比如，民族地区的酒店可以根据区域服饰来展现酒店风采，诸如回族的白帽、藏族的高筒镶色鞋、维吾尔族的喀什花帽、傣族的筒裙、苗族妇女色彩鲜艳的百褶裙、景颇族男子黑白双色的对襟上衣、撒尼女子的包头花条巾等。

3. 酒店制服设计的影响因素

酒店制服与职业要求之间的特殊关系，使得对于工作环境、工作性质和工作对象的考虑成为制服设计的主要影响因素，美观、实用、安全是考虑的重点，而流行观念的影响放到了次要的位置；其次，对于制服产生影响的因素都是通过材料选择、色彩搭配和款式造型发生作用的。

（1）工作环境

工作环境主要指室内或室外、低温或高温、干燥或潮湿及季节交替等区别，这些工作环境对制服的材质、色彩和款式造型等有着重要的影响。

第一，材料选择。

根据工作环境，材料选择的主要目的一般有两个，一是抵抗作用，二是防护作用。其中抵抗作用主要表现在保温、吸湿和透气方面，主要是对工作环境中温

第五章　酒店服务之美

度和湿度的抵抗；防护作用主要是对外界环境中可能发生的如静电、辐射等对人体的侵害的防护，或者能够起到阻燃、防腐的作用。酒店制服常用织锦缎面料、贡丝锦，工装呢，哔叽，水洗布等，织锦缎面料色彩鲜艳，做成高档次的服装，其他面料可做成中等档次服装。

第二，色彩搭配。

一些用于室外作业的制服为了保证人身安全，常常采用鲜明的色彩进行整体或者局部的搭配，主要目的是为了提高识别性；而用于室内的制服往往更多得要考虑与环境协调统一的问题，与室内的采光、环境设备的颜色进行搭配，同时还要关注服装色彩对于人的心理、情绪等方面的影响，发挥色彩在生产管理、安全生产、工作效率等方面的重要作用，营造一个舒适、典雅的工作环境。

第三，款式造型。

针对不同的工作环境来说，款式造型设计尤为重要，除了达到美观大方，有利于体工作效率以外，款式造型设计还有其重要的功能性。酒店员工制服样式要与工作环境在风格上和谐或互补，如中餐厅服务员的着装，要根据餐厅的菜系，以及整个餐厅的背景装饰色调来调整，给顾客一种协调的美感，为餐厅增添生动的情趣。供应宫廷菜系餐厅的服务员着装，就要体现传统服装的特色；供应的是清真菜系，就应穿着反映民族特色的服装；餐厅供应的是粤菜，服务员的衣着色彩就要与餐厅色彩相协调，同时还要体现出地方特色。

（2）工作对象

酒店主要是提供服务，是以顾客为工作对象的企业。这类制服更加注重为穿着者提供心理、生理上的物质和精神需要，为企业、团体提供标识和形象上的社会需要，向消费者传达必要的信息。无论是在材料的选择上，还是在服装配色和款式造型方面，与工作环境和工作内容相协调的视觉感受都被作为首要问题，如中餐厅服务员着装的面料常常采用与餐厅环境、经营特色相匹配的具有明祖特色的花形、纹样的绸缎类型；服装色彩宜用中性色，以创造一种沉稳、柔和、明洁和淡雅的美感，使宾客在安静轻松的氛围中解除身心的疲劳。服装款式方面更加注重时尚性与标识性的结合，通常兼具礼仪服装的特点，注重服饰搭配，追求得体、典雅和积极健康的形象特征以及信赖感。

图 5-6　酒店大堂吧员工制服样式

(3) 工作性质

工作性质是指工作身份、工作岗位及工作职能等职业特征。在酒店内部，制服通过材料、色彩和款式造型等视觉元素直接明确地表现出不同工作身份、工作岗位和工作职能等工作性质之间的区别，加强了酒店内部人员的归属感，强化身份意识，起到有助于内部管理的标识作用。

第一，材料选择。

在同一个酒店中，工作身份和工作岗位的不同是服装材料选择的主要依据。首先，根据工作身份，代表酒店形象的高层管理人员和外联人员的服装材料主要以高档的羊毛、驼毛等天然面料为主，目的是显示企业实力，增强客户的信赖感；其次，根据工作岗位和分工对服装的不同要求，服装材料的选择目的也是不同的，如一线操作员工的服装材料与办公室内的工作人员的服装材料在性能和外观方面都是截然不同；再次，在同一酒店中，选择不同档次种类的面料也是基于经济实用的考虑。

第二，色彩选用。

色彩直接、醒目的特征及其所具有的心理调节作用，是的制服的配色在酒店中起到了相当重要的作用。首先，通过色彩上的区别搭配，使工作权限、工作岗位得到明显的区分，便于工种识别、岗位辨别、有利于经营管理和工作效率的提高；其次，利用色彩独有的心理特征，可以提高服务质量、获得更好的工作效率的提高。如酒店制服中，厨师的服装以白色为主，服务人员的服装以彩色为主，体现了不同岗位对着装效果的不同要求。

图 5-7 酒店制服色彩应用　左图：厨师制服的白色；
中图：男性服务员马甲的蓝绿色；　右图：女性服务员套衫的紫红色

第五章 酒店服务之美

第三，款式造型。

在同一酒店中，款式造型的不同可以更加明确地反映出着装者的工作身份、职责权限、工作和服务范围等，从而达到规范工作行为、增强责任感的效果，同时对于区分企业、团体内部给部门的职能，提高整个企业、团体的工作效率所起的作用也十分突出。在此，款式造型所起到的更多是对于工作身份、工作岗位和工作职能的标志性和象征性作用。

4. 酒店制服设计要点

制服的设计与一般的服装设计方法基本相似，但也有不同之处。一般的服装设计主要考虑流行趋势和消费对象的需求，倡导个人时尚性和精神面貌，而制服设计则要把服装的标识性和功能性放在首要的位置，时尚流行的影响和穿着的个人要求往往被降到较低的层面或者完全被忽视。

（1）标识性设计

制服中的标识性主要是通过色彩、图案或者特殊的款式造型能够传达出来的。在色彩方面，主要是标志色的运用。为了更好地突出标识色，最为常见的做法就是将标识色作为点缀色，选择适合的颜色作为主色调对标示色起到烘托的作用。如对服装的局部采用换色处理，将标识色用在肩育克、腰育克、领子、门襟或口袋等位置较为重要的部位，与主色调进行搭配使用；或者使用标识色在领子、门襟、口袋等部位与主色调形成拼接的效果，更加突出标识色的点缀效果，同时也加强了服装的细节表现力。

将酒店的标识直接作为图案使用是一种较常见的设计方案，一般主要应用在制服的设计上。结合服装的材料特点、款式造型和成本价位等方面的因素，常常会在绣花与印花之间做出选择，左前胸、袖子外侧上部、口袋表面等都是设置标识图案的常见位置，标识图案的大小则要根据所选位置和穿着的整体效果来确定。

采用特定款式造型的方法由于不是特别突出，所以一般要与特定的色彩或材质结合使用。利用诸如帽饰、肩章、徽章、缎带、领饰等服装饰物和配件突出制服的标识性也是标识性设计的一个主要方式，这种方式主要应用于制服中。有些饰物和配件本身就具有强烈的标识作用，如厨师的厨师帽等，都是按照国际惯例显示其职业身份。

领带、领花、领结、领巾等领饰和腰带、腰节、腰封登腰饰在整个服装中不仅起到装饰作用，也是与酒店的标识或标识色结合的一个重要部分，其造型、色彩的不同，也有助于酒店内部的管理或对外服务。

图5-8　酒店制服的标识性设计　左图：斜级领带标识；
中图：肩章帽微标识； 下图：领子、帽沿标识

（2）功能性设计

功能性设计是制服设计的一个主要方面，因为几乎在所有的制服中，良好、周全的功能性是方便工作进行的一个重要条件。符合人体生理需要的保温、吸湿、透气材料的选择以及有利于心理调节和生理调节作用的色彩的使用，都是制服功能性的一个最为基本的体现。在此基础上，还要结合具体职业岗位的特点进行款式造型方面的功能性设计。

从服装造型这个相对整体的角度考虑，功能性设计主要体现在服装轮廓、穿着方式两个方面。松身型服饰具有方便活动的功能，宽松的外形还减少了对人体的束缚感，具有更加突出的舒适功能。前开式是最为常见的穿着方式，它符合人们日常的穿着习惯，具有穿脱方便的功能。

首先，制服在款式细节方面的功能性设计中，"一款多用"具有很强的代表性，如可开可关的两用领、可敞可合的门襟、可拆卸的帽子和袖子等都是典型的多功能设计；其次，是在某些关键性的部位加入可调节性功能，如在上装的底摆、袖口和下装的腰头、脚口等部位加入松紧橡皮筋或者可调节的扣袢等；再次，从人体工程学的角度，根据不同工作岗位的需要所进行的功能性设计，如上臂需要大幅度活动的工作，应在服装的备中缝处或者袖窿臂根处加入可折叠的褶皱，在衣袖的肘关节部位加活褶等；最后，根据工作岗位的需要，选择适合的口袋造型和口袋结构，使口袋可以方便地放置随手工具，而且口袋在作业时不会呈张开式，以防止被扯、刮或落入杂物。

第五章 酒店服务之美

图 5-9　酒店员工制服功能性设计　左图：左筒式围裙；
中图：短裙式围裙；　右图：内置式口袋

【小资料】

酒店制服在选购中应该注意以下几个问题

1. 酒店制服的色彩与酒店装修相搭配
2. 酒店制服的面料要选用含少量棉的，在工作过程中起到吸汗和透气的作用
3. 酒店制服的款式一定要舒适，活动自如
4. 酒店制服的样式与酒店风格相搭配
5. 酒店制服要成系列感

【特别提示】

制服的制作

1. 制服口袋应当直线缝制，位于身体两侧，避免员工弯腰时，折叠袋内物品。
2. 餐厅制服上衣内侧应该缝制宽敞的口袋，便于工作笔、本的摆放。领口、腰带处的暗扣能防止面料产生过多的皱褶。
3. 最好选择拉链式、短袖、宽松型连衣裙，腰间打褶或者缝制松紧材料。裤子尽量裁剪成直筒型，方便客房部员工做床。
4. 裙子和西裤应尽量做长，方便修改。

5. 男式制服口袋尽量做大，贴边尽量放长，以便于拿取袋内物品。
6. 领部饰物，如领结、领花、厨师领巾等应该方便拆卸，易于洗涤。
7. 制服领口装饰不宜过多，此类物品清洗复杂，而且容易磨损。
8. 除了部分演出服装或特殊制服，其他大部分制服应当线条简洁，款式大方。
9. 缝制酒店标志的上衣和条纹西裤可以避免制服遗失。
10. 任何不利于员工日常操作的饰物或多余的细节必须删除。
11. 所有制服应当能够量身定做。

资料来源：麦德林·斯柯内德等著，专业管家［M］．大连理工大学出版社，2002:298.

三、服饰礼仪

【案例导入】

小张是一位非常老实肯干的小伙子，在某饭店任餐厅服务员。平时，他工作任劳任怨，脏活累活总是抢着做。但他平时工作时衣服总是很脏。他说，衣服穿得干干净净，不像个干活的样子，穿脏一点的衣服干活方便。

思考：小张的观点对吗？请结合小张的具体工作对其观点进行分析。

服饰是一种礼仪，是一种文化，也是国家和民族经济发展的一种标志。俗话说："三分人样，七分衣装"。衣着是人们审美的一个重要方面。人们对对方形成第一印象常常源于衣着打扮。酒店服务人员的工作性质和特点要求一定要注意穿着打扮得体，离开了得体的穿着打扮就谈不上酒店服务人员的礼仪。所以应把着装看成是关乎"德诚于中，礼行于外"的大事情。

(一) 服饰着装原则

1. 着装的"TPO"原则

"TPO"是英文 time（时间）、place（地点）、occasion（场合）的三个单词的首字母缩写。

(1) 时间原则

不同的时段着装规则对女士尤其重要。男士有一套质地上乘的深色西装或中山装足以应对各种时段场合，而女士的着装则要随时间而变换。白天工作时，女士应穿着正式套装，以体现专业性；晚上出席鸡尾酒会等宴请活动时就须多加一

第五章　酒店服务之美

些修饰，如换一双高跟鞋，戴上有光泽的佩饰，围一条漂亮的丝巾；服装的选择还要适合季节气候特点，保持与潮流大势同步。

（2）地点原则

在自己家里接待客人，可以穿着舒适而整洁的休闲服；如果是去公司或单位拜访，穿职业套装会显得比较专业；外出时要顾及当地的传统和风俗习惯，如去教堂或寺庙等场所，则不能穿过露或过短的服装。

（3）场合原则

衣着要与场合协调。与客人会谈、参加正式会议等，衣着应庄重考究；听音乐会或看芭蕾舞，则应按惯例穿着正装；出席正式宴会时，则应穿中国的传统旗袍或西方的长裙晚礼服；而在朋友家聚会、郊游等场合，着装应轻便舒适。试想一下，如果大家都穿便装，你却穿礼服就有欠轻松；同样，如果以便装出席正式宴会，不但是对宴会主人的不尊重，也会令自己颇觉尴尬。

2. 着装的配色原则

（1）不同颜色的服装穿在不同人身上会产生不同效果

服装配色包括同类配色和衬托配色，要求服装的色彩是上浅下深或上深下浅。理想的配色是：

绿色——黄色　　　粉色——浅蓝
深蓝——红色　　　深蓝——灰色
黑色——浅绿　　　黄褐——白色
橄榄绿——红色　　橄榄绿——骆驼灰

黑、白、灰是配色中的最安全色，最容易与其他色彩搭配并取得良好效果。

（2）肤色与服饰色彩的搭配

红黄结合，偏黄肤色：配白色、浅粉色、浅蓝色、白底小花服饰。

红黄结合，偏红肤色：配浅黄、白色、鱼肚白服饰。

浅褐色（黑色）皮肤：配白色、浅黄、浅粉服饰。

白黄色（白色）皮肤：一般颜色服饰都可选。如果皮肤特别白，宜穿较深色服装。

（二）酒店服务人员的着装要求

酒店服务人员的着装要做到合适、合体、合时、合意，与自己的职业、身份、年龄、性别相称，与周围的环境、场合协调。

1. 制服穿着规范

制服是标志一个人从事何种职业的服装，又称为岗位识别服。酒店服务人员在工作中，必须正确穿着制服。这不仅是对宾客的尊重，而且便于宾客辨认。同时也使穿着者有一种职业自豪感、责任感和可信度，是敬业、乐业在服饰上的具体表现；穿着制服的具体注意事项：
- 大小合身。
- 注意保持整体的挺括和清洁。
- 特别注意衣领和袖口，其上不应有脏迹，衬衣袖口应扣上纽扣。
- 制服上衣外面的口袋原则上不应装东西。
- 领带或领结要打正。
- 工号牌要按统一规定佩戴，不得擅自调换，不得挂在腰间，正确方法是戴在左胸前。
- 鞋袜要与制服配套协调。
- 穿着文明，不过多暴露身体部位，不外露内衣。

2. 男士西服穿着的一般规范

西服是全世界男士出席正式活动最流行的服装。在酒店服务过程中，酒店前台男接待人员的制服一般为西服。很久以来，西服作为许多国家男士的正统服装，已经形成了一定的穿着规范。主流的西装文化给人一种有教养、有风度、有稳重感的印象。

（1）西服的穿着规范

一套合体的西服，可以使穿者显得风度翩翩。人们常说："西服七分在做，三分在穿。"穿着西服必须配套。导游人员在穿着西装时，应注意以下几个方面：

第一，与衬衫配套。

饭店服务人员的衬衣颜色一般为白色。穿着时，领口与袖口要保持洁净，衬衣的领子要挺括，衬衣的下摆要塞在裤子里，衬衣的领口与袖口要高出西服的领口与袖口各1~2厘米，以显示穿着的层次。

第二，与领带配套。

在正式场合穿西服必须打领带。与制服相配合的领带选用单色就可以。领带的长度以系好后大箭头垂直到皮带扣处为最佳标准。领带夹一般夹在衬衣韵第三、四粒纽扣之间为宜，其主要是起固定作用，不应该突出其装饰功能。

第三，西服衣袋使用。

穿西服要注意用好口袋。西服上衣两侧的口袋只作装饰用，不可装物品，不然会使西服上衣变形。有些物品（如票夹、名片盒等）可放在上衣内侧口袋里。裤袋亦不可装物品，以求臀部合适，裤形美观。手帕可装入裤子后兜内。

第四，西服系扣习惯。

西服有单排扣、双排扣之分。双排扣西服一般要求把全部纽扣系上，以示庄重；单排三粒扣，扣中间一粒或上两粒；单排两粒扣，只系第一粒（亦称"风

第五章 酒店服务之美

度扣"),或全部不系。如在正式场合,则要求把第一粒纽扣系上,坐下时方可解开。酒店服务人员所穿西服一般为单排扣。

第五,与鞋袜配套。

正式场合,男子穿西服需配黑色皮鞋、深色袜子,鞋跟不超过3厘米,这样才能显得庄重大方。穿西服时,不能穿旅游鞋、轻便鞋、布鞋、凉鞋和雨鞋,不能穿白色袜子和色彩鲜艳的花袜子,不能穿半透明的尼龙或涤纶丝袜,也不能赤足穿鞋。

(2) 领带的选择

西装与领带的对话艺术体现在对领带的选择上,领带丰富的图案、色彩、面料以及系法的讲究要求领带在选择搭配西装时要有丰富的技巧。

第一,选择领带时要注意长度。领带的长度要适中,不能过长或过短。适当的领带是领带的尖端恰好触及皮带扣,不能多也不能少。领带的长度、种类很多,较好的领带往往较长,标准的长度是55英寸或56英寸。合适的领带长度完全根据身高,以及打领带的方法。

第二,领带的宽度也很重要,虽然并无一定的规则,但基本上,领带的宽度应该与西装翻领的宽度,配合得十分和谐。目前,标准的领带宽是指领带末端最宽的地方为4英寸至4.5英寸。此外,一条领带,应该在较宽的末端背后,拥有一个小垂悬物(领带夹等),较窄的末端才会平顺地垂落,不至于露出领带的反面。

第三,领带最好的质料是丝,虽然颜色光亮,但是不耀眼,使用这种领带几乎不受时、地、人的限制,还有类似丝质的多元酯或多元酯与丝混合料子,它较丝质领带硬挺,也有丝质领带的华丽感,且比前者便宜又耐用。

领带的常见系法有温莎结、马夫车结、双环结、浪漫结、四手结、平结、交叉结、亚伯特王子结、半温莎结和半交叉结。

3. 女士西装套裙着装规范

西装套裙是女士在正式场合的首选服装之一。它把潇洒、刚健的西装上衣与柔美、雅致的裙子结合在一起,刚柔并济,相得益彰,更显女人气质与韵味。

因此,酒店服务人员也应掌握西装套裙的穿着规范。

(1) 大小适度,穿着到位

套裙中的裙子最长可以达到小腿中部。袖长以盖住着装者的手腕为宜。无论上衣或裙子,都不可过于肥大或包身。另外,穿着裙装时要认真穿好,处处到位。上衣不能披在或搭在身上,裙子要穿得端端正正、上下对齐,纽扣系好,裙子拉链拉好。

(2) 搭配适当,装饰协调

配套的衬衫,面料要轻薄柔软,色彩应雅致端正,以单色为宜。衬衫的色彩与所穿套裙要互相匹配，或外深内浅，或外浅内深。

一定要穿内衣，内衣不得外露，不得外透，衬裙不可高于套裙的裙腰。鞋以黑色牛皮鞋为佳。

穿着裙装时袜子要非常注意，以肉色长筒连裤袜为宜。不允许穿一双高度低于裙摆，可能会使自己的腿肚子暴露在外的袜子，此谓"三截腿"，不仅失礼，也无美感。鞋袜应大小相宜，无破损，袜口不可暴露于外。

女服务人员穿裙装时，一般应当穿皮鞋或是布鞋。若是穿旅游鞋，不论多么时髦、多么名贵，都是不般配的。

（3）兼顾举止，优雅稳重

酒店服务人员应注意自己的仪态，站则亭亭玉立，坐则优雅端正，行则轻盈流畅。由于裙摆所限，穿着裙装者走路应以小碎步为宜，行进之中，步子以轻、稳为佳，不可走得"通通"直响。

4. 饰品的佩戴

饰品，亦称首饰、饰物，指的是人们在穿着打扮时所使用的装饰物，：它可在服饰中起到烘托主题和画龙点睛的作用。服装饰物包括两大类：一类是以实用性为主的附件，如帽子、眼镜、鞋子等；另一类是以装饰性为主的饰物，如项链、戒指、手镯、耳环、手链、脚链、胸针等。

（1）使用规则

第一，数量规则：戴首饰应以少为佳，不戴也可以，总量上不应超过3种。

第二，色彩规则：应力求同色，以达到锦上添花的效果，色彩杂乱会使人觉得庸俗。

第三，质地规则：应争取同质，以达到和谐美。

第四，体型规则：对自己的体型应能起到扬长避短的作用。

第五，搭配规则：应与衣服的质地、色彩、款式等相匹配。

第六，习俗规则：要尊重习俗。例如，中国人讲究男左女右，男戴观音，女戴佛。

（2）佩戴有方

酒店服务人员在自己的工作岗位上，并非不能佩戴任何饰物。但是，佩戴饰物时，必须遵守企业的规定。一般情况下，酒店服务人员在工作中佩戴饰物的规范主要是：符合身份，以少为佳，区分品种，佩戴有方。所谓佩戴有方，是指饰品要符合酒店企业的要求，要以不影响工作为前提，色彩不应太鲜艳，质地不能太豪华。

社会上流行的饰品有很多，其中某些种类不适合酒店服务人员在工作中佩戴，如胸针、鼻环、脐环、指甲环、脚戒指、宝石手表等。通常，酒店服务人员

第五章 酒店服务之美

在工作中可以佩戴的饰品主要有戒指、耳钉和简洁深色的发饰等。

第一，戒指。

戒指是男女皆可佩戴的首饰，一般佩戴在左手手指上。环状，有金、银、合金、宝石等种类；戒指也是、一种无声的语言，是信号和标志。对男性服务人员来讲，戒指可以说是在其工作岗位上唯一被允许佩戴的饰品。但只能佩戴一枚，且式样要简约。已婚者戴在无名指上，未婚者戴在中指或不戴为宜。

酒店服务人员所戴首饰应少而精，如佩戴多个金戒指、宝石手表等既不便于工作，又容易使客人感到不舒服。

第二，耳钉。

耳钉多指戴在耳垂上的钉状饰物。与耳环相比，耳钉小巧而含蓄。所以一般情况下，旅游服务人员可以佩戴。男性服务人员不能佩戴耳钉。

第三，发饰。

发饰，指的多是女性在头发之上所采用的兼具束发、别发功能的各种饰物，常见的有头花、发带、发箍、发卡等。女性服务人员在工作之时，选择发饰宜强调其实用性，而不宜偏重其装饰性。对于旅游服务人员来说，头花以及色彩鲜艳、图案花哨的发带、发箍、发卡，都不宜在上班时佩戴。

总之，服饰是酒店文化的一种具体表现形式。服饰作为现代社会发展的产物，对酒店的经营管理、市场推广、品牌打造、文化构建起到了很重要的作用。

【小结】

礼仪，是一种在人与人交往中的行为准则和规范，是互相尊重的需要，可以归纳为素质、气质、贤质的复合体，服务礼仪是一种与周围环境相协调的美，要综合考虑个体的相貌、身材、职业，并结合服饰、妆容、语言、姿态，塑造出和谐之美。自然大方的礼仪能使人产生平易近人、亲切友好的感觉。服饰文化是酒店文化的重要组成部分，服饰本身就是一种文化现象，它是人类在自然环境、社会环境相互作用中所发生、发展、变化的。酒店服饰文化由物质文化、社会文化和精神文化三个方面构成。服饰设计就要在多样性的元素中寻找统一性，酒店制服设计要考虑酒店制服的特性，即实用性、科学性、标示性、艺术性；酒店制服的设计总体上要符合安全、适用、美观和经济的基本原则，可以简单地概括为目标性、经济性和审美性三个方面，服饰着装强调时间原则，场合原则，地点原则。

【实训练习】

微笑训练

1. 对着镜子训练

对着镜子微笑,首先找出自己最满意的笑容,然后不断地坚持训练,从不习惯到习惯微笑,并以此笑容去为客人服务。

2. 情绪记忆法

将生活中自己最好的情绪储存在记忆中,当工作需要微笑时,即调动起最好的情绪,这时脸上就会露出笑容。

3. 视顾客为"上帝""财神"

"上帝"和"财神"的到来,均可给企业和人带来经济效益。只有当服务人员内心深处真正有了"顾客是上帝,顾客就是财神"的观念时,才能在服务中形成一种条件反射,一见他(她)就笑。

4. 借助一些字词进行口型训练

微笑的口型为闭唇或微启唇,两唇角微向上翘。除对着镜子找出最佳口型进行训练外,还可借助一些字词发音时的口型来进行训练。如普通话中的"茄子""切切""姐姐""钱"等,当默念这些字词时所形成的口型正好是微笑的最佳口型。

【思考题】

1. 什么是职业素质,以及它的特点和构成?
2. 职业素质具有怎样的美?
3. "爱美之心,人皆有之。"酒店服务人员是不是妆化得越艳丽越好呢?
4. 酒店服务人员如何保持整洁的仪容?
5. 酒店服务人员如何正确使用礼貌服务用语?
6. 酒店服务人员的站姿、走姿、坐姿、蹲姿应该如何进行训练?

参考文献

[1] 何丽芳. 酒店礼仪 [M]. 广州：广东经济出版社，2005.

[2] 王景平、刘连兴. 现代礼仪修养 [M]. 北京：国防工业出版社，2007.

[3] 赵景卓、满相忠. 现代服务礼仪 [M]. 北京：中国物资出版社，2007.

[4] 金正昆. 礼仪金说——服务礼仪 [M]. 西安：陕西师范大学出版社，2008.

[5] 王明强. 旅游服务礼仪 [M]. 北京：中国劳动社会保障出版社，2009.

[6] 保尔·R. 迪特默. 酒店业经营全书 [M]. 大连：大连理工大学出版社，2002.

[7] 陈卓. 酒店质量管理 [M]. 北京：经济科学出版社，2015.

[8] 徐速. 酒店职业素质与礼仪 [M]. 北京：经济科学出版社，2013.

[9] 刘晓萍. 酒店服务新理念 [M]. 北京：企业管理出版社，2013.

[10] 周国平. 何来何往——平凡生活的心灵书 [M]. 北京：新星出版社，2012.

[11] [美] 奥里森. 气质 [M]. 北京：中国人民大学出版社，2016.

[12] 朱光潜. 西方美学史 [M]. 南京：江苏人民出版社，2015.

[13] 李萍、于永顺. 实用美学 [M]. 大连：东北财经大学出版社，2006.

[14] [日] 服部正. 司有仑、张帆、顾建华译. 环境音乐美学 [M]. 北京：中国人民大学出版社，1991.

[15] 罗小平、黄虹. 音乐心理学 [M]. 上海：上海音乐学院出版社，2008.

[16] 艾弗里·吉尔伯特著. 徐青译. 鼻子知道什么 [M]. 海口：湖南科学技术出版社，2013.

[17] 谈伟峰、黄文华. 闻香识品牌 [M]. 北京：清华大学出版社，2014.

[18] 叶立诚. 服饰美学 [M]. 北京：中国纺织出版社，2008.

[19] 杨威. 服装设计教程学 [M]. 北京：中国纺织出版社，2009.

[20] 庄志民. 旅游美学 [M]. 上海：上海三联出版社，1999.

［21］麦德林·斯柯内德.专业管家［M］.大连：大连理工大学出版社，2002.

［22］http：//smt.114chn.com/Webpub/513401/091116000013/ConTP091118000157.shtml

［23］www.baike.baidu.com